창업자금 **23**만원

최고의 상권이 아니어도
최고의 점포가 될 수 있다!

전지현 지음

추천사

생활편의 서비스의 중심이 될 편의점 경영의 모든 것

조윤성(GS리테일 편의점사업부 대표)

흙수저, 헬조선 같은 가슴 아픈 유행어가 젊은이들에 회자되고 은퇴가 시작된 베이비붐 세대의 노후걱정과 사회의 노령화에 따른 계층간, 세대간 갈등을 고조시키는 경제위기가 지속되고 있습니다.

이렇게 힘든 환경에서도 긍정의 마인드가 바탕이 된 뜨거운 열정과 집념으로 GS25 편의점을 운영하고 계신 전지현 경영주님은 편의점 경영을 가업(家業)으로 생각하며 많은 역경과 고난을 극복하고 고객 중심의 뛰어난 기획력과 철저한 실행력을 통해 희망을 꽃피운 진정한 프로라고 생각합니다.

전지현 경영주님의 생생한 체험이 담긴 편의점 이야기는 전국 3만여 가맹편의점, 그리고 7만여 개인소매점을 경영하는 경영주분들은 물론 편의점 사업 참여를 고민하는 모든 분들에게 더없이 훌륭한 편의점 경영지침서가 되어 성공의 길로 이끌어줄 것입니다.

생활편의 서비스의 중심이 될 편의점의 폭풍 성장을 예견하며 쓴 책이 편의점 실행지침서로 널리 활용되어 작가가 언급한 출판의 고귀한 뜻을 이루고 보람과 결실이 가득하길 기원합니다.

추천사

절실하게 공부하고 궁리하고 노력하라

한근태(한스컨설팅 대표)

　세상에 쉬운 일이 있을까? 쉽게 돈 버는 일이 가능할까? 그런 일은 존재하지 않는다. 만약 그런 일이 존재한다면 내게 알려주길 바란다. 다른 사람 눈에는 쉬워 보이지만 그건 잘 몰라서 하는 말이다. 난 편의점을 볼 때마다 여러 가지 질문이 떠오른다. 저렇게 많은데 과연 장사가 될까? 수많은 상품을 어떻게 구입하고 관리할까? 갑자기 비가 내리면 우산을 갖다 놓는데 저게 미리 준비된 것일까, 아니면 그때그때 준비를 하는 것일까? 삼각김밥이 남으면 재고문제를 어떻게 할까? 밤늦게 일하는 근무자는 얼마나 힘이 들까? 안전상의 문제는 없을까? 등등…….

　그러다 2015년에 GS리테일의 강의 요청을 받고 사전미팅을 하면서 하고 있는 사업이 어떤 것인지, 무엇을 중요하게 여기는지, 어떤 것에 신경을 쓰고 있는지 공부하게 되었다. 이날 강의는 우수 경영주님을 위한 워크숍인데 난 몇 가지 면에서 충격을 받았다. 본사와 경영주(일반 프랜차이즈는 점주라고 부른다)와의 관계가 너무 좋았다. 일반 프랜차이즈는 관계가 별로 좋지 않다. 본사에 불만이 많아 분위기가 서먹한데 이곳은 완전 달랐다. 분위기가 너무 좋았다. 좋아도 너~무 좋았다.

우선 CEO가 1박 2일 동안 그 워크숍에 참석했다. CEO의 스피치에서 경영주들에 대한 감사의 마음이 느껴졌다. 본사직원들도 경영주들과 때로는 결렬한 이슈에 대해서도 솔직하게 잘 나눴다. 본사와 경영주의 갑을관계가 아니라 파트너 같았다. 네가 잘 되어야 내가 잘 되고 내가 잘해야 네가 잘 된다는 것을 양쪽이 모두 느끼고 있었다.

점심을 같이 먹는데 테이블마다 소주와 맥주가 있었고 다들 한 잔씩 하는 분위기이다. 내게도 한 잔 권해 맥주를 한잔 마셨다. 자기들 기업 문화니 이해해달라고 했다. 내심 술을 마신 사람들이 강의에 집중할 수 있을까 걱정이 되었다. 근데 그건 쓸데없는 걱정이었다. 강의의 집중도가 그렇게 높을 수 없다. 서로에게 신뢰와 애정이 있으니 무얼 해도 집중을 했다. 참으로 재미도 있고 배운 것도 많았다. 그러던 차에 이 책의 원고를 받고 단숨에 읽었다. 이 책 안에 성공의 모든 것이 다 담겨 있다는 생각을 하게 되었다. 저자는 어떤 사업을 해도 성공할 수밖에 없다는 생각이다. 이 책을 읽고 내가 느낀 성공의 요소들이다.

첫째, 절실함이다. 무슨 일을 하든 절실해야 한다. 절실하지 않으면 조금 하다 잘되지 않는 천 가지 이유를 들이대며 집어치우고 다른 일을 기웃거리게 된다. 저자는 절실했다. 동생 가족까지 편의점 사업에 끌어들였는데 만약 실패하면 집안 전체가 길바닥에 나앉게 되는 것이다. 심지어 자식과 남편까지 해외로 보내면서 사업에 집중한 것이 성공의 원동력이다. 난 궁리窮理란 말을 좋아한다. 궁색

할 궁窮 자에 이치를 뜻하는 리理 자의 결합이다. 궁해야 비로소 이치를 깨우칠 수 있다는 말이다. 저자가 성공한 것은 절실했고 그만큼 궁리를 많이 했기 때문이다.

둘째, 공부의 중요성이다. 어떤 일이든 계속해서 공부해야 한다. 세상이 빨리 변하고 업業마다 배워야 할 것이 있기 때문이다. 저자는 포스를 다루는 것부터 발주를 내고 주문을 하는 것까지 많은 것을 배웠다. 공부하지 않고 뭔가 쉽게 할 수 있는 것은 없다. 저자는 사업 전 일본에 가서 편의점 사업을 둘러보았다. 그냥 사업을 시작한 게 아니라 그 과정을 통해 편의점 사업의 미래를 본 것이다. 일본은 매장도 넓고 포스도 많다. 먹거리도 다양하고 심지어 빵까지 굽는다.

셋째, 준비의 중요성이다. 저자는 준비된 사람이다. 여행 가이드, 옷 가게, 호프집을 거쳐 편의점을 하게 되었는데 그동안 경험과 노하우가 편의점에서 꽃을 피운 셈이다. 손님 접대하는 법, 사람 다루는 법, 심지어 진상고객을 대하는 법까지 배운 것이다. 사실 이 업에서 제일 중요하고 어려운 것은 직원을 뽑고 관리하는 것인데 이런 것은 하루아침에 배울 수 없다.

넷째, 긍정적인 마인드이다. 뻔한 소리 같지만 너무 중요한 요소이다. 내가 생각하는 긍정의 정의는 무조건 낙관적으로 생각하는 것이 아니라 부정적인 것처럼 보이는 것에서 긍정적 요소를 찾아내는 것을 말한다. 경쟁자가 생기는 것도 그렇다. 경쟁자가 있어야 더 열심히 궁리하고 아이디어를 짜내게 되는 것이다. 상권이 나쁜 것도 나쁜 것만은 아니다. 그가 처음 사업을 시작한 곳은 상권이 좋지 않았다. 그러다 보니 여러 가지 궁리를 하고 공부를 했는데 결국 그게 약이 된 것이다. 우리들은 흔히 좋은 사업을 찾는다. 그는 좋은 사업은 찾는 게 아니라 만들어가는 것이라고 얘기한다. 심지어 좋은 배우자도 만들어가는 것이라 주장한다. 얼마나 대단한 발상의 전환인가?

다섯째, 기본의 충실함이다. 저자는 청결, 친절, 상품구색, 신선도를 4원칙으로 정했다. 그중에서도 청결이다. 난 전적으로 동의한다. 청소가 되면 모든 것이 되고 청소가 되지 않으면 모든 것이 무너진다. 상태가 안 좋은 점포를 인수했을 때도 그가 제일 먼저 하는 것은 정리정돈을 하고 청소를 한 것이다. 청소는 단순한 물리적으로 치우는 것을 뜻하지 않는다. 청소는 정신을 깨끗하게 하는 것이다.

요즘 명퇴를 한 후 새로운 사업을 찾는 사람들이 많다. 이들은 뭐 할 만한 것 없느냐는 질문을 많이 한다. 잘되는 사업 없느냐는 질문도 한다. 난 그런 건 세상에 존재하지 않는다고 답한다. 다만 어떤 일이든 공부하고 궁리하고 잘하려고 노력하다 보면 조금씩 나아지면서 앞이 보이는 것이라고 답한다. 이 책은 그런 면에서 많은 것을 우리에게 알려준다.

프롤로그

나는 편의점에서 희망을 보았다

"어서 오세요. GS25입니다."

문을 열면 들려오는 우리 친구들의 환한 얼굴과 반가운 목소리. 오늘도 나의 하루가 시작된다. 밤새 별일은 없었는지 매장과 대화를 하고 매대에 가지런히 놓인 상품과 반갑게 눈인사를 한다. 그리고 편의점의 대표 상품인 신선식품이 배송되면 검수하고 진열한다. 그렇게 매대에 꽉 찬 상품들을 보면 아주 행복해진다. 남들은 뭐 그리 대단한 일이냐고 의아해하지만, 하루 중 이 시간이 가장 즐겁다.

나는 19세에 23만 원을 들고 서울로 상경해 25세에 의류 브랜드 대리점을 시작으로 생활용품 할인매장과 호프집을 운영하며 12년을 보냈다. 그리고 2003년 38세에 편의점에 처음 뛰어들었다. 하지만 부푼 꿈을 안고 시작한 편의점은 상상 이상으로 힘들었다. 모든 게 서툴렀던 탓에 수없이 좌충우돌해야 했다. 근무자들은 근무자대로 속을 썩이고 소위 진상손님에 폐기상품에 적응이 쉽지 않았다. 그 때문에 중간에 포기하고 싶은 순간들도 수없이 많았다. 매일 밤 '어떻게 하면 편의점에서 벗어날 수 있을까?' 이런 생각뿐이었다. 그 시절 입버릇처럼 말했다.

"이 길은 내 길이 아니야."

다행히 고비의 순간마다 주변 많은 분들의 도움으로 힘든 시기를 이겨낼 수 있었다. 그러면서 차차 편의점 일이 익숙해져 갔고 어느 순간부터 일을 즐기기 시작했다. 그리고 14년 동안 다양한 상권에서 최대 6개까지 매장을 운영해보았고 현재는 4개를 운영하고 있다. 또 자문위원, 홍보대사, 교육위원 등으로 활동하면서 많은 경영주님들과 서로 위로하고 격려하면서 14년이라는 시간이 흘렀다. 돌아보면 편의점과 동고동락한 그 시간들이 지금은 너무나 소중하고 감사하다.

혹자는 묻는다. 편의점이 이제는 힘들지 않느냐고? 힘들지 않다면 거짓말이다. 14년 차인 나에게도 쉽지 않다. 편의점은 1년 365일 24시간 늘 전쟁이다. 가끔은 한계점에 도달할 때도 있다. 하지만 즐겁고 보람있는 일이 많기에 오늘도 최선을 다하면서 달리고 있다. 그리고 지금은 내가 선택한 편의점이 좋다. 무엇보다 정년이 없다는 것이 가장 큰 매력이다.

12년 전 일본을 방문했을 때 70대 노신사가 포스를 보고 있었다. 그런데 그 모습이 추하지 않고 너무 멋져 보이는 것이다. 어쩌면 20년 후 내 모습이 될 수도 있다고 생각했다. 그리고 그 모습이 국내에서도 가능함을 주변에서 목격하고 있다. 실제로 주변에 60세가 넘은 분이 경영주로 활동하는 경우도 많다. 그분들을 보면서 내 미래를 그려보곤 한다. 내가 60세가 되고 70세가 되어도 정년 없이 명퇴 없이 이 일을 할 수 있어서 너무 감사하다.

더불어 이제는 편의점 운영도 '가업'으로 하기에도 괜찮다는 생각이 든다. 사실 불과 몇 년 전만 해도 가능하리라 한 번도 생각해본 적이 없다. 하지만 나 스스로 일을 즐기고 나만의 비전을 찾아가면서 가능하다는 생각이 들기 시작했다. 그리고 지금은 아들이 편의점 경영에 도전하고 싶다고 하면 노하우를 전해줄 수 있다는 생각이 들기도 한다. 그래서 나는 오늘 하루도 최대한 즐기면서 일하고 있다.

편의점도 이제는 경영이 필요하다

오랫동안 편의점에 몸담고 있다 보니 많은 경영주님들이 성공 노하우를 묻는다. 사실 나보다 점포 운영을 잘하는 경영주님들이 있기에 그럴 때마다 부끄럽고 쑥스럽기만 하다. 사실 초창기 시절, 나는 하루하루 매출에 이끌려 상품을 파는 데 급급했다. 또 고객에 대한 세심한 배려도 부족했다. 그때의 나는 마음의 여유가 없었기에 주변을 돌아볼 겨를이 없었다. 그렇다 보니 종일 편의점에서 종종거려도 매출은 늘 그 자리에서 맴돌았고 늘어나는 건 후회와 한숨뿐이었다.

그런 과정을 2년 동안 겪으면서 편의점 운영도 경영이 필요하다는 사실을 깨달았다. 즉 당장 내 앞의 이익에 연연하기보다는 좀 더 멀리 바라보고 투자하는 게 먼저였다. 우리 점포로 손님들이 들어오기 위해서는 내가 먼저 고객들에게 지불한 만큼의 가치를 주어야 한다. 그래야 매출이 상승해서 근무자들의 월급도 줄 수 있고 본사와 나 역시 수익이 가능한 것이다. 그때부터 나 혼자의 이익이 아니라 모두에게 이익이 될 방법을 고민하고 실천해나가기 시작했다. 그 결과 매출이 점점 오르기 시작했고 원하는 목표에 다다를 수 있었다. 그래서 조언을 구하는 경영주님들에게 항상 말씀드린다.

"눈앞의 이익만 좇는 장사꾼 마인드가 아니라 내가 우리 점포의 CEO라는 마음으로 경영을 해보시라고."

어떤 이는 말할 것이다. "작은 편의점 하나 운영하는데 거창하게 무슨 경영까지 들먹이느냐고." 하지만 이제는 길거리에서 붕어빵 장사를 하더라도 경영 마인드가 필요하다. 똑같은 호떡을 구워 팔아도 어떤 집은 대박을 터뜨려 빌딩을 사고 어떤 집은 채 한 달을 못 채우고 문을 닫는다.

그 차이는 뭘까? 바로 관점의 차이이다. 그저 손님이 오기만을 무작정 기다리기보다는 '어떻게 하면 사람들이 내 호떡을 못 사 먹어서 안달이 나게 할까?' 연구하고 공부해야 한다.

편의점 운영도 마찬가지다. 단순히 오는 손님만 맞이하는 수동적인 자세로는 원하는 결과를 얻을 수 없다. 고객들이 원하는 것이 무엇인지? 고객들이 우리 점포에 꼭 와야만 하는 이유를 공부하고 연구해야 한다. 그래야 앞으로 나아갈 수 있다. 예전에는 밤에 문을 여는 점포가 없어서 고객들이 아쉬워서 편의점을 찾았다. 하지만 지금은 주변에 경쟁점포가 너무도 많다. 2003년 처음 남양주금곡점에 편의점을 시작했을 때 경쟁점이 하나였다. 하지만 지금은 14개가 있으며 대형마트 역시 곳곳에 포진해 있다. 이런 경쟁 속에서 고객들에게 선택받기 위해서는 더 많이 연구하고 공부해야 한다.

그런데 편의점은 시스템 사업이다 보니 많은 분들이 본사에서 알아서 해줄 것으로 기대한다. 하지만 엄격히 말하면 우리는 월급을 받는 사람이 아니라 개인사업자이며 CEO이다. 그러니 내가 CEO라는 생각으로 본사와 함께 뛰면서 매출을 직접 만들어가야 한다. 그래야 내가 원하는 결과에 가까이 갈 수 있다. 더욱이 현재 편의점 내외부를 둘러싸고 있는 많은 어려움이 산재해 있다. 하지만 이 역시 경영의 마인드로 미리 준비하고 계획한다면 험한 파도를 넘을 수 있으리라 확신하다.

미래 편의점의 성장 가능성은 높다

몇 년 전부터 언론에서 편의점의 성장 가능성을 주목하며 많은 뉴스가 있다. 그래서인지 주변에서 많은 분들이 내게 묻는다. "편의점 어때요?" 만약 10년 전에 이 질문을 받았다면 절대 하지 말라고 했을 것이다. 그 시절 나 스스로 너무 힘들었기에. 누가 한다고 하면 도시락 싸들고 말렸을 것이다. 그런데 5년 전이었다면 이렇게 답했을 것이다.

"정말 잘할 수 있으면 해보세요. 선택은 각자가 하는 거니."

그럼 지금은 어떨까? 이 대열에 동참할 수 있으면 들어오라 말하고 싶다. 향후 미래 편의점의 성장 가능성이 보이기 때문이다.

2005년 우수점포로 선정되어 편의점 선진국 일본을 들여다볼 기회가 있었다. 이후 여러 기회가 되어 일본 편의점을 수차례 다녀

오곤 했다. 무엇보다 일본 편의점은 매장규모도 크고, 마트에 굳이 가지 않아도 모든 것을 해결할 수 있었다. 그야말로 원스톱 쇼핑이 가능한 것이다. 매출도 우리보다 서너 배는 더 높다. 그러한 사실을 듣고 솔직히 많이 부러웠다.

'우리나라는 언제쯤 저렇게 발전할 수 있을까?'

하지만 10년 전에 느꼈던 일본편의점의 부러움이 이제는 눈앞에 거의 와있음을 느낀다. 그 시간 동안 우리 편의점 역시 우리의 문화에 맞게 다양하게 진화해왔다. 그리고 지금 국내 편의점은 일본 편의점과의 경쟁을 꿈꾸고 있다. 과거 편의점은 단순히 '필요한 물건이나 식품을 24시간 손쉽게 살 수 있는 곳'이란 이미지가 강했다.

하지만 2000년대 중반 이후 편의점은 '오프라인 유통 채널의 플랫폼' 역할을 담당하며 계속 진화해오고 있다. 각종 공과금 납부와 택배 수령은 물론이고 금융, 보험, 렌탈, 알뜰폰 판매, 직구 서비스까지 모든 생활 편의서비스가 편의점으로 집약되고 있다. 게다가 교통카드 기능과 웬만한 마트보다 더 싸게 구매할 수 있는 기능을 가진 POP카드와 모바일어플을 이용해서 증정 상품 적립, 보관, 선물하기가 가능한 '나만의 냉장고' 등 미래의 변화까지 주도하고 있다. 이제 편의점은 사람들에게 꼭 필요한 공간으로 거듭나고 있다.

어찌 보면 편의점은 유통의 반도체라 할 수 있다. 생각해보자. 반도체칩은 아주 작지만 핵심적인 역할을 한다. 편의점도 이제 사람들에게 없어서는 안 될, 꼭 필요한 공간으로 자리매김해오고 있다. 앞으로 국내 편의점은 더욱 진화하며 일본과 겨루어도 손색없도록 폭풍 성장할 것이다. 그 과정에 많은 기회도 있으리라 생각한다.

그렇다고 편의점에 대한 환상을 가지고 무조건 뛰어드는 것은 금물이다. 나는 편의점 운영을 고민하는 분들에게 3가지를 말씀드리고 싶다. 첫째, 편의점에서 결실을 원한다면 땀과 노력이 더해져야 한다는 것이다. 편의점은 누구나 쉽게 시작할 수 있다. 하지만 누구나 성공할 수 있는 것은 아니다. 편의점은 결코 쉬운 사업이 아니다. 나는 2003년 편의점을 시작한 이후 10여 년 동안 단 하루도 쉬어본 적이 없다.

또 10년 동안 4시간 이상 자본 적이 없고 편의점에서 거의 살다시피 하였다. 그 시간 동안 거의 편의점에 미쳐있었다. 오죽했으면 아들에게 "엄마가 없으면 GS가 망해?"라는 소리까지 들어야 했다. 결국 편의점에서 결실을 얻으려면 땀과 노력이 더해져야 한다.

둘째, 우리가 살아가는 인생에는 모범답안이나 정답은 없다. 그러니 남의 답을 쫓지 말고 자신만의 답을 만들어가야 한다. 편의점 운영도 마찬가지다. 많은 분들이 내가 시도하는 여러 가지 스킬이나 노하우를 부러워한다. 하지만 매출이 저조하다 보니 이렇게도 저렇게도 해보면서 우리 매장에 맞는 방법을 하나하나 찾아냈을 뿐이다. 물론 내가 시도한 방법 역시 모두에게 정답일 수는 없다. 우리가 처한 상황은 모두 다르기에. 편의점 운영에는 정답은 없다. 다만 정답을 찾으려 각자가 노력할 뿐이다. 각자 자신의 점포에 맞는 다양한 방법을 시도한다면 자신만의 명답을 만들어갈 수 있을 것이다.

셋째, 편의점은 마라톤과 같다. 편의점은 1~2년 안에 성공할 수 있는 분야가 아니다. 하루아침에 자리 잡지 못한다. 하루아침에 되는 것도 아니고 문만 24시간 열어놓는다고 저절로 되는 것도 아니다. 그렇기에 장기적인 안목을 가지고 오랫동안 뛰겠다는 생각을 가져야 한다. 그리고 그 시간 동안 나 자신과 끊임없이 싸워야 한다. 그 시간 동안 누가 지치지 않고 오래가느냐에 따라 성패가 달린다. 물론 그 시간이 힘들지만 피할 수 없기에 일을 즐기는 방법을 찾아야 한다. 바로 이런 3가지를 기억한다면 편의점운영에서 자신의 비전을 찾을 수 있을 것이다.

사실 이 책을 쓰기까지 망설이고 또 망설였다. 각자 처한 현실과 상황이 다르기에 내가 전하는 글들이 혹시 잘난 척으로 비칠까, 누군가에게 상처가 되지 않을까 하는 마음에 수없이 고민했다. 아무쪼록 미력하나마 나의 경험들이 도움이 되었으면 한다. 더불어 국내 편의점이 성장하기까지 늘 한자리에서 각자의 역할에 충실하며 커온 많은 분들에게 큰 고마움을 전하고 싶다. 이제 나의 이야기를 시작할까 한다.

남양주금곡점에서 전지현

목차

추천사 생활편의 서비스의 중심이 될 편의점 경영의 모든 것
조윤성(GS리테일 편의점사업부 대표) • 005
추천사 절실하게 공부하고 궁리하고 노력하라
한근태(한스컨설팅 대표) • 006
프롤로그 나는 편의점에서 희망을 보았다 • 010
편의점도 이제는 경영이 필요하다
미래 편의점의 성장 가능성은 높다

1장   인생에서도 일에서도 경영주가 되자   023

경영주는 태어나지 않고 만들어진다 • 025
숫자와 만나다 | 경영주가 되다
23만 원으로 세상에 뛰어들다 • 033
전 재산은 '성실함'과 '정직함' | 미래를 준비하고 삶을 개척하자 | 내 사업을 빨리 시작해보자 | 인생 모토는 선실행후수습
돈에 관해서는 낭만적이어서는 안 된다 • 049
성공은 빙산과 같아서 그 아래 산더미 노력이 필요하다 | 돈을 벌기 전까지는 오랜 마이너스를 견뎌야 한다 | 주머니에 10원짜리 하나 없어도 약속은 지켜야 한다
돈 벌 생각 전에 땀과 노력을 먼저 생각하자 • 057
고생 없이 큰돈 벌 수 있는 일은 없다 | 정상에 오르기 위해서는 대가를 지급해야 한다 | 그만둘 때 그만두더라도 책임을 지고 최선을 다해보자
스피드, 스타일, 스마일, 스토리로 승부하자 • 066
모든 문제의 답은 밖이 아니라 내 안에 있다 | 사람에게 인격이 있다면 점포에는 점격이 있다 | 어려운 일도 차근차근 배우면 식은 죽 먹기가 된다
절실할수록 성공 가능성은 높아진다 • 076
끝장을 보겠다는 정신이 필요하다 | 사람들로 북적이게 하라 | 고객에게 꼭 우리 점포로 와야 할 이유를 만들어줘라 | 하루 24시간 중 20시간을 쏟아부었다
먼 길을 함께 갈 파트너를 구하자 • 089
하나에서 시작해 여러 개로 확장하는 큰 꿈을 향해 간다 | 본사와 나는 함께 성장해가는 관계다

2장 대한민국 최고의 점포를 만들자 099

운명은 개척하는 것이다 • 101
  최고의 상권이 아니라도 최고의 점포가 될 수 있다 | 좋은 점포를 찾지 말고 좋은 점포를 만들어라

타협하지 말고 '기본'에 충실하라 • 107
  무조건 청결, 친절, 상품 구색, 신선도를 지켜라 | 기본을 지키면 매출은 저절로 오른다

경쟁은 피할 수 없다 • 114
  경쟁점포 때문에 일희일비하지 말고 하던 일을 하라 | 경쟁점포 대응 최고의 방법 역시 기본 4원칙이다

어떤 고객이 오는지 파악하라 • 119
  고객은 1초 안에 만족시키지 못 하면 떠난다 | 고객과 지역에 따른 맞춤 상품 연구를 하라

상품과 대화하며 발주하라 • 127
  편의점 매출은 발주에 대해 얼마나 고민했느냐로 판가름난다 | 편의점 경쟁자는 경쟁점포가 아니라 '손님의 주머니'이다

투자 없이 얻을 수 있는 것은 없다 • 134
  폐기는 있어도 결품이 있어서는 안 된다 | 낚시꾼이 빈 낚싯대를 던져서는 물고기를 잡을 수 없다

끊임없이 공부하고 연구하라 • 142
  상품 진열은 과학이고 심리학이며 예술이다 | 고객이 물건을 직관적으로 쉽게 찾을 수 있어야 한다 | 상품 스스로 고객에게 말할 수 있어야 한다 | 확신이 서면 파워진열로 확실하게 고객을 유혹하라 | 진열에는 왕도나 정답은 없고 오직 고객 선택이 전부다

3장　장사꾼이 되지 말고 장인이 되자　155

승리의 월계관은 금방 시든다는 것을 기억하라 • 157
위기가 기회다 | 스스로 목표를 세우고 전력질주하라 | 하이에나처럼 목표에 올인하라

세상에서 가장 좋아하고 사랑하는 단어 '프로' • 165
마법의 주문 "나는 프로다, 프로다, 프로다!" | 프로는 99퍼센트가 아닌 100퍼센트에 도전한다

매일 혁신하고 또 혁신해야 한다 • 172
기존 제품만으로 만족하지 말고 신규 제품을 제안하라 | 고객이 찾는 물건이 없어서 돌아가게 해서는 안 된다 | 하던 대로가 아닌 차별화 전략을 세워야 한다 | 포기하지 말고 수백 번 수천 번 문을 두드려라

일단 한번 해보자 • 180
끌려다니지 말고 주도해서 해보자 | 일단 저질러진 일에 대해서는 후회하지 말자 | 쓰러지고 넘어지더라도 계속 도전을 멈추지 말자

결국 마음먹기에 달려 있다 • 188
희망적인 질문을 끊임없이 던져보면 답은 나온다 | '때문에'라는 말 대신 '덕분에'라는 단어를 사용하라

위대한 작품을 만들자 • 195
고객이 한 번도 보지 못한 세상에 없던 편의점이 되어라 | 전국 편의점으로 퍼진 DIY 빼빼로는 어떻게 만들어졌는가 | 혁신은 '돈' 때문이 아니라 '일'을 즐겼을 때 만들어진다

고객은 귀신처럼 아주 자세한 디테일을 알아본다 • 206
리테일은 디테일이다

미치지 않고 성과를 낼 수 있는 일은 없다 • 211
편의점은 장거리 마라톤이다

4장 고객이 스스로 찾아오게 하자 219

최고의 고객 서비스는 '편안함'이다 • 221
　이익보다 고객을 먼저 생각하고 행동하라
말 한마디에도 체온을 담아라 • 227
　서비스에 진심을 담아라
고객에게 즐거움을 선사하라 • 233
　고객과 함께 스토리를 만들어가라 | 사람 냄새 나는 편의점을 만들고 싶다
돈이 아니라 고객을 남겨라 • 242
　돈이 아닌 고객을 향하라 | 고객 만족이 최고의 만족이다
고객을 이기려 하지 말자 • 249
　고객에게 상처받지 말자 | 고객에게 지는 것이 길게 보면 이기는 것이다
고객님, 항상 감사합니다, 또 오세요 • 257
　결국 고객에게서 힘을 얻는다

5장 밑바닥에서 배운 것이 진짜다 263

밑바닥은 최고의 학교다 • 265
　근무자들에게 끌려다니지 말고 리드하라 | 처음부터 고수는 없으니 하나하나 배워가자
경험이 쌓이면 지혜가 된다 • 272
　처음부터 좋은 습관이 몸에 배게 하자 | 씨앗이 좋아야 좋은 결실을 볼 수 있다
종업원을 주인으로 만들어라 • 281
　근무자 다짐서를 만들어라 | 초기 교육이 이직률을 줄인다 | 최고의 교육은 경영주의 솔선수범이다
최고의 리더십은 사랑에서 나온다 • 287
우리는 함께 뛰는 '파트너'다 • 294

에필로그　다시 신발 끈을 조이며…… • 301

1장
인생에서도 일에서도 경영주가 되자

경영주는 태어나지 않고 만들어진다

"편의점은 처음에 어떻게 시작하셨어요?"

많은 분들이 하는 질문이다. '내가 왜 했을까?' 이유는 단순했다. '편해 보이고 쉬워 보여서'다. 나는 1990년대 중반부터 호프집을 9년 정도 했다. 그때 몸과 마음이 몹시 지쳐 있었다. 무엇보다 근무자들 관리가 힘들었다. 용돈벌이로 잠깐 일하는 터라 장기 근무자가 없었다. 또 당시에는 호프집에 대한 인식이 좋지 않아서 색안경을 끼고 바라봤다. 그러다 보니 이직률이 매우 높았다. 일이 좀 익숙해지면 그만두고 가르쳐놓으면 그만두고. 그런 일이 수십 번 반복되자 정말 진저리가 났다.

손님들은 이런 내 속도 모르고 "왜 여기는 종업원이 맨날 바뀌어요?"라고 말하는 것이다. 그런데 자격지심인지 "당신이 얼마나 변변치 않으면 사람들이 자꾸 그만두겠느냐?"라는 소리처럼 들렸다. 그때마다 상처를 크게 받았다. 그리고 어느 순간 결심했다.

'이렇게 스트레스 높은 호프집은 접고 혼자서 편하게 할 수 있는 일을 찾아보자.'

그러다 찾은 아이템이 모든 여자들의 로망인 바로 베이커리숍이었다. 베이커리숍을 할 요량으로 호프집을 정리했다. 그리고 내 생애 처음으로 35평 상가를 분양받았다. 물론 대출을 아주 많이 받고서. 이름만 내 상가지 거의 은행 상가나 다름없었다. 한 달 이자가 정말 어마어마했으니.

그런데 유명 프랜차이즈 베이커리숍을 오픈하려고 보니 보증금, 인테리어비, 기타 비용까지 1억 원이 더 필요했다. 당시 내 수중에는 1,000만 원이 전부였다. 어떡하지? 차라리 월세를 줄까? 그런데 월세를 받아서는 은행이자를 감당할 수도 없었다. 어떻게든 월세보다 수익이 높은 사업을 하자!

숫자와 만나다

'그래, 편의점을 해보면 어떨까.'

그때 언젠가 신문에서 스쳐 지나가듯 보았던 편의점 광고가 생각났다. 때마침 마트를 운영하던 친구도 있었다. 종종 놀러 가곤 했는데 그 친구가 일하는 걸 보니 너무 편해 보였다. 손님들이 직접 필요한 상품을 담아오면 계산만 해주면 끝이었다.

"아, 쟤는 참 돈을 쉽게 버는구나."

그에 비해 나는 어떠했는가. 옷가게에서는 손님들이 옷을 하나 사더라도 "안 예뻐요." "허리가 커요." "물이 빠져요." 클레임이 끊이지 않았다. 호프집은 더 말해 무엇하리. 안주 하나를 만들기 위해 새벽시장까지 갔다오고 그랬는데도 손님들이 맛이 있니 없니 말이 많았다. 또 신선한 맥주 500cc 한 잔을 제공하기 위해 새벽부터 라인 청소를 해야 했고 매장에 손님이 두 시간 이상 머무르기에 항상 긴장을 늦출 수 없었다. 그런데 마트는 손님 스스로 필요한 걸 골라오고 금방금방 나가니 서비스도 필요 없을 것 같았다.

"마트와 편의점이 뭐 다르겠어. 그래, 편의점을 하자! 아니, 무조건 하자!"

어떤 편의점을 하지? 편의점도 여러 회사가 있지 않은가. 잠깐 고민하다 GS25(당시 LG25)로 결정했다. 브랜드별로 조건을 비교해보지도 않았다. 평소 대단한 애국심은 없었지만 그래도 '한국 사람인데 외국에 로열티를 지불하지 않고 순수하게 국내 독자적으로 운영되는 토종 브랜드를 해야 하지 않겠나.' 싶었다. 그래서 무작정 LG25 본사를 찾아갔다.

상담을 받아보니 편의점도 여러 유형이 있었다. 자신이 가진 투자금과 여력에 따라 자기상가에서 하는 G타입, 본사와 반반 부담하여 공동으로 운영하는 K타입, 본사가 점포를 임차하면 개인이 위탁받아서 관리하는 S타입. 그리고 유형별로 로열티 배분, 계약

연도, 담보설정 금액 등이 조금씩 달랐다(2003년도 기준. 현재와는 다르다). 남양주금곡점은 내 상가이기에 G타입이었다. 그리고 세부적인 조건을 알려줬다. 상품준비금, 소모품, 시설·집기, 인센티브, 담보설정, 수익배분 비율, 각종지원금, 최저보장금 등등 숫자가 계속 등장했다.

그런데 도대체 무슨 소리인지? 내가 가장 싫어하고 약한 게 바로 '숫자'다. 평소에도 복잡한 계산이나 공식이 나오면 머리가 정지되는데 그 순간이 바로 딱 그러했다. 사람은 자기가 듣고 싶은 말만 듣는다고 내 머릿속에는 세 가지만 입력되었다. '본사에서 시설을 해주니 돈이 추가로 많이 안 든다.' '안전하게 투자비를 보전할 수 있다.' '장사가 안되어도 최저보장을 해준다.'

물론 경험이 전혀 없는데 잘할 수 있을까 살짝 두렵기도 했다. 하지만 친절하고 업무 능력도 뛰어난 OFC$_{\text{Operation Field Counselor}}$*가 열심히 지원해준다는 말에 안도감이 들었다. 더 망설일 필요가 없었다. 상담하고 며칠 후 바로 도장을 찍었다. 완전 일사처리로. 그때 상품대금 2,000만 원도 없어서 매월 정산금에서 분할로 갚아나가는 조건으로 5년 계약을 했다. 그러자 주변에서는 왜 편의점을 하느냐며 의아해했다. 당시에는 편의점을 하는 사람이 별로 없어서 많이들 낯설어했다.

그 후 곧 본사에서 인테리어 공사를 시작했다. 그 모습을 보자

---

* OFC는 본사에서 파견된 직원으로 경영주가 점포를 잘 운영해갈 수 있도록 컨설팅을 해주는 사람이다. 통상 OFC 한 사람이 8~10개 점포를 담당하고 있으며 주1회 점포를 방문해 점포 운영 및 관리를 지도해준다. 쉽게 표현하면 OFC는 점포의 주치의라 할 수 있다.

드디어 내 인생에도 뭔가 희망이 비치는 듯했다. 새로운 사업인 편의점에 어떻게 적응할까 두렵기도 했지만, 이제 편하게 일할 수 있다는 사실에 마음이 부풀었다. 그리고 가족들과 정말 큰 맘 먹고 첫 여행을 떠났다. 목적지는? 당연히 일본이었다.

'편의점을 할 건데 편의점 선진국인 일본을 가봐야지.'

그런데 아는 게 없는데 보일 턱이 있나. 그냥 눈요기 정도로 여행을 마치고 돌아왔다. 그러던 차에 지방에 살던 결혼한 막내 남동생에게 연락이 왔다. 이야기를 들어보니 여러 사정으로 큰 빚을 지게 됐다는 것이다. 회사에 다니며 월급 받아서는 도저히 갚을 수 있는 수준이 아니었다. 누나로서 어떻게든 도와주고 싶었다. 그래서 동생에게 제안했다.

"편의점은 24시간 운영하는 거니 누나랑 반반 나눠서 교대로 같이 일해보지 않을래? 대신 내가 생활비를 줄게. 여기서 사업을 배워서 독립해보면 어떻겠니?"

동생이 제안을 받아들였고 동생네 다섯 식구가 우리 집으로 들어오게 되었다.

경영주가 되다

이후 본사에서 4일간의 초기 이론교육과 6일간의 실습교육이 이어졌다. 나 이외에도 네다섯 명이 더 교육을 받았다. 그런데 교육 첫날부터 우리에게 '경영주님'이라고 부르는 것이다. 그런데 그 단어가 귀에 거슬렸다.

"왜 나에게 경영주라고 하지? 혹시 본사에서 나에게 일을 다 떠맡기는 거 아니야?" "본사 사람들이 되게 약구나. 나보고 다 알아서 하라는 소리구나."

다른 사람들은 대수롭지 않게 생각했다. 그런데 나는 그 소리가 싫었다. 그래서 교육 담당자에게 제발 경영주라고 부르지 말라고 항의를 했다. 오죽했으면 집에 와서 사전을 찾아봤다. 점주와 경영주의 뜻이 뭔지 알아보려고. 그리고 2년 후에야 경영주라는 의미를 비로소 깨달았다. 그렇게 마음속에 반감을 품은 채 교육이 시작되었다. 편의점 개념, 발주·검품·재고관리, 포스(계산대) 사용법 등과 고객서비스 교육, 매장 청소, 점포 운영 사례 등 전반적인 내용을 교육받았다. 그리고 잘되는 점포와 잘 안 되는 점포를 보여주면서 여러 운영 노하우를 알려주기도 했다. 그 모습을 보니 살짝 겁이 났다.

'이거 망하면 어떡하지.'

그런데 그보다 더 겁나는 게 발주 프로그램이었다. 편의점에서는 매일 매장에 필요한 상품을 본사에 요청한다. 그러면 이튿날 배송이 된다. 그런데 발주를 아무렇게나 하는 게 아니었다. 복잡한 공식이 있었다. 매일 판매 데이터를 확인한 후 재고량, 객수, 객층, 날씨, 시간 등 수많은 변수를 고려해야 했다. 그 순간 또 아차 싶었다. 내가 그렇게도 싫어하는 숫자가 또 나왔던 것이다. 그걸 매일 봐야 한다니……. 갑갑했다.

어디 그뿐인가. 나는 컴퓨터 세대가 아니라 타자 세대이다. 물론 학교에서 컴퓨터를 배우기는 했다. 그렇지만 사회에 나와서 컴퓨터를 사용해 일한 적이 없었다. 의류대리점에서는 본사에 팩스로 주문했고 호프집에서도 전화나 팩스가 전부였다. 그러니 컴퓨터를 정식으로 접한 것은 편의점이 처음이었다. 너무 낯설었고 두려웠고 자신이 없었다. 그래서 집에 와서 엉엉 울었다.

'아, 이걸 내가 어떻게 하나. 내가 할 수 있는 일이 아니구나.'

그런데 어쩌겠는가. 이미 계약서에 도장은 찍은 상태였으니. 죽기 살기로 해보는 수밖에. 마지막 날 모든 교육이 끝나고 경영주별로 1대 1로 점포 최초 오픈 시 여러 가지 지원을 하는 담당자(개점지원)가 정해졌다. 그런데 아무도 오질 않았다. 계속 기다리라는 말뿐이었다. 그렇게 혼자서 두 시간을 기다렸다. 그런데도 아무도 오지 않았다. 참다못해 이야기했더니 담당자가 예비군 훈련을 간 것이다. 물론 그 사정이야 이해할 수 있었다. 그런데 사전에 말을 해줘야 할 것이 아닌가. 말 한마디만 해줬어도 그렇게 무작정 기다리지 않았을 텐데. 순간 갑자기 화가 치밀었다. 거기다 직전에 서비스 교육을 받은 터라 더 화가 났다.

"아니, 이런 것도 제대로 안 되는데 무슨 서비스 교육이에요? 고객한테 서비스하라고 교육하기 전에 우리에게 먼저 서비스를 보여줘야 하는 거 아니에요? 당장 담당자 오라고 하세요!"

그제야 전후 사정을 파악한 담당 팀장이 미안하다며 몇 번이고 사과를 했다. 그런데 괜히 미안해졌다. '좀 더 좋은 말로 할 걸 그랬나? 좀 더 참을 걸 그랬나?' 보기와 달리 마음은 유리벽인 것을. 마음이 심란하고 복잡했다. 그리고 다짐했다. '아, 내가 정말 잘해야겠다.' 이렇게 한바탕 난리를 쳤는데 제대로 하지 못하면 얼마나 창피한 일인가. 그렇게 의도치 않게 강한(?) 인상을 심어주며 편의점에 입문하게 되었다.

23만 원으로 세상에 뛰어들다

나는 어린 시절 외가에서 자랐다. 아버지가 동네에서 이발소를 하셨는데 강원도 화천 그 깡촌에 손님이 얼마나 있었겠는가. 거의 엄마 혼자 농사일을 도맡으며 생계를 이어가셨다. 그러다 엄마 나이 21세에 내가 태어났고 1년 후 여동생이 태어났다. 가사와 농사일도 쉽지 않은데 갓난아이 두 명까지 키워야 하니 얼마나 힘드셨겠는가. 그 모습이 너무 안쓰러웠는지 한동네에 사는 외할머니가 갓난아이였던 나를 데려가서 키우셨다.

그러다 보니 나는 자라면서 남들과 다른 경험을 많이 했다. 화천은 강원도 최전방이다 보니 군부대가 항상 상주해 있었다. 항상 길거리에 탱크가 지나가고 군인들이 유격훈련을 하는 게 일상이었다. 나중에 안 사실이지만 우리 마을에 그 무시무시한 삼청교육대도 있었다. 하여튼 그때 우리 마을에 군인들이 참 많았다. 오죽했으면 중학교 때는 이 세상에 직업은 '경찰' '군인' '선생님'이 전부인 줄 알았다. 그때 삼청교육대에서 여군들이 훈련하는 모습을 구경하곤 했다. 까만 베레모 쓰고 각 잡힌 군복을 입은 모습이 너무 멋져 보여 여군을 꿈꾸기도 했다.

그런데 고등학교 수학여행을 다녀온 이후 꿈이 바뀌었다. 당시 경주 불국사와 강릉 경포대 등 여러 곳을 여행했는데 내 생애 처음으로 '감나무'와 '바다'를 보았다. 그때의 신기함이란……. 18년 동안 화천에 갇혀 있다가 세상에 나오니 얼마나 신기했겠는가. 마치 알을 깨고 나온 새가 된 기분이랄까.

'아, 이렇게 넓은 세상이 있구나. 내가 이 세상을 한번 경험해봐야겠다.'

졸업 후에는 무조건 취업을 해서 돈을 벌어야겠다고 생각했다. 2남 2녀의 장녀로서 집안의 보탬이 되고 싶었다. '그런데 도대체 뭘 해서 돈을 벌까?' 좋은 회사에 취업하고 싶었지만 학력도 집안도 배경도 무엇 하나 내세울 게 없었다. 그래도 무슨 자신감인지 사회 생활을 하면 내가 1등을 할 수 있을 듯했다.

나는 산나물을 캐러 가면 항상 내 바구니에 뭔가 제일 많이 차야 직성이 풀렸다. 타고난 승부욕은 좀 있었던 듯하다. 또 학교에서 공부 1등은 아니었지만 사회에서는 일로 1등을 꼭 해보고 싶었다. 하여튼 이래저래 빨리 돈을 벌고 싶었다.

그러던 어느 날 신문을 뒤적이는데 '여행 가이드 모집' 광고가 눈에 띄었다. 그 순간 수학여행이 생각나면서 여행에 대한 로망이 꿈틀거렸다.

'그래! 여행 가이드가 되어서 돈도 벌고 맘껏 여행도 해보자! 이왕 태어난 인생이니 북한은 못 가도 남한 땅은 다 밟아보자!'

일단 학원비 23만 원이 필요했다. 그런데 엄마에게 돈 달라는 말이 안 나왔다. 밑으로 동생 셋이 있고 엄마 혼자서 거의 생계를 책임지셨다. 그런 형편에 무슨 돈이 있었겠나. 몇 번을 망설이다 신문을 보여주며 말했다.

"엄마, 나 이거 하고 싶은데 돈 좀 주세요!"

그런데 며칠 후 엄마가 23만 원을 주셨다. 알고 보니 그 어려운 살림에도 한 푼 두 푼 모아 계를 드셨는데 그 곗돈을 미리 당겨주신 것이다. 그 돈을 받아 서울로 왔고 내 인생이 시작되었다. 그때 이후 지금까지 부모님에게 단 10원도 받은 적이 없다. 결혼할 때도 물론이고. 그 23만 원이 내 인생의 '창업자금'이 되었다.

전 재산은 '성실함'과 '정직함'

그 23만 원을 들고 서울 영등포 제일교통학원에 가서 두 달 동안 정말 열심히 공부를 했다. 손님들에게 관광지를 안내해야 하니 전국 유명 유적지, 보물, 국보, 사찰 등 국사 지식이 많이 필요했다. 그 후 여행 가이드 자격증을 취득했고 충북에 있는 '제천관광'이라는 회사에 취업했다.

그렇게 직장생활이 시작되었는데 예상보다 여행 가이드 일은 쉽지 않았다. 처음 손님 40명을 싣고 버스 안에서 안내하는데 벌벌 떨리는 것이다. 학교 다닐 때부터 무대 공포증이 있어서 사람들 앞에 서는 걸 극도로 싫어했다. 그런데 이 많은 사람 앞에서 말을 하려니 너무 떨리는 것이다. 어떻게 하지? 어떻게 하지? 이 상황을 어떻게 헤쳐나가야 할지 막막했다. 그런데 닥치면 또 어떻게든 해낸다고 덜덜 떨면서 겨우겨우 설명을 마쳤다.

그렇게 본격적으로 일이 시작되면서 전국을 여행하기 시작했다. 그중에서 지금도 기억에 남는 여행이 있다. 한번은 관광을 마치고 돌아오는 길에 고속도로 휴게소에 잠깐 들렀다. 그 후 한참을 달리다 총무님을 찾았다. "총무님, 어디에 계세요?" "어디 계세요?" 답이 없었다. 그 순간 기분이 싸했다. '이 상황은 뭐지?' 총무님을 휴게소에 두고 온 것이다. 인원을 확인한다고 했는데 정확하게 파악을 못 한 것이다.

그런데 어쩌겠는가. 고속도로 위라 차를 돌릴 수도 없고 발만 동동거렸다. 어찌해야 할지 몰라 눈앞이 캄캄했다. 하필이면 다른 손님도 아니고 돈을 쥐고 있는 총무님이었다. 그때 버스 기사님이 나를 잡아먹을 듯 째려보는데 그야말로 좌불안석이었다. 더욱이 잔금은 여행을 마친 후 받기로 계약했다. 그러니 총무님이 꼭 있어야 했다. 그렇게 몇 시간 후 다른 차를 이용하여 총무님이 오셨다. 그런데 그 상황에서 누가 돈을 주고 싶겠는가. 울며 불며 미안하다고 수십 번 사과한 후에야 겨우 잔금을 받을 수 있었다. 지금도 그때를 생각하면 아찔하다.

그렇게 좌충우돌하며 여행 가이드 일을 했다. 그런데 하면 할수록 내 적성과 전혀 맞지 않았다. 알고 보니 여행 가이드는 관광지 안내는 기본이고 버스 안에서 지루하지 않게 게임도 하고 즐거운 추억을 남길 수 있도록 분위기 조성도 잘해야 했다. 지금은 버스에서 안전띠가 의무지만 그때는 손님들이 버스 통로에서 춤도 추곤 했다. 그러면 추임새도 넣고 하면서 분위기를 띄워야 했다. 여행 가이드는 여행지에 대해 잘 알리는 것은 기본이고 분위기 조성에 레크리에이션 강사까지 한마디로 완전 예능인이 되어야 했다.

그런데 나는 입을 너불너불할 줄도 몰랐고 음주 가무에 능하지도 않았다. 또 타고난 예능감도 없었다. 정말 대략난감이었다. 선배 언니들에게 물어보았지만 잘 알려주지 않았다. 이런 노하우가 밥벌이인데 쉽게 알려주겠는가. 어떻게든 나 혼자 살 길을 찾아야 했다. 나 스스로에게 계속 물었다.

"전지현, 네가 가진 게 뭐야? 네가 가장 잘할 수 있는 게 뭐야?"

내가 가진 건 정직함과 성실함 두 가지뿐이었다. 그래서 일단 몸으로 때우자 싶었다. 그때는 관광버스가 노후화된 게 많았다. 그래서 차를 타면 손님들이 "왜 이런 똥차를 보냈어?" 하며 불평을 했다. 그리고 그 불평이 나에게 돌아왔다. 그 말을 듣기가 너무 싫었다. 그래서 오래된 차가 배정되면 밤새도록 차 안을 쓸고 닦았다. 세제를 잔뜩 풀어서 수세미로 차 안팎을 정말 빡빡 닦았다. 누가 시킨 것도 아닌데. 그러자 고물차가 점점 새 차로 변신하는 것이다. 우선 손님들 반응부터가 달랐다. "와, 이 차는 되게 깨끗하네." 하며 불평이 없어졌다. 또 회사에서도 나를 다르게 보기 시작했다. 누가 시킨 것도 아닌데 스스로 청소해서 새 차로 만들어놓으니 얼마나 기특하겠는가.

이후로도 내가 할 수 있는 일을 계속 찾았다. 가장 먼저 출근해서 가장 늦게까지 남아 마무리를 했다. 그렇게 열심히 하는 모습을 보이자 나를 예뻐해 주는 분들이 생겨났다. 기사님 중 한 분은 선배 언니들이 버스 안에서 어떻게 분위기를 리드하는지 녹음해 주기도 하셨다. 너무 감사하게도 말이다. 그러면 내가 그 테이프를 듣고 밤새 연습을 했다. 그렇게 나 나름대로 열심히 살길을 찾아 나갔다.

그렇게 여행사 일에 점점 적응해나갔다. 여행사는 봄과 가을이 성수기였다. 부부동반, 꽃놀이, 단풍놀이, 수학여행 등이 워낙 많았다. 그때는 하루 세 시간씩 자면서 여행을 다녔는데 다행히 기숙사가 있어서 그나마 버틸 수 있었다. 그렇게 관광버스를 타고 전국 방방곡곡을 누비고 돌아다녔다. 그러면서 돈도 조금씩 모으기 시작했다. 그런데 여행 가이드라는 직업은 사실 월급 자체는 얼마 안 된다. 대신 쇼핑이나 유원지나 관광지를 들르면 추가 수입이 생겼다. 그 돈을 운전하시는 기사님과 6대 4로 나누는 것이다.

월급날이면 내가 쓸 돈 조금만 남겨두고 집으로 다 송금했다. 나를 위해서는 돈을 거의 쓰지 않았다. 한참 예쁘게 꾸미고 싶은 나이였지만, 회사에서는 항상 유니폼으로 생활해서 옷이 필요 없었다. 또 술을 좋아하지도 않았고 친구도 만나지 않았고 기숙사에서 생활하니 돈 들어갈 곳이 없었다. 자연 돈이 모였다. 월급 타면 집으로 거의 보냈다. 그날이 가장 기쁜 날이었다. 뭔가 장녀로서 집안에 보탬이 되는 듯해서. 그리고 가끔 시간을 내서 동생들에게 비싼 브랜드 옷을 사줬다. 마치 부모처럼 말이다. 내가 누려보고 자라지 않았기에 동생들만이라도 그렇게 해주고 싶었다. 누가 나에게 시킨 것도 아닌데. 그렇게 나 스스로에게 짐을 지우며 생활해나갔다.

미래를 준비하고 삶을 개척하자

"여러분, 주부라고 해서 집에서 살림만 해서는 안 되고 주체적인 인생을 살아야 합니다. 무엇이든 지금부터 열심히 배워두면 여자들도 충분히 전문가도 될 수 있고 남편에게도 도움이 될 수 있습니다. 이제 여자들도 미래를 준비해야 하고 삶을 개척해야 합니다."

여행사에서 고군분투하며 하루하루를 지낼 때였다. 어느 날 카세트를 만지작거리는데 웬 테이프가 꽂혀 있길래 플레이 버튼을 눌렀다. 그러자 어떤 여자분의 목소리가 들려왔다. 그 이야기에 나도 모르게 계속 빠져들었다.

'도대체 이게 다 무슨 소리지?'

어린 시절 외할아버지로부터 "여자가~" "여자가~"라는 소리를 귀에 박히도록 듣고 자랐던 '나'였기 때문이다. 외할아버지는 평상시에 외손녀인 나를 많이 예뻐해 주셨다. 저녁이면 마당에 모닥불을 피워놓고 별을 보기도 하고 송사리를 잡으러 다니기도 했다. 하지만 안타깝게도 술만 드시면 다른 모습으로 돌변하셨다. 그리고 외할머니에게 심한 욕설과 폭행을 멈추질 않았다. 아들이 없다는 것이 그 이유였다. 요즘에는 딸을 선호하지만 그 시절에는 무조건 아들이 있어야 했다. 대를 이어야 하니. 그런데 두 분 사이에 자식은 엄마뿐이니 그 화풀이를 외할머니에게 하는 것이다. 외할아버지가 술에 취해 오시면 '오늘 밤은 또 어떻게 넘어가나.' 두려움에 벌벌 떨었다.

어떤 날은 외할머니와 내가 집에서 쫓겨나기도 했는데 동네 정미소에서 밤새 숨어 있다가 외할아버지가 잠이 들면 조용히 들어가곤 했다. 그럴 때마다 외할아버지가 너무 밉고 원망스러웠다. 하지만 엄마에게조차 그런 사실을 알리지 않았다. 만약 나마저 외할머니 곁을 떠나면 매 맞아서 돌아가실 것만 같았기 때문이다. 그 시절 내 머릿속에는 오직 한 가지 생각뿐이었다. '내가 얼른 성공해서 외할머니를 탈출시키고 행복하게 해 드리자.'

그런데 외할아버지의 끔찍한 주사만큼 싫은 게 또 있었다. 바로 "여자가~"라는 말이었다. 외할머니가 뭘 해보려고 하면 "여자가 뭘 알아?" 목소리가 좀 커지면 "여자가 감히" "여자가~" "여자가~" 정말 그 말을 입에 달고 사셨다. 그 단어가 정말 치 떨리게 싫었다. 한이 맺힐 정도로. 이 세상에 반은 여자고 반은 남자인데 도대체 왜 그런 말을 하실까. 그 소리가 얼마나 싫었던지 '나는 앞으로 절대 여자가~라는 소리는 듣지 않고 살겠다'고 수없이 다짐했다. 하지만 현실은 바뀌지 않았다. 다들 여자는 결혼하면 집에서 남편 내조 잘하고 아이들 잘 키우는 게 최고라고 말했던 것이다.

그런데 카세트 테이프 속에서는 여자도 준비하면 전문가가 될 수 있고 성공할 수 있다고 말하고 있었다. 여태껏 한 번도 듣지 못했던 완전 다른 차원의 말이었다. 나중에 알고 보니 그분이 조동춘 박사였다. 지금이야 여자들이 결혼 후에도 직장생활하는 것이 자연스럽다. 그런데 1980년대만 해도 여자가 결혼 후에도 직장을 다니는 일이 드물었다.

여자가 회사에 다니면 그 남편은 곧 '능력 없는 남자'로 낙인 찍혔다. "얼마나 못났으면 마누라를 밖에 일을 내보내느냐?" 이런 시선들이 많았다. 그렇게 남자들도 여자의 사회활동에 부정적이었다. 그저 여자는 아이 잘 키우고 남편 내조하는 걸 당연시했다. 그런데 여자도 미래를 준비하고 계획하면 성공할 수 있다는 것이다. 그 말이 정말 가슴 깊이 와 닿았다. 그리고 앞으로 내가 어떻게 살아갈지 인생의 계획을 세웠다.

'30대에 이름 석 자를 날리고 돈을 정말 많이 벌자. 그리고 40대에는 호텔 같은 큰 건물의 사장이 되자.'

그 계획에 결혼은 아예 없었다. 결혼하면 집안에서 살림하고 아이들 돌봐야 하는데 그러면 성공이 늦어질 게 아닌가. 결혼은 인생의 장애물이었다. 항상 내 머릿속에는 '여자도 준비해야 한다'는 말이 남았다. 내 인생을 준비하려면 돈도 많이 벌어야 하고 그러려면 더 열심히 뛰어야 했다. 그래서 더 악착같이 일했다. 남들보다 가이드 일을 제일 많이 나가야 직성이 풀렸다.

또 밤에 친구들과 술 마신 후 회사 업무에 지장 주는 행동을 하는 걸 너무 싫어했다. 그러니 주변 동료나 언니들은 내가 얼마나 재수 없고 싫었겠는가. 거의 왕따를 당했다. 나를 좋아하는 사람들은 윗분들 뿐이었다. 그때 많이 외로웠다.

'왜 이렇게 힘들지?' '회사생활이 원래 이렇게 힘든 건가?'

일없이 기숙사에서 혼자 있는 날이 제일 힘들었다. 차라리 연애라도 했으면 덜 외로웠을 텐데. 그 시절 변변찮은 연애 한 번 해보질 않았다. 물론 나를 따라다니는 사람들도 제법 있었다. 그런데 한 번도 마음을 주지 않았다. 남자에게 마음을 쏟는 순간 내가 가야 할 길을 못 간다고 생각했기 때문이다. 내게 중요한 것은 '성공'이었다. 나에게는 일이 항상 우선순위였다.

내 사업을 빨리 시작해보자

시대를 불문하고 진상 손님들은 어디든 있는 듯하다. 나는 여행 가이드 자격증을 가진 나름 전문가였다. 그런데 아랫사람 대하듯 무시하는 것이다. 그때마다 남몰래 울기도 했고 상처도 많이 받았다. 자존감도 점점 낮아졌다. 여행 가이드라는 직업이 비록 돈은 좀 벌 수 있었지만, 나를 쉽게 보는 시선들이 싫었다.

'아, 내가 사람들에게 인정받기 위해선 환경을 바꿔야겠다. 내 사업을 빨리 시작해보자.'

여행 가이드 생활을 5년쯤 하자 2,000만 원이 모였길래 회사에 사표를 제출했다. 그 후 무슨 사업을 할까 계속 궁리했다. 그러다 떠오른 게 옷이었다. 가끔 동생들에게 브랜드 옷을 자주 사줬는데 옷가게를 운영하는 사람들이 너무 좋아 보였다. 그런데 브랜드 매장을 하려고 보니 서울은 임대료가 너무 비쌌다. 그에 비해 화천은 임대료도 저렴하고 브랜드 매장이 하나도 없었다.

특히 화천은 군부대 지역이라 손님들 대부분이 군인이나 그 가족들이었다. 그들이 따로 옷을 사러 갈 곳이 없으니 한 번 해볼 수 있겠구나 싶었다. 그래서 유명 의류 브랜드 본사에 연락했다. 그런데 다들 거절했다. 상권이 작다는 것이 그 이유였다. 사실 지금도 화천은 그리 좋은 상권이 아니다. 25년 전이니 오죽했겠는가. 모든 브랜드가 거절했다. 그나마 웰리스라는 캐주얼 브랜드만 유일하게 오케이를 했다. 상담을 받아보니 돈이 여의치 않았다. 다행히 아버지가 대출을 받아주셨다. 대신에 이자와 원금을 1년 안에 갚겠다고 약속했다.

만약 그 당시 아버지가 "여자가 무슨 사업이야? 시집이나 가?" 이렇게 뜯어말렸으면 아마 평범하게 살았을 것이다. 그렇게 믿어주신 덕분에 화천에서 프랜차이즈 1호점으로 사업을 시작했다. 그런데 옷을 입어만 봤지 한 번도 판매해본 적이 없었다. 그러니 모든 게 서툴렀다. 본사에서는 옷만 가져다주면 끝이었다. 손님 응대는 어떻게 하는지? 디스플레이는 어떻게 하는지? 어떤 옷이 잘 팔리는지? 모든 게 의문투성이었다. 그래서 다른 가게들은 어떻게 하는지 수십 곳을 발품을 팔아가며 계속 보러 다녔다.

그런데 사람이 죽으라는 법은 없다고 다행히 눈썰미 하나는 타고나서 감각은 있었다. 여기저기 다니며 메모해서 우리 매장에 적용해보기도 하고 하나 둘 노하우를 터득해나갔다. 그런데 가끔 혼자 매장 안에 있으면 무섭고 불안할 때도 있었다. 어떤 날은 매장으로 계속 전화가 오고 어떤 날은 누가 나를 쳐다보는 느낌이 들었다. 그래서 아버지가 가끔 데리러 오셨다. 아버지가 젊으니 '돈 많은 남자 꾀어서 가게를 차렸다'는 어이없는 소문이 나기도 했다.

그러던 중 하루는 행사를 다녀오는 길에 춘천행 버스를 탔다. 그런데 바로 옆자리에 지금의 남편이 앉았다. 남편 역시 강원도 사람이라 쉽게 말문이 트였고 그렇게 연애가 시작되었다. 하지만 그때는 성공이 우선이었기에 결혼 생각이 전혀 없었다. 그런데 당시에 집에서 결혼을 서둘렀고 실제 부잣집에서 선이 많이 들어왔다. 그런데 내가 배경도 집안도 학력도 부족한데 조건이 좋은 남자와 결혼하면 고개를 숙이고 살아야 할 것 같았다. 그게 싫었다. 나는 조건 좋은 남자보다 성실한 사람이 좋았다.

'돈이야 내가 벌 수 있으니.'

다행히 남편은 어려운 형편에 혼자 힘으로 사회에 나와서 성실하게 사는 사람이었다. 그런 부분이 많이 끌려 결혼을 결심했다. 대신 남편에게 몇 가지 조건을 걸었다. 첫째, 결혼은 두 사람 공동의 책임이다. 양육도 공동이고 뭐든지 다 같이해야 한다. 내가 일하는 것을 이해해달라. 둘째, 아이는 하나만 낳겠다. 나는 빨리 돈을 벌어야 하는데 아이가 많으면 어떻게 일에 집중하겠는가. 다행히 남편은 모든 조건을 흔쾌히 수락해주었다. 그렇게 3년 연애 끝에 결혼했다. 남편 직장과 나의 일 때문에 1년간 주말부부로 지냈다.

그러던 중 내가 하던 의류 브랜드 본사가 어려워져서 옷가게를 접었다. 그 후 뭘 할까 고민하다 두 번째로 시작한 사업이 생활용품 할인매장이었다. 당시 생활용품 할인매장이 크게 유행이었는데 고가의 제품도 많이 취급했다. 그래서 그 매장을 시작했다. 그렇게 1년 동안 운영하다 아이를 가지게 되었고 그 후 서울로 오게 되었다.

그렇게 평범한 가정주부로 살아가는 듯했다. 그런데 출산 후 6개월 동안 집에서 쉬는데 너무 답답했다. 혼자 도태되고 뒤처지는 것 같아서 불안했다. 또 우리 식구가 온전히 살 수 있는 공간이 필요했다. 그러니 빨리 돈을 벌어야 했다. 그때부터 궁리했다. 무슨 사업을 해볼까? 옷 장사를 다시 해볼까? 하지만 옷 장사는 반품이 안 됐다. 팔릴 때까지 50퍼센트, 70퍼센트 세일을 하는데 그래도 안 팔리면 무게를 재서 처분해야 했다. 생활용품 할인매장도 반품이 안 된다는 결정적인 단점이 있었다. 결론은 '재고 안 남는 장사'를 해야 했다.

그런 아이템이 뭘까? 그때 주변에서 '먹는 장사'가 최고라는 것이다. 그때 오래전에 들렀던 독일식 호프집이 떠올랐다. 서빙하는 친구들이 체크무늬 원피스를 입고 즐겁게 일하는데 너무 멋있어 보였다. 때마침 그 시기에 하이트 광장이나 카스타운 같은 오픈된 호프집이 엄청 유행했다.

"그래, 호프집을 하자."

그런데 창업 상담을 받아보니 돈이 너무 부족했다. 1억 원이 필요한데 수중에 5,000만 원뿐이었다. 그때 너무 감사하게도 의류대리점 시절에 친하게 지내던 언니가 차용증 없이 5,000만 원을 흔쾌히 빌려주었다. 나 하나를 믿고. 그렇게 우여곡절 끝에 남양주 금곡에서 호프집을 시작했다. 비록 술도 못 마시고 호프집도 몇 번 가본 적이 없었지만 일단 시작했고 그 후 9년 동안 운영했다.

그 시간 동안 정말 다양한 일들이 많았는데 지금도 오토바이가 기억에 남는다. 당시 집은 구리였고 호프집은 남양주에 있었다. 그런데 주차공간이 너무 좁아서 오토바이를 구입해 출퇴근을 하곤 했다. 호프집 주변에 다방이 진짜 많았다. 그래서 출근길에 신호등에 잠시 서 있으면 주변 아저씨들이 물어보는 것이다. "아가씨, 어느 다방이야?" 이런 웃픈(?) 사연도 많았다.

인생 모토는 선실행후수습

돌아보면 어찌 그리 겁 없이 막 지르며 살아왔는지 모르겠다. 내 인생의 모토는 항상 선실행후수습이었다. 내가 '한 번 해봐야겠다!' 하는 건 다 해본 듯하다. 시간이 지나보면 생각했던 일들이 어느 순간 그 자리에 있었다. 어떤 이는 묻는다. 매번 새로운 영역에 도전할 때 두렵지 않았냐고? 이상하게 들릴지 모르겠지만 크게 주저한 적이 없었다. 타고난 사업감각이 있어서? 절대 아니다. 오히려 준비 없이 무턱대고 저지르는 바람에 그 대가를 혹독히 치러야 했다.

특히 호프집 초기 3년 동안은 다시 떠올리기 싫을 정도로 밑바닥까지 추락했다. 그럼에도 도전할 수 있었던 것은 지킬 게 없었기 때문이다. 나는 열아홉 살에 엄마에게 23만 원을 받아 서울로 올라왔다. 그 23만 원이 발판이 되어 여행사에 취직했다. 그리고 거기서 모은 돈으로 의류대리점을 시작했고 이후 생활용품 할인매장과 호프집을 운영해왔다. 결국 23만 원이 창업자금이 되어 성장한 셈이다. 그래서 실패한다고 해도 23만 원만 있으면 다시 일어설 수 있다고 믿었다. 그러니 두렵지 않았다.

지금도 이 생각에는 변함이 없다. 그러다 보니 세상 사는 데 별로 겁이 없고 위기 상황에서도 크게 두렵지 않았다. 호프집 운영 시절에 등치가 산만한 남자 손님이 술을 잔뜩 먹고 온갖 행패를 부렸다. 급기야 웃통을 다 벗고 바닥에 드러누웠다. 그러더니 갑자기 직원에게 시비를 걸어왔다. 그래서 내가 좋은 말로 타일렀다.

"손님, 왜 그러세요? 많이 취하신 것 같은데 댁에 돌아가세요."

그러자 갑자기 칼을 꺼내는 것이다. 무언의 협박이었다. 그런데 나도 지기 싫어서 눈을 더 똑바로 바라보았다. 그 순간 내가 제일 싫어하는 말이 흘러나왔다. "여자가 어디서……." 그 순간 눈에 뭐가 보이겠는가. 갑자기 에너지가 발산되어 찔러보라며 맞짱을 뜨기도 했다.

중국 속담에 '맨발인 사람은 구두 신은 사람을 무서워하지 않는 다光脚的不怕穿鞋的'는 말이 있다. 풀어 해석하면 가진 게 많은 사람은 그것을 잃지 않으려고 노심초사하고 가진 게 없는 사람은 무엇이든지 용감하고 마음 편하게 할 수 있다는 말이다. 내가 살아온 삶이 이와 같았다. 그래서 어떤 날은 '내가 왜 이럴까?' 곰곰이 생각해봤다.

내가 자라던 화천군 유촌리 마을에는 모두가 형편이 어렵고 고만고만했다. 제일 잘사는 집이라고 해봐야 아버지가 면사무소 다니는 정도였다. 그러다 보니 부에 대한 동경이 없었고 가난이 원망스럽지 않았다. 만약 유년시절에 좋은 집, 좋은 옷, 좋은 차를 접했다면 그 생활을 동경하며 아등바등했을 것이다.

하지만 원래부터 없던 형편이라 가난해도 좀 불편할 뿐 사는 데 큰 지장이 없다고 생각했다. 그래서 겁 없이 일을 벌일 수 있었던 것이다. 지금도 마찬가지다. 그동안 살면서 쌓아놓은 재산도 없지만 그 돈을 지키려 아등바등했던 적도 없다. 그래서 나는 부모님이 가난했던 게 항상 감사하다.

돈에 관해서는 낭만적이어서는 안 된다

편의점 오픈 일이 점점 다가오면서 매장은 하나 둘 모습을 갖춰 갔다. 여기저기 집기들이 들어서고 초도 물품이 진열되면서 깔끔하고 정돈된 편의점의 모습이 드러났다. 그런데 그와 반대로 나는 반쯤 넋이 나가 있었다. 본사에서 교육을 받았지만 실전은 또 달랐다. 개점요원들이 고객 접객, 클레임 대처, 물품 발주, 판매방법, 각종 기기 사용 요령 등을 알려주는데 뭐 하나 쉬운 게 없었다. 너무 많은 내용이 한꺼번에 입력이 되니 머리에 과부하가 걸린 느낌이랄까.

특히 포스(계산대) 앞에 서는데 잔뜩 겁이 났다. 호프집에서는 모든 주문이 수기로 이어졌다. 주문지에 한자로 정正 자를 표시해 계산해서 현금을 받으면 끝이었다. 그런데 편의점은 모든 결제가 단말기를 통해서 이루어졌다. 포스기는 모니터, 자판, 스캐너, 영수증 인쇄기, 카드 체크기 등이 있다. 그런데 처음 접해보는 기계라 너무 생소했다. 혹시라도 잘못 만져서 고장 날까봐 만지는 것도 조심스럽고 메뉴 하나하나를 들여다보는 데도 시간이 꽤 걸렸다. 심지어 신용카드를 어떻게 결제하는지도 몰라 버벅거렸다. 그렇게 편의점에 대해 전혀 아는 게 없었기에 숙지해야 할 내용이 수십 수백 가지였다.

성공은 빙산과 같아서 그 아래 산더미 노력이 필요하다

드디어 2003년 12월 몹시 추운 어느 날, 편의점을 오픈했다. 지금도 잊을 수 없을 정도로 그날이 정말 지독히 추웠다. 첫 손님이 들어오는데 손이 덜덜 떨렸다. '혹시 내가 모르는 걸 물어보면 어쩌지?' 나름 사람 상대하는 일을 많이 해봤지만 처음 접하는 일이고 잘해야 한다는 생각에 긴장되었다. 그 첫 손님을 시작으로 한 명 두 명 매장에 들어왔다.

그런데 내가 상품을 잘 모르니 당황스러울 때가 한두 번이 아니었다. 수입 맥주를 찾는데 그런 술이 과연 있는지? 삼각김밥은 어떻게 뜯는 건지? 김밥은 전자레인지에 몇 초를 데워야 되는지? 또 편의점에 오는 손님들은 왜 그리 다들 급한지 "빨리빨리"를 외치는데 포스도 아직 익숙지 않은데 잘될 리가 있겠나. 그러니 짜증

내는 손님들도 종종 있었다. 또 동종의 상품이더라도 반드시 단품별로 하나하나 스캐닝해야 하는데 하나 값만 계산하고 보내는 실수도 하고. 그때는 모든 게 서툴렀다.

그럼 나는 무슨 일만 생기면 OFC를 찾았다. 당시 OFC는 유일하게 믿을 수 있는 구세주이자 선생님이었다. 점포에 조그만 일이라도 생기면 "이건 어떻게 해요?" "이건 이렇게 해요?" 그때마다 대처요령을 하나둘씩 계속 알려줬다. 그렇다고 그분이 항상 상주하는 것은 아니었다. 첫 일 주일 동안 몇 시간 정도 상주해서 서포트해준다. 하지만 그 이후부터는 일주일에 한두 번 점포에 정기적으로 방문한다. 그때까지는 홀로 고군분투하거나 전화로 계속 물어보는 수밖에. 일주일에 한 번 오면 너무 반가웠고 보자마자 질문들이 쉼 없이 쏟아졌다. 그렇게 하루 12시간 동안 동생이랑 교대하면서 편의점 업무를 익혀나갔다. 하지만 무엇 하나 쉽지 않았다.

오픈 전에는 '계산만 해주면 끝'이라 여겼다. 그런데 그건 빙산의 일각일 뿐 보이지 않는 곳에서 업무가 산더미였다. 매대나 바닥 청소, 상품 발주, 진열, 입고 물품 검수, 보충진열, 창고정리, 그리고 정산 업무까지. 어떻게 보면 편의점 일은 가정주부의 일과 같았다. 해도 해도 끝이 없었다. 그런데 이런 나를 더욱 당황스럽게 만든 것은 도난이었다. 예전에 마트를 하던 친구에게 내가 이런 말을 한 적이 있었다.

"야, 너 무척 편해 보여. 신경 쓸 것도 없이 편해서 좋겠다."

그런데 친구가 한숨을 쉬며 말했다. "네가 보기엔 내가 편해 보이니? 네가 여기 한번 있어봐. 손님들이 다 도둑으로 보여." 그때는 그 말의 의미를 이해하지 못했다. 그런데 오픈 후에는 그 심정이 백 번 공감이 되었다. 아침에 출근해보면 양주가 없어져 있고 열 개 채워둔 우유는 다섯 개뿐이었다. 판매된 데이터가 없는데도. 손님들도 내가 초짜인 걸 눈치챈 건지. 물론 매장에 CCTV가 있긴 했다. 그런데 그것도 어떻게 확인해야 하는지 몰랐다. 또 막상 그런 손님들을 어떻게 해야 할지를 몰라 그냥 넘겼다. 그렇게 하루하루가 흘러가는데 점점 이상한 기분이 들었다.

'이상하네. 왜 이렇게 힘들고 어렵지? 이건 내가 꿈꾸던 편의점이 아닌데.'

그렇게 무엇이 무언지도 모르게 하루가 시작되고 끝나버렸다. 어떤 상품이 어느 곳에 있는지, 관리를 어떻게 해야 하는지, 상품의 정리정돈과 점포의 시스템을 익히느라 하루 세 시간 이상 잠을 잔 기억이 없다. 자면서도 머릿속은 끝도 없는 생각으로 가득 차 잠깐 눈만 붙이고 일어나는 나날이 반복되었다.

돈을 벌기 전까지는 오랜 마이너스를 견뎌야 한다

그리고 한 달 후 드디어 결산했다. 그런데 일 매출 평균액이 60만 원에 불과한 것이다. 계약 당시 점포 개발담당자가 나에게 들려준 이야기는 일매출 150만 원이었다. 그런데 아무리 사업시작 초기라 해도 반도 안 되는 60만 원이라니? 두 숫자 사이의 차이가 너무 컸다. 받아들이기가 쉽지 않았다. 또 아무리 장사가 안돼도 최저보장금액으로 500만 원을 준다고 해서 안심을 했는데 자세히 알고 보니 그게 아니었다. 나는 500만 원이 모든 비용을 제외한 순이익이라 여겼다. 그런데 최저보장금액에서 아르바이트 비용, 전기세, 기타 영업비용 등을 모두 차감한 후의 남는 금액이 순이익이었다.

당시 남양주금곡점에서는 주중과 주말 아르바이트 인원을 네다섯 명을 고용하고 있었기에 그 인건비만 해도 상당했다. 정산금으로는 인건비도 턱없이 모자랐다. 그래서 비상금으로 아껴둔 돈을 꺼내서 겨우 유지했다. 그런데 두 달 석 달이 지나도 상황은 달라지지 않았다. 일매출은 계속 60만 원으로 제자리걸음이었다. 돈을 벌기는커녕 계속 마이너스 상황이 계속되었다. 그럴 때마다 속이 타들어갔다.

'도대체 왜 매출이 안 오르는 걸까?'

그중 하나는 담배권 때문이었다. 지금은 금연 열풍으로 많이 줄어들었지만 편의점 매출의 반이 담배다. 담배를 사러 온 사람이 맥주나 과자도 사며 추가 매출이 발생한다. 그런데 남양주금곡점은 신축상가라서 법이 복잡하게 얽혀 있어 담배권 허가가 늦어졌다. 하루에도 수십 명 손님이 담배를 찾는데 그때마다 너무 답답했다. 그래서 매일 시청에 찾아가서 빨리해달라고 울고불고 매달렸다. 그렇게 겨우 담배권을 취득한 후 일매출이 80만 원으로 올랐다.

그렇다고 사정이 크게 나아지지는 않았다. 몇 달째 계속되는 손익 마이너스에 근무자들 월급날이 돌아오면 발을 동동거렸다. '어디서 돈을 구해와야 하나?' 아무리 궁리해도 돈 나올 곳이 없었다. 상가 분양 시 대출을 잔뜩 받은 상태라 그것도 불가능했다. 이제 의지할 곳은 '남편'밖에 없었다. 당시 남편은 조그만 아이스크림 판매장을 운영하고 있었다. 그런데 매장 오픈 당시 정 때문에 부동산에 크게 속아 큰 손해를 봤다. 설상가상으로 매출도 예상보다 너무 저조해 굉장히 고전 중이었다. 결국 남편이 신용대출로 마이너스통장을 만들어 편의점에서 부족한 돈을 계속 메워나갔다. 그런 상황이 그 이후로 계속되었다.

그 당시 돈에 대한 스트레스도 컸지만 편의점이라는 시스템에 적응하기 어려워 정신적인 스트레스도 상당했다. 호프집은 처음 계약 시 가맹비를 주면 끝이었다. 매월 로열티 나가는 게 없었다. 그래서 매출을 올리면 다 내 주머니로 들어왔고 모든 것을 내 뜻대로 할 수 있었다. 그런데 편의점은 매월 일정한 로열티를 내야 했고 내 의지대로 할 수 있는 게 그다지 많지 않았다.

어떻게 보면 경영주는 월급쟁이이면서 개인사업자였다. 본사에서는 여러 가지로 지원과 도움을 열심히 주긴 했지만 결국 최종 손익과 정산금은 내 책임이었다. 이런 시스템이 이전에 해왔던 사업과 너무 다르니 혼란스러웠다. 그렇게 육체적 정신적 스트레스 속에서 수개월을 보내면서 늘어나는 건 편의점을 괜히 시작했다는 후회와 한숨뿐이었다. 매달 마이너스 통장으로 근근이 버텨야 하는 상황에 계속 회의감이 들었다.

주머니에 10원짜리 하나 없어도 약속은 지켜야 한다

하지만 그런 최악의 상황에서도 한 번도 본사와 편의점 계약관계에 있어 가장 중요한 송금을 미뤄본(미송) 적이 없다. 편의점은 매일매일 현금 매출을 본사에 송금하는 것이 의무화되어 있다. 그런데 점포를 운영하다 보면 현금 흐름이 원활하지 않을 때가 있다. 그러면 간혹 미송을 하는 분들이 있다. 그런데 나는 주머니에 10원짜리 하나 없어도 절대 미송은 하지 않았다. 물론 몇 시간 늦게 송금한 적은 있다. 하지만 약속을 어긴 적은 단 한 번도 없었다. 지금 돌아보면 왜 그랬을까? 참 미련했다 싶을 정도로 약속을 지켰다. 미송을 한다고 누가 잡아가는 것도 아닌데.

처음부터 본사에서 그렇게 교육을 받았고 계약서에 명시되어 있었다. 그러니 그 약속은 당연히 지켜야 한다고 생각했다. 어찌 보면 병이라고 할 수도 있는데 내가 자라온 환경 탓이 큰 듯하다. 나는 남들에 비해 학력, 배경, 집안 아무것도 내세울 게 없었다. 그런 상황에서 사람들에게 신뢰와 믿음을 얻으려면 약속만큼은 반드시 지켜야 했다. 사람들과의 약속은 물론이고 문서에 명시된 계약 내용, 시간약속, 심지어 신용카드 결제일까지도. 가맹사업은 서로 약속을 지키면서 함께 성장해 가는 것이기 때문이다.

그러한 의미에서 본사에 송금하는 일도 내가 지켜야 할 약속이었다. 그래서 내 주머니에 당장 쓸 돈이 없어도 그 돈을 써야겠다고 전혀 생각하지 않았다. 물론 나도 사람이다 보니 송금할 때면 별의별 생각이 든다. '아, 이 돈을 본사 보내지 말고 내 통장에 다

넣었으면 좋겠다.' 하지만 그것도 잠시뿐이었다. 어차피 내 돈이 아닌 것을 가지고 있어봐야 뭐 하겠는가. 속만 쓰리지. 그래서 14년 동안 아무리 급한 상황이라도 한 번도 미송을 해본 적이 없다.

그 후로도 동생과 하루 12시간씩 교대를 하며 계속 편의점에 몰두했다. 하지만 1,000만 원으로 시작한 마이너스 통장은 금액이 점점 늘어만 갔다. 매출을 일으켜도 월말 정산할 때까지는 내 돈이 아니었다. 일단은 매일 본사로 송금하고 나니 정작 내가 융통할 수 있는 돈이 하나도 없었다. 하다못해 내가 쓸 생활비도 없었다. 나라에 세금 다 내고 본사 로열티 다 내고 아르바이트 비용을 제하면 내 인건비도 나오지 않았다.

그때마다 늘어나는 건 후회와 한숨뿐이었다. 도대체 내가 왜 이런 편의점을 했을까? 내가 왜 이걸 시작해서 이 고생을 하나? 내가 무슨 큰 죄를 지었나? 남에게 큰 피해를 주지 않고 살아왔다고 자부했는데. 나도 모르게 누구에게 피해를 줬나? 그렇지 않고서야 어떻게 이런 일이 있을 수 있지? 그냥 모든 걸 포기하고 여기서 탈출하고 싶은 마음뿐이었다.

요즘 대한민국 자영업자의 절반이 순수익 100만 원도 안 되고 심지어 3년 평균 생존율이 절반도 안 된다고 한다. 하지만 당시는 더 상황이 안 좋았고 몇 배로 더 고통스러웠다.

돈 벌 생각 전에 땀과 노력을 먼저 생각하자

어느 날 출근하려는데 주머니에 차비도 없었다. 아무리 마이너스 대출로 생활한다지만 막상 현실에 부딪히니 절망스러웠다. 그러다 아들 방에 갔더니 돼지 저금통이 보였다. 유치원 때부터 아들이 기특한 일을 할 때면 500원짜리 동전을 하나씩 주곤 했다.

'저걸 뜯어야 하나? 말아야 하나?'

고민이 되었다. 그런데 차비는 물론이고 점포에도 돈이 필요했다. 결국 저금통을 뜯었고 40만 원 정도가 나왔다.

'그래, 이 돈이면 정산금 나올 때까지는 버틸 수 있겠다.'

그런데 며칠 후 아들이 저금통을 계속 찾았다. 차마 엄마가 뜯었다는 말을 할 수가 없었다. 그래서 거짓말을 했다.

"아들, 저금통이 가득 차서 엄마가 너 이름으로 통장 만들었어. 나중에 학교 가면 줄게."

그 말을 하는데 아들을 똑바로 바라볼 수가 없었다. 너무 부끄러워서. 예전부터 아들에게 항상 입버릇처럼 하던 말이 있었다.

"아들, 엄마는 네가 공부는 열심히 안 해도 괜찮아. 그런데 이것만은 약속해줄래? 어른들을 보면 인사를 잘해야 돼. 그리고 항상 정직해야 돼. 절대 거짓말은 하지 마. 자, 약속?"

그렇게 아들과 손가락 걸며 약속했다. 그런데 엄마인 내가 거짓말을 한 것이다. 아들이 고등학생이 되어서야 저금통의 진실을 말하고 용서를 구했다. 그때 기억이 너무 아팠기에 그 이후는 돼지 저금통을 키우지 않았다. 그 저금통을 깨면서 수많은 생각을 했다.

'왜 이렇게 힘든 걸까? 노력해도 왜 돈이 없는 걸까? 왜 아이의 돼지 저금통을 뜯어야 할 정도가 된 걸까? 도대체 어디서부터 잘못된 것일까?'

고생 없이 큰돈 벌 수 있는 일은 없다

6개월 전으로 시간을 되돌려보았다. 내가 왜 편의점을 선택했는지 하나둘 이유를 써내려 갔다. 첫째, 내가 가진 돈에서 할 수 있는 사업이 별로 없었다. 둘째, 내가 편의점 운영 노하우가 없어도 본사에서 지원해주니 쉽게 할 수 있을 듯했다. 셋째, 설사 매출이 안 되더라도 최저보장을 해줬다. 넷째, 계약 만기 시 원금을 돌려준다는 것이다. 그러니 돈을 까먹을 일도 없다. 그런데 내가 간과한 것이 있었다.

첫째는 '투자가 적으면 수익도 적을 수밖에 없다'는 사실이었다. 사람들은 1,000만 원이 있으면 어떤 사람은 정기예금에, 어떤 사람은 펀드에, 어떤 사람은 주식에 든다. 왜 정기 예금에 들까? 안정적이고 원금 손실도 없고 잊고 있어도 돈은 꼬박꼬박 잘 나오니. 펀드는 30~40퍼센트 위험손실이 있지만 아주 원금이 날아가는 것은 아니다. 그리고 주식은 모 아니면 도이다. 편의점은 이 세 가지 중에 어떤 쪽일까? 바로 정기예금에 가깝다. 그러니 단기간에는 돈이 크게 안 되는 것이다.

둘째는 이 세상에 그냥 얻어지는 것은 없다는 것이다. 이 세상에 적은 돈으로 편하고 쉬우면서 많은 돈을 벌 수 있는 일이 있을까? 내가 아는 한 세상에 그런 일은 존재하지 않았다. 특히 나는 호프집을 9년 운영하면서 그 사실을 정말 뼈저리게 느꼈다. 처음 호프집을 생각하고 본사 담당자와 상담할 때였다.

"동네 조그만 호프집도 60에서 70만 원 정도는 쉽게 팔거든요. 이 정도 상권이면 하루에 100만 원은 쉽게 올릴 수 있습니다. 지금 1억 원이 들어가도 금방 투자비 회수할 수 있습니다."

"아, 그래요? 그런데 제가 호프집에 대해서 아무것도 모르는데."

"괜찮습니다. 본사에서 다 지원해주니 걱정할 필요가 없습니다."

그 말을 정말 믿었다. 그 당시 서울에 있는 다른 가맹점들을 가보니 장사가 잘되었다. 그래서 당연히 나도 잘될 거로 믿고 도장을 찍었다. 그 후 본사에서 주방장에게 몇 가지 안주 만드는 방법을 알려주었다. 그래서 "주방장이 알아서 잘하겠지." 하고 크게 신경 쓰지 않았다. 당시 내 머릿속에는 금방 돈을 벌 수 있으리라는 기대뿐이었다. 나는 머릿속에 입력된 일매출 100만 원만 생각하고 돈 계산만 열심히 했다.

정상에 오르기 위해서는 대가를 지급해야 한다

그런데 막상 문을 열고 보니 하루 20만 원 매출을 올리기도 힘겨웠다. 오픈 첫날 주방장이 오징어 한 마리 굽고 퇴근했으니 무슨 말이 더 필요하겠는가. 그 정도로 장사가 안되었다. 오죽했으면 하루 30만 원 매출이 소원이었다. 그러니 매달 마이너스였다. 남편 월급으로 직원들 월급 주고 현금서비스를 받아서 임대료를 내야 했다. 그런 생활이 반복되었고 1년이 지났을 때 파산 일보 직전까지 갔다.

'도대체 왜 이렇게 바닥까지 내려갈 정도로 힘든 걸까?'

당시 나는 호프집 운영에 대해서 전혀 알지 못했다. 심지어 호프집에도 세 차례 가본 것이 전부였다. 또 술도 마시지 못했고 음식도 전혀 만들 줄 몰랐다. 감자튀김을 봐도 익었는지 안 익었는지도 몰랐다. 또 근무자들을 어떻게 관리해야 하는지도 전혀 경험이 없었다. 본사 담당자가 누구나 쉽게 운영할 수 있다는 말만 믿고 뛰어들었다.

호프집이 쉬워 보였고 만만해 보였다. 그저 돈을 벌겠다는 생각뿐 땀과 노력이 필요할 것이라고는 전혀 생각지 못했다. 그러니 힘든 게 당연했다. 본사에서 운영 노하우를 알려준다고 해도 기본적인 준비를 해야 했다. 본사는 본사의 역할이 있고 가맹점인 나의 역할도 분명 있다. 나는 나의 역할에 대해서는 전혀 생각하지 않았다. 결국 나의 준비 부족과 무지로 힘든 것이었다.

그제야 정신이 번쩍 들었다. 여기서 포기하면 모든 게 물거품이었다. 나 하나를 믿고 5,000만 원을 빌려준 지인의 돈을 갚기 위해서. 그리고 아들을 위해서 다시 일어나야 했다. 고정비를 어떻게든 줄여야 했다. 그때부터 내가 직접 주방에서 음식과 설거지도 모두 도맡아 했다. 다행히 타고난 눈썰미가 있어서 평소 주방장 어깨너머로 배운 실력과 어려서부터 음식을 자주 했던 탓에 크게 두렵지는 않았다. 그렇게 호프집 업무를 하나둘씩 익혀나갔다.

그러던 어느 날 온몸이 불덩이처럼 뜨거워져 병원에 갔더니 열이 40도까지 올라 있었다. 의사는 절대 안정을 취해야 한다고 말했다. 그런데 쉴 수가 없었다. 당장 손님이 오면 누가 주방을 맡을 것인가. 그래서 카운터 안 좁은 공간에서 돗자리를 깔고 누워 있었다. 그러다 손님이 안주를 주문하면 네발로 기다시피 주방에 들어와서 안주를 만들었다. 그러다 다시 네발로 카운터에 돌아와 다시 눕는데 눈물이 왈칵 쏟아졌다.

'내가 왜 이렇게까지 해야 하나?'

어디 그뿐인가. 매일 음식 만들고 설거지를 하다 보니 손에 물이

마를 날이 없었다. 또 항상 주방에서 혼자서 빨리빨리 움직이다 보니 고무장갑을 낄 여유도 없었다. 주로 맨손으로 설거지했는데 그러다 보면 독한 세제를 만지는 일이 많았다. 그 때문에 손이 다 트고 갈라지면서 습진이 생기기 시작했다. 나중에는 허물이 벗겨지고 지문이 다 닳아져서 주민등록증 지문과도 맞지가 않았다. 당시 손이 너무 험해서 남들 앞에서 내밀지도 못했다. 그런 시간들이 지나고 나서야 호프집 일들이 하나 둘 익숙해지기 시작했다. 그렇게 호프집 일을 배우는 데만 2년이 걸렸고 정상궤도에 오르기까지 3년이 필요했다. 그 시간 동안 엄청난 수업료를 내야 했다. 그때 깨달은 사실이 있다.

'세상에 그냥 얻어지는 것은 없다. 결실을 얻으려면 땀과 노력이 필요하다.'

그만둘 때 그만두더라도
책임을 지고 최선을 다해보자

편의점을 시작하면서 호프집을 했을 때의 기억들을 망각하고 있었다. 나는 편의점 문만 열만 손님들이 들어오고 돈을 벌 수 있으리라 여겼다. 아무런 경험도 지식도 없었고 아무런 준비도 하지 않고서. 나는 편의점에서 아르바이트해본 적도 없고 편의점을 이용해본 적도 고작 세 번이었다. 그러니 경험이 아예 없었다. 그러니 힘든 것이 당연했다. 결국 힘이 든 것도 내가 준비를 하지 않아서였다.

되돌릴 수 있다면 다시 돌아가고 싶었다. 다시 1년 전으로. 하지만 아직도 4년이 남아 있었다. 어떻게 4년을 버텨야 할지. 본사가 너무 원망스러웠다. 왜 경험과 준비가 필요하다는 것을 알려주지 않았을까? 하지만 원망도 잠시였다. 편의점을 선택한 건 바로 나 자신이었다. 내가 좀 더 신중하게 알아봤더라면……. 내가 좀 더 꼼꼼하게 물어보고 체크했더라면……. 나의 선택이니 내가 책임을 져야 했다. 길지 않은 인생이지만 인생을 살아오면서 깨우친 원칙이 하나 있다.

"항상 선택에는 책임이 따른다."

뒤돌아보면 편의점 이전에도 훨씬 더 심각한 위기가 수차례 있었다. 여행사 시절 적성에도 맞지 않는 일 때문에 집으로 되돌아가고 싶은 적도 많았다. 하지만 5년을 버틴 건 내가 선택한 직업이었기 때문이다. 부모님께서 여행사 취직하라고 등 떠민 적 없었고 오로지 여행을 맘껏 해보고 싶어서 한 나의 선택이었다. 또 호프집에서도 누구 하나 해보라고 권한 사람이 없었다. 내가 하고 싶다고 우기고 우겨서 지인의 도움까지 받아가며 시작한 일이 아니었던가. 그러니 어떻게든 내가 수습해야 했다. 내가 선택한 이상 내가 짊어지는 게 당연하다 여겼다. 아들에게도 항상 입버릇처럼 말했다.

"스스로의 선택에 책임을 져야 해."

일곱 살 된 아들을 초등학교에 보낼 때였다. 당시 집 근처에도 학교가 있었다. 그런데 좀 더 좋은 환경을 경험하게 해주고 싶어서 서울에 있는 사립초등학교를 보여주었다. 그리고 스스로 선택하도록 했다.

"네가 선택해야 해. 어디로 다닐 거야?"

"서울로 다닐래요."

그런데 서울에 있는 학교까지 가려면 교통편이 여간 불편한 게 아니었다. 내가 등교시켜 줄 수 없기에 아이 혼자 가야 했다. 그러려면 아이가 아침 6시에 일어나야 했다. 그래서 그 상황을 자세히 설명해줬다.

"서울로 학교를 다니려면 네가 매일 아침 6시에 일어나서 혼자서 가야 해. 그래도 여기 다닐 거야?" "네, 서울로 다닐래요." "그래? 그런데 엄마는 아침에 너를 깨우거나 일어나라고 잔소리하지 않을 거야. 네가 선택했으니 네가 스스로 일어나야 해. 그럴 자신이 있어?" "네, 제가 일어날게요."

그래서 아들은 초등학교 6년 동안 스스로 일어나서 학교에 다녔다. 내가 깨운 적은 몸살이 나서 아팠던 서너 번에 불과했다. 그런 나였기에 내가 선택한 편의점 역시 내가 책임을 지는 게 당연하다고 여겼다. 본사의 등 떠밀림으로 마지못해 시작했다면 계속 원망만 했을 것이다. 하지만 나에게 아무도 강요한 사람은 없었다. 따지고 보면 내가 편의점을 하고 싶어서 찾아갔다. 도장을 찍은 것도 나였다. 결국 내가 책임을 져야 했다.

그러면 이제 어떡하나? 계약기간 5년 중 아직 4년이라는 시간이 남았다. 결단을 내려야 했다. 해약금을 내고 여기서 해약할지? 아니면 새로운 돌파구를 찾을지? 나의 선택은 후자였다. 물론 그 당시 해약금을 낼 돈도 없었다. 하지만 해약금이 무서워서 그런 결정을 한 것은 아니었다. 일단 5년을 계약했기에 무조건 5년은 채워야겠다 싶었다. 계약도 약속이니까. 그리고 오기가 생겼다. 그동안 숨겨져 있던 내 안의 승부욕이 발동했다.

'그래! 가는 데까지 한 번 가보자. 그만둘 때 그만두더라고 잘한다는 소리를 한 번이라도 듣고 그만두자!'

스피드, 스타일, 스마일, 스토리로 승부하자

　호프집을 운영하던 시절 초창기 1년 동안 매출이 정말 저조했다. 그 당시에는 호프집 주변 사람들이 주로 동네 치킨집에서 삼삼오오 모여 술을 많이 마셨다. 그래서 치킨집마다 사람들이 바글바글했다. 그런데 우리 매장은 매번 파리만 날리는 것이다.
　'왜 손님이 없지? 왜 장사가 안되지?'
　이해할 수가 없었다. '이런 시설에 이런 분위기에 서울에서는 잘 되는데 왜 안 되지? 이 동네 사람들은 수준이 낮나? 이런 걸 싫어하나? 아니면 자리가 안 좋은가? 굿이라도 한판 해야 하나?' 그렇게 한숨으로 시간을 보내고 있을 때였다.
　어느 날 한 손님이 서울의 유명 호프집을 알려주며 한번 가보라는 것이다. 밑져야 본전이다 싶어 가보았다. 그런데 손님들도 진짜 많고 장사도 아주 아주 잘되는 것이다. 도대체 어떻게 손님이 많은 걸까? 이후로도 계속 잘되는 집을 찾아다녔다. 그렇게 여러 곳을 다녀보니 하나 둘 우리 매장의 부족함이 보이기 시작했다. 그전까지 나는 우리 매장에 문제가 있다고 생각하지 않았다.

'본사에서 보내준 맥주와 알려준 레시피로 잘 만들면 되는 거 아니야?'

그런데 잘되는 곳을 다녀보니 우리 매장과 많이 달랐다. 그중 하나가 바로 '푸짐하고 맛있는 안주'였다. 어떤 곳은 정말 이렇게 퍼주고도 남는 게 있나 싶었다. 그래서인지 손님들이 끊이지 않았다. 그때부터 계속 생각했다. 어떻게 하면 손님들을 우리 매장으로 오게 만들까? 그러려면 경쟁점포인 치킨집들과 다른 뭔가 차별화된 메뉴가 있어야 했다. 그래서 근무자들에게도 치킨집에서 주로 어떤 안주를 주고 어떤 안주가 인기가 있는지를 계속 물어봤다. 그렇게 우리 집만의 차별화된 메뉴를 계속 찾기 시작했다.

그러다 문득 '아무거나'라는 단어가 떠올랐다. 손님들이 딱히 먹고 싶은 안주가 없을 때면 "아무거나 주세요"라고 말하는 경우가 많았다. 도대체 뭘 달라는 말인지? 그때는 정말 고역이었다. 바로 거기서 힌트를 얻었다. '그래, 아무거나 메뉴를 만들어보자!' 손님들이 가장 많이 찾는 메뉴를 조합해서 모둠을 만들었다. '훈제치킨 한 마리, 과일 다섯 종류, 각종 튀김.' 그리고 성인 남자 4인이 먹어도 될 정도로 아주 푸짐하게. 가격은 1만 6,000원. 그전까지 한 번도 보지 못했던 새로운 메뉴를 내가 조합해서 만들었다. 그리고 메뉴판에 '아무거나'라는 메뉴를 추가해 눈에 확 튀게 했다.

그러자 손님들이 처음 보는 메뉴가 신기하고 재미있었던지 그 메뉴를 자꾸 주문하는 것이다. 그리고 안주의 푸짐함에 또 한 번 놀라는 것이다. 거기다 매일 시장에서 직접 재료를 사서 만들었기에 너무 신선했다. 그러면서 점점 입소문이 나기 시작했다.

"그 호프집에 가면 무조건 아무거나 시켜. 맛있고 엄청나게 푸짐해."

어느새 아무거나가 우리 집 대표 메뉴가 되었다. 이후 손님들이 점점 많아졌고 매출도 올라가기 시작했다. 그러다 어느 순간 일매출 100만 원이 넘어섰고 200만 원 300만 원을 올리는 날도 있었다. 그러면서 드디어 정상궤도에 올랐다.

모든 문제의 답은 밖이 아니라 내 안에 있다

그때 느낀 사실이 있다. '모든 문제의 답은 내 안에 있다'는 것이다. 처음에는 왜 장사가 안되는지 계속 외부에서 원인을 찾았다. 이 동네 손님들의 수준이 낮은 건지? 자리가 안 좋은 건지? 그런데 돌아보니 정작 문제는 나에게 있었다.

그때부터였던 것 같다. 어떤 문제가 생기면 나에게서 답을 찾는 게 습관이 되었다. 편의점 시작 전 본사에서는 일매출 150만 원을 예측했다. 하지만 실제 80~100만 원을 넘기기도 어려운 수준이었다. 그때 나는 본사를 원망하기보다는 내 안에서 답을 찾아보자 싶었다.

'우리 매장의 매출이 왜 안 나오지?' '아, 나의 운영 능력에 문제가 있구나?'

세상에는 '내가 할 일' '네가 할 일' '하늘이 할 일'이 있다고 생각한다. 즉 각자의 역할이 존재한다. 편의점도 본사의 역할이 있고 경영주의 역할이 있지 않을까. 나는 경영주이니 내가 선택한 편의점이 어떻게 운영되는지 알아야 했다. 그때부터 다른 편의점은 어떻게 운영되는지 밤낮으로 수십 곳의 점포를 찾아다니기 시작했다.

그러다 놀라운 사실을 알게 되었다. 그 많은 편의점 중에서 내가 들어섰을 때 친절하고 반갑게 맞아주는 곳은 거의 없었다. 어디 그뿐인가. 매대에 먼지는 가득 쌓여 눈살이 찌푸려졌고 휴지통이 넘쳐나서 쓰레기가 바닥에 굴러다니고. 어떤 곳은 근무자들이 만화책에 빠져 내가 들어오는 줄도 몰랐다. 한마디로 무늬만 편의점인 곳이 너무 많았다. 지금은 거의 모든 편의점이 청결하고 서비스 수준도 구멍가게나 일반슈퍼보다 훨씬 높다. 그런데 2000년대 초반만 하더라도 제대로 운영되는 곳이 많지 않았다. 그 모습을 보고 나니 왠지 할 수 있겠다는 생각이 들었다.

'그래, 이 정도라면 내가 한번 해볼 만하겠다.'

지금까지 12년 동안 사업하면서 얻는 경험을 살린다면 가능성이 있겠다 싶었다. 그리고 마음속으로 세 가지 목표를 세웠다. 첫째, 내가 우리 점포를 2년 안에 전국 최고의 점포를 만들겠다! 2년 동안 죽기 살기로 몰입한다면 편의점 업무를 다 마스터할 수 있을 것 같았다. 둘째, 3년 안에 일매출 300만 원 나오는 점포를 만들자! 본사 개발자는 남양주 금곡 상권에서 일매출 150만 원을 예상했다. 하지만 나는 정확히 그 두 배인 300만 원을 목표로 세웠다. 왜일까? 계산해보니 두 가족의 생계를 유지하고 각종 대출금을 갚고 기타 비용을 감당하려면 일매출 300만 원을 올려야 정상궤도에 오를 수 있었다. 물론 금곡이 좋은 상권이 아니었다. 하지만 그럼에도 내가 최대한 노력해서 엑기스까지 뽑아보겠다고 다짐했다. 그리고 OFC를 만나자마자 말했다.

"저는 일매출 300만 원 반드시 찍어야 해요!"

그러자 이 시골 상권에서 무슨 소리냐며 황당하다는 표정으로 바라봤다. 하지만 차마 기를 죽이기는 싫었든지 살짝 돌려서 말을 하는 것이다.

"경영주님, 너무 빨리 매출을 올리면 옆에 경쟁점이 들어오니까 쉬엄쉬엄 하세요."

2015년 현재 국내 편의점 평균 일매출은 150만 원에서 180만 원 정도이다. 14년 전에는 이보다 훨씬 낮았다. 대도시도 아닌 시골 상권에서 일매출 300만 원은 허황된 소리나 다름없었다.

셋째, 5년이 되었을 때 회사 대표가 우리 점포 찾아와 밥을 사게 하겠다! 밥이 뭔가? 나를 인정한다는 말이 아닌가. 이왕 시작한 편의점이라면 내가 이 분야에서 인정을 받고 싶었다. 그리고 또 OFC에게 말했다. "내 목표는 GS 대표님이 나한테 와서 밥을 사게 하는 거예요." "설마, 대표님이 남양주까지 오시겠어요." 하며 농담으로 웃어넘겼다. 그런데 나는 정말 진심이었다.

사람에게 인격이 있다면 점포에는 점격이 있다

그때부터는 이 목표를 어떻게 이룰 수 있을지 고민해나갔다. 일단 점포에서 매출이 일어나야 목표를 이룰 수 있다. 그러려면 점포의 수준이 올라가야 했다. 나는 사람에게도 인격이 있듯이 점포에도 점격이 있다고 생각했다. 매장이 청결한지? 상품이 제대로 진열되어 있는지? 서비스가 진심인지? 그 점포를 판단하는 기준이 있다. 이를 점격이라 한다. 점격이 높은 매장은 손님들에게 사랑받을 수 있고 매출도 높게 마련이다.

그날부터 두 팔 걷어붙이고 청소부터 시작했다. 그런데 그때까지 본사에서 청소에 대해 배운 후 기억나는 것이라곤 '매장 청소는 오픈할 때를 기준으로 항상 청결하게 유지해야 합니다'라는 가이드가 전부였다. 그러니 어디서부터 어떻게 청소하는지도 막막했다. 일단 대문 주위가 깨끗해야 한다는 생각에서 점포 앞을 매일 쓸고 닦았다. 또 유리창도 매일 빡빡 닦고 점포 바닥이나 매대도 걸레를 빨아 구석구석 먼지가 끼지 않도록 계속 청소했다.

그러다 보니 호프집에서 생겼던 습진이 다시 재발했다. 편의점을 하면 더는 그럴 일은 없겠구나 싶었는데. 하여튼 집 청소는 안 해도 매장 청소는 정말 열심히 했다. 그러던 어느 날 할머니가 출입구에서 신발을 벗고 들어오는 것이다.

"아니, 할머니! 왜 그러세요?"

"너무 깨끗해서." "아니에요. 얼른 신발 신고 들어오세요."

"아니, 미안해서 그렇지."

그때 얼마나 청소를 열심히 했던지 바닥이 정말 반짝반짝했다.

청결이 어느 정도 수준에 오르자 그다음으로 고객서비스에 관심을 뒀다. 편의점은 상품에 따라 마트보다 비싼 물건이 있다. 그럼에도 고객들이 찾는 이유는 바로 '서비스'와 '편의성' 때문이다. 상품 가격에 서비스 비용이 포함되어 있다고 할 수 있다. 그러니 고객들에게 서비스하는 게 당연하다 여겼다. 그런데 서비스 교육은 나 혼자만 한다고 되는 게 아니다. 직원들이 함께 뛰어줘야 한다. 그러려면 뭔가 교육이 필요했다. 어떻게 서비스 교육을 할까? 지금은 본사에서 서비스 교육이 체계적으로 잘되어 있다. 그런데 그때는 구체적인 매뉴얼이 없었다. 그래서 나 혼자 이 책 저 책 뒤적이다 4S를 만들었다. 스피드Speed, 스타일Style, 스마일Smile, 스토리Story. 우선, 스피드는 빠른 계산이었다. 우리나라 사람들은 너무 급하다. 특히 편의점 손님들은 더 급하다. 그러니 정확한 계산도 서비스가 아닐까. 두 번째는 스타일이었다. 본사에서는 파란색 조끼나 앞치마를 유니폼으로 지정해주었다. 그런데 손님들에게 뭔가 더 단정하고 갖추어진 듯한 이미지를 심어주고 싶었다. 그래서 계절별로 조끼나 앞치마 안에 셔츠를 따로 입혔다.

세 번째는 스마일이었다. 근무자들에게 항상 밝은 모습으로 응대하도록 교육했다. 우리가 먼저 밝은 모습으로 손님을 맞이한다면 손님들도 미소를 날리지 않겠는가. 마지막 네 번째는 스토리였다. 편의점을 처음 운영하다 보면 청소, 계산, 진열, 클레임 처리 등 모든 게 서툴고 크고 작은 실수를 하게 마련이다. 근무자들도 마찬가지이고. 그래서 실수를 줄여보자는 의미에서 메모하기 시작했다. 그 수첩을 나 혼자 쓰는 게 아니라 모든 근무자가 함께 써갔다. 그러면서 자연스럽게 우리 사이에 이야기가 만들어졌다.

'그래, 이 4S로 백화점 같은 서비스를 제공해보자.'

그리고 본사에서 고객 서비스 향상을 위해 정기적으로 하는 서비스 모니터링 평가에서 무조건 100점을 받자고 다짐했다. 본사에서는 2개월에 한 번씩 미스터리 쇼퍼 형식으로 전국의 여러 점포를 돌면서 고객 관점의 여러 기준으로 청결, 고객 응대, 서비스 등을 평가했다. 이를 '서비스 모니터링'이라 한다. 그런데 세부항목을 보니 나와 근무자들이 조금만 신경 쓴다면 충분히 할 수 있는 일이었다.

어려운 일도 차근차근
배우면 식은 죽 먹기가 된다

그렇게 서비스에 집중하면서 상품발주와 상품관리에도 신경 썼다. 편의점의 신선식품들은 자칫 하면 유통기한을 넘기기 일쑤다. 그러니 매일 상품들의 유통기한을 확인하고 새로운 상품이 입고될 수 있도록 재고관리를 잘해야 한다. 그런데 가장 어려운 부분이 상품발주였다. 매일 필요한 상품 발주를 넣어야 하는데 여전히 의문투성이였다.

도대체 어떤 상품을 얼마나 발주해야 하는지 전혀 감이 잡히지 않았다. 상품이 한두 개도 아니고 수백 가지였다. OFC가 중간 중간 알려줬지만 어렵기는 매한가지였다. 특히 내가 숫자를 싫어하니 컴퓨터만 봐도 머리가 아파졌다. 그때 본사의 어느 팀장님 한 분이 내게 이런 말씀을 하셨다.

"경영주님, 우리가 밥 먹는 과정을 하나하나 풀어서 설명하면 얼마나 복잡합니까? 숟가락에 밥 몇 그램을 올려서 시속 몇 킬로 속도로 입으로 넣고 입에서 몇 번을 씹은 후에 목으로 넘기고. 얼마나 어렵습니까? 그런데 우리는 다들 일상적으로 밥을 먹습니다. 발주하는 것도 마찬가지예요. 지금은 처음 접하는 거라서 어렵지만 나중에는 밥 먹는 것처럼 아주 쉬워질 거예요. 힘내세요!"

그 이야기가 내게 너무 큰 위로가 되고 힘이 되었다.

'그래, 처음이라 힘든 거야. 누구나 태어날 때부터 잘하겠어? 자꾸 하다 보면 나아지겠지!'

이후 발주 프로그램을 하나하나 계속 클릭하면서 상품 공부를 해나갔다. OFC에게 계속 질문하면서 2년을 귀찮게 했다. 내가 알 때까지. 그리고 발주 프로그램을 완전히 마스터하기까지 3년이 걸렸다. 그렇게 편의점 운영 노하우를 하나둘 익혀나가면서 기초를 쌓아가기 시작했다. 그런 시간들이 나중에서야 빛이 났다. 편의점에서 가장 중요한 4가지 원칙은 바로 청결, 서비스, 신선도, 상품 구색(발주)이다. 아마 모든 서비스업종에 적용 가능한 원칙일 것이다. 그 시기에 이런 기초를 튼튼하게 익혔고. 덕분에 이후 편의점이 자리 잡는 데 큰 밑거름이 되어주었다.

절실할수록 성공 가능성은 높아진다

"절실함이 더욱 깊을수록 성공 가능성도 높다. 따라서 현 상황이 절실한 사람은 앞으로 성공할 가능성이 가장 높은 사람이다."

록펠러가 한 말이다. 나는 이 문장을 보면서 크게 고개를 끄덕인 적이 있었다. 그동안 살아온 날들을 돌아봤을 때 항상 나를 움직이게 했던 것은 '절실함'이었다. 나는 직장이든 사업이든 항상 절실함에서 시작했다. 여행사 시절에는 외할머니를 하루라도 빨리 행복하게 해 드리고 싶었고 동생들에게 더 좋은 환경을 주고 싶었다. 누가 시킨 것은 아니었지만 나 스스로 그렇게 해야 한다는 강박관념이 항상 있었다. 그런 절실함이 있었기에 적성에 맞지 않는 여행 가이드라는 직업을 5년이나 이어올 수 있었다.

의류대리점 시절에는 또 다른 절실함이 있었다. 점포를 오픈하면서 아버지와 한 가지 약속을 했다.

"대출금 2,000만 원은 1년 내 꼭 갚겠습니다!"

그 약속을 지키려면 열심히 해야 했다. 당시 집과 점포는 버스로 1시간 정도 거리여서 출퇴근 시간도 너무 아까웠다. 그래서 점포 한쪽에 2평 남짓한 공간을 마련해서 싱글침대, 씽크대, 밥통 하나를 놓고 그곳에서 숙식을 해결하며 지냈다. 또 점포 문을 아침 8시에 열어 자정에 닫았다. 주변에서는 왜 아침 댓바람부터 문을 여느냐며 유난스럽다 했다. 하지만 등교하는 학생들, 출근하는 선생님들을 상대로 양말 하나라도 팔기 위해서 부지런히 움직였다. 그렇게 밤낮으로 매달린 결과 1년 후 대출금을 모두 갚았고 좀 더 넓은 곳으로 매장을 옮겨갔다.

호프집에서는 절실함이 최고조에 달했다. 그때는 그만두고 싶은 순간들이 너무 많았다. 하지만 절실함이 나를 움직이게 했다. 나 하나를 믿고 5,000만 원을 빌려준 지인의 돈을 갚아야 했기에 어떻게든 해내야 했다. 그래서 어떤 때는 일부러 나 자신을 벼랑 끝으로 내몰기도 했다. 그래야 죽어라 힘을 내서 그 상황을 헤쳐나올 수 있으니.

끝장을 보겠다는 정신이 필요하다

편의점 운영을 1년 반쯤 하면서 점격을 높이기 위해 종일 분주하게 움직였다. 다행히 1년 전보다 매출이 조금씩 올랐다. 그렇다고 생활이 갑자기 달라지지는 않았다. 마이너스 금액이 조금 줄었을 뿐 여전히 내 인건비는 가져가기도 어려웠다.

당시 남편이 운영하는 아이스크림 사업도 계속 손해를 보고 있었다. 그렇게 두 곳 모두 마이너스가 계속되니 남편도 나도 정신적으로 너무 힘들었다. 마이너스 통장으로 겨우 생활하지만 밑 빠진 독에 물 붓기였다. 언제까지 물을 부어야 하는지 끝이 보이지 않았다. 이런 상황이 계속 이어진다면 길바닥에 나앉는 건 시간문제였다.

'아, 이렇게 가다가는 우리 가족 다 죽겠다.'

설사 우리 세 식구는 거리에 나앉아도 상관없었다. 내가 붕어빵이라도 구워서 생계를 유지할 자신은 있었다. 그런데 차마 동생네 다섯 식구를 거리로 내보낼 수는 없었다. 비록 동생이 경제적으로 힘든 상황이었지만 남양주로 부른 것은 나였다. 그러니 누나인 나에게도 책임이 있었다.

이 상황을 어떻게 벗어날 것인가? 방법은 더 이상 채울 물이 없어지거나 독이 깨어지거나 둘 중 하나였다. 그래야 끝이 나는 상황이었다. 결국 남편과 상의 후 아이스크림 매장을 정리하기로 했다. 그 과정에서 금전적으로 큰 손해를 입었다. 하지만 어쩔 수 없었다. 그렇게라도 하지 않으면 밑 빠진 독에 물 붓기는 계속되었을 것이다. 이제 우리에게 남은 건 오로지 편의점 하나뿐이었다. 두 가족의 생계가 달려 있으니 반드시 편의점을 살려야 했다. 만약 여기서마저 손을 든다면 우리에게 더 이상 희망은 없었다. 비장한 각오로 남편에게 제안했다.

"여보, 내가 죽이 되든 밥이 되든 편의점에서 끝장을 낼게. 아이 데리고 멀리 떠나 있으면 어때?"

"아니, 무슨 말도 안 되는 소리야? 가족이 떨어져 산다는 게 말이 돼?"

남편은 가당치도 않다며 펄쩍 뛰었다. 하지만 우리가 살기 위해서는 방법이 없었다. 이 편의점에 우리 가족 셋과 남동생 가족 다섯의 생계가 걸려 있었다. 어떻게든 편의점에 올인해서 정상궤도로 끌어올려야 했다. 그런데 초등생인 아들이 마음에 걸렸다. 가정도 편의점도 24시간 운영이 되는 사업이다. 어느 한순간 소홀해지면 되돌릴 수가 없다. 그런데 우리 가정은 이미 삐거덕거리고 있었다.

그동안 부부가 항상 매장에 있다 보니 아들 혼자 계속 겉도는 것이다. 그렇다고 주변에 돌봐줄 할머니 할아버지가 있는 것도 아니고. 누구 하나는 아이를 맡아야 하는데 엄마인 나보다는 남편이 '적임자'였다. 남편은 아이가 초등학교 입학하던 해에 회사를 퇴직해 나 대신 아이를 돌봐왔고 여러 교육과정도 이수했다.

결국 끈질긴 설득 끝에 남편도 내 의견에 동의했다. 그런데 남편과 아들이 눈앞에 있으면 내 마음이 흔들릴 것 같았다. 그래서 멀리 떨어져 지내자고 제안했다. 어떤 분은 엄마가 어떻게 그리 독하냐고 할 수도 있다. 하지만 우리 가족이 살기 위해서는 내가 독해질 수밖에 없었다. 나 자신을 벼랑 끝으로 더 내몰았다. 내가 더 절실해져서 행동하기 위해서.

마침 남편 지인 분이 뉴질랜드에서 사업하고 있었다. 그래서 아이 공부도 시키면서 사업 아이템을 고민해보라고 했다. 또 한때 이민을 꿈꾸었기에 미리 경험해보는 것도 나쁘지 않다 싶었다. 그 후 남편이 초등학교 5학년 아들을 데리고 뉴질랜드로 떠났다. 주변에서는 돈이 많아 유학 보낸다고 다들 부러워했다. 하지만 우리는 그 당시에 너무 절실했고 다른 대안이 없었기에 그런 선택을 할 수밖에 없었다.

처음 한 달 동안은 정신이 멍해 있었다. 내가 지금 뭘 하고 있는 거지? 과연 이 선택이 옳은지? 밤에 잠들 때면 아이가 너무 보고 싶어서 우는 날도 많았고 남편의 빈자리가 느껴져 많이 외로웠다. 어떨 때는 편의점이고 뭐고 다 포기할까 하는 생각도 들었다. 하루에도 수십 번 마음이 왔다갔다했다. 하지만 그때마다 마음을 고쳐먹고 이를 악물었다.

'지금 당장은 힘들지만 남편과 아이가 돌아왔을 때 따뜻한 품이 되어주자!'

사람들로 북적이게 하라

그때부터 하루에 4시간씩 자면서 편의점에 몰입했다. 아침 7시 기상해서 다음날 새벽 2시까지 점포에서 보내고 퇴근했다. 그러자 주변 이웃들이 나를 밤업소에서 일하는 사람으로 오해하기도 했다. 하지만 그런 시선을 신경 쓸 마음의 여유도 없었다. 어떻게든 매출을 끌어올려서 내가 목표한 바를 모두 이루어야 했다. 다행히 두 번째로 온 OFC님은 나의 절박한 처지를 이해해주었고 큰 힘이 되어주었다.

사실 의류대리점이나 호프집도 프랜차이즈 사업이었다. 그런데 그때는 본사에서 가맹점주를 위한 지원이 없었다. 점포에서 일어나는 다양한 사건 사고에 관해 이야기할 사람도, 조언을 해주는 사람도, 상담할 사람도 없었다. 오로지 내가 모든 것을 혼자서 헤쳐나가야 했다. 그렇다 보니 많이 외롭고 지치기도 하고 남몰래 많이 울기도 했다.

그에 비해 편의점은 OFC가 있어서 내가 모르는 부분에 대해 항상 물어볼 수 있고 고민을 이야기할 수 있었다. 특히 본사에서 우리 점포의 수익개선활동을 도와주고 조언하는 직원인 OFC님은 자정에도 점포에 들러서 부족한 부분을 코치해줬다. 그 당시 본사에서 경영주들의 점포 불만사항이나 운영 또는 물류 등의 애로사항을 24시간 접수받는 콜센터 해피콜을 운영하고 있었다(지금은 고객 행복센터로 이름 변경). 그 해피콜 전화를 OFC들이 돌아가면서 응대했다.

그래서 OFC님이 자신이 당직을 서는 날이면 미리 전화했다. "경영주님! 저 오늘 해피콜 당직이에요. 모르는 거 있으시면 언제든 전화주세요." 그 한마디가 큰 힘이 되었다. 그런가 하면 매출을 위한 아이디어를 함께 고민하기도 하고 잘되는 점포의 모습을 노트북으로 보여주기도 했다. 또 서울·경기 인근 점포 중 매출이 높은 점포는 함께 방문하기도 했다. 돌아보면 그 시기를 잘 극복할 수 있었던 것은 OFC님의 지원이 컸다.

상권이 좋지 않아도 극대화할 방법을 찾아나갔다. 한 번은 OFC님과 함께 노원역 인근의 점포를 찾아간 적이 있었다. 그 점포는 특이한 점이 있었는데 '사람들의 약속장소'로 유명한 것이다. "노원역 GS25에서 만나." 이런 식으로. 그렇게 해서 사람들이 모여서 지역의 랜드마크가 되어 매출이 수직 상승했다는 것이다. 그 말을 들으니 너무 궁금했다. 랜드마크란 통상 백화점이나 큰 건물 정도로 생각했는데 작은 편의점이 그게 과연 가능한 걸까. 직접 가보니 지하철 인근이어서 입지가 굉장히 좋았다. 사람들이 모일 수 있는 여건을 모두 갖추고 있었다. 그리고 편의점 주변에 삼삼오오 모여서 전화하는 사람들과 음료 마시는 사람들로 북적이는 것이다. 그때 처음 알았다.

'아, 편의점도 랜드마크가 될 수 있구나.'

그날 이후 나에게 새로운 목표가 생겼다.

'우리 점포를 이 지역의 랜드마크로 만들어보자.'

이 동네 사람들이 "GS25 남양주금곡점에서 만나자!" 이렇게 말할 수 있도록. 물론 점포 인근에 지하철역이 있는 것도 아니었고 우리 점포가 사람들에게 널리 알려진 것도 아니었다. 하지만 상권이 좋지 않아도 극대화할 방법을 찾아보면 되지 않을까? 어떻게 하면 사람들이 모이게 할까? 그러다 '의자'가 생각났다.

'사람들이 잠시나마 쉬어갈 수 있게 매장 밖에 의자를 두자! 친구를 기다리다 다리 아프면 잠깐 앉을 수도 있고 길거리를 지나다 조금 힘들면 쉬어가기도 하고. 그러다 목이 마르면 매장에 들어올 수도 있지 않을까. 또 우리 점포에서 물건을 산 고객들이 밖에서 편하게 앉아 음료수라도 먹을 수 있게 하자.'

그래서 바로 실천에 옮겼다. 그런데 의자를 밖에 두려면 비나 눈이 와도 끄떡없어야 했다. 어떤 의자가 좋을까? 그때 '방부목 의자'가 떠올랐다. 그런데 그 의자가 일반 목재 의자보다 몇 배는 더 비쌌다. 하지만 이 정도는 투자라 생각했다. 그래서 150만 원을 들여 의자 7~8개를 사서 매장 밖에 비치했다. 그러자 처음에는 사람들이 의자를 생소해했다.

"의자가 왜 여기 있지?"

한 명 두 명 앉기 시작하자 이후로는 자연스럽게 의자에 앉곤 했다. 지나가는 할머니들이 잠깐 앉았다가 가기도 하고, 버스 타러 가기 전에 잠깐 머물기도 하고, 약속시간 기다리다 지루하면 앉기도 하고. 그들 중에는 매장에 들어와서 물건을 사기도 했다. 그러면서 사람들이 모이기 시작했다. 그렇게 3개월 6개월이 지나고 1년쯤 되었을 때 우리 점포가 어느덧 사람들의 약속장소가 되었다.

"너 지금 있는데 어디야?" "나 여기 금곡 GS25 편의점 앞이야. 여기 알지? 이리로 와."

이런 이야기가 자연스럽게 흘러나왔다. 동시에 우리 매장을 드나드는 손님들도 많아졌고 매출도 조금씩 상승하기 시작했다.

고객에게 꼭 우리 점포로 와야 할
이유를 만들어줘라

한 번은 또 이런 일도 있었다. 언젠가부터 밤에 손님들이 자꾸 똑같은 질문을 하는 것이다.

"혹시 여기 케이크 팔아요?" "근처에 제과점 있어요?"

그 당시 금곡은 변두리 지역이라 베이커리 전문점이 드물었다. 손님들이 케이크 살 곳이 마땅치 않았다. 그러니 손님들이 케이크를 찾을 때마다 너무 아쉬웠다. '아, 우리 매장에 케이크가 있으면 많이 판매할 수 있을 텐데…….' 그러다 우연치 않게 서울에서 '몽뜨케익'을 발견했다. 그래서 얼른 사진을 찍어서 OFC님에게 보여줬다.

"이 미니 케이크 편의점에 한번 도입해보면 어때요? 손님들이 아주 좋아할 것 같은데?"

그러자 OFC님도 흔쾌히 동의하는 것이다. 그래서 OFC님이 직접 케이크 연락처를 수소문해 본사에 도입을 적극 요청했다. 그런데 그 과정이 쉽지 않았다. 케이크가 식품이라서 본사의 까다로운 위생기준을 모두 통과해야 했기 때문이다. 또 그때까지도 상품은 본사에서 가맹점에 공급하는 것이 일반적이었다. 그런데 경영주가 필요한 상품을 제안하니 본사에서도 무척 의아해했다. 전례가 없었으니.

드디어 6개월 후 우리 점포에 미니 케이크가 입고되었다. 결과는 어땠을까? 나의 기대보다 손님들의 호응이 훨씬 좋았다. 그동안 케이크 사기가 쉽지 않았는데 쉽게 구할 수 있으니 아주 좋아했다. 덕분에 케이크 매출이 엄청나게 상승했다. 그렇게 남양주금곡점에서 시작된 케이크가 우리 팀으로 퍼져 나갔고 그 결과 전체 팀 매출이 크게 상승했다. 이후 본사에서도 그 가능성을 확인하고 전국 가맹점으로 퍼져 나갔다.

그런가 하면 본사에서 진행하는 행사에도 적극적으로 참여했다. 편의점에는 5대 메이저 행사가 있다. 빼빼로데이, 발렌타인데이, 화이트데이, 추석, 설날 중 가장 큰 대목이 바로 '빼빼로데이'다. 아무것도 몰랐던 첫해 빼빼로데이 매출은 30만 원에 불과했다. 어떻게 하면 매출을 올릴 수 있을까? 그때는 어떤 편의점이든 상품이 다 똑같았다. 그러니 손님들이 굳이 우리 점포에 올 이유가 없었다. 우리 점포로 오게 하려면 뭔가 다른 게 필요했다. 그러다 리본이 떠올랐다.

'빼빼로에 예쁜 리본을 달아보면 어떨까?' '남녀노소 불문하고 예쁜 걸 싫어하는 사람이 있나.'

500원짜리 빼빼로 열 개를 묶은 후 맨 위에 예쁜 리본을 하나 달았다. 그러자 근사한 선물로 변신하는 것이다. 그리고 OFC와 가격을 협의해 7,000원으로 책정했다. 리본 이외에 또 하나 생각한 게 바로 '인형'이었다.

'빼빼로를 큰 곰 인형과 같이 팔아보면 어떨까?'

빼빼로만 달랑 주기보다 큰 인형을 함께 포장해주면 여자들이 얼마나 좋아하겠는가. 그런데 포장을 하려니 어떤 모양에 어떤 재료로 할지 망막했다. 그래서 '팬시점'에 찾아갔다. 팬시점에 가면 예쁜 상품들이 얼마나 많은지, 다양하게 포장된 상품들을 보면서 어떻게 포장할지 연구하고 머릿속으로 스케치했다. 그리고 집에 와서 정성스럽게 포장했다. 그리고 독특하게 포장된 빼빼로를 매장 안팎으로 가득 채웠다. 그러자 손님들이 호기심을 보이는 것이다. 다른 곳에서 보지 못했던 빼빼로를 보며 너무 재미있어 했다. 그리고 그런 호기심이 매출로 이어졌고 2,3년 후에는 빼빼로 매출이 두 배 이상 성장했다. 믿지 못하는 분들도 많지만 지금은 무려 열 배 이상 신장시켰다.

하루 24시간 중 20시간을 쏟아부었다

그 후로도 잠자는 시간을 제외하고 계속 편의점에 몰두했다. 우리 점포가 비록 상권이 좋지 않더라도 계속 아이디어를 내면서 방법을 찾고 또 찾았다. 기러기 엄마로 생활하면서 내가 할 수 있는 건 그것뿐이었다. 그런 노력이 통한 걸까. 내가 시도한 여러 방법들이 고객들로부터 호응을 얻었고 그 덕분인지 매출이 점점 상승하기 시작했다. 어떤 날부터 일매출 200만 원까지 올라왔다. 그러면서 매장이 조금씩 안정되기 시작했다.

그때부터 본사에서도 나를 바라보는 시선이 달라졌다. 사실 그 이전에는 본사에서 남양주금곡점을 늘 경계의 대상으로 봤다. 백화점 같은 서비스를 하겠다고 셔츠도 따로 맞춰 입고 업무일지도 쓰고 자비를 들여 방부목 의자까지 놓고. 다른 경영주들과 다른 행동에 당황스러워했다. '도대체 왜 저리 튀는 행동을 하지?' 남양주금곡점 경영주가 유별나다는 소문이 파다하게 퍼졌다.

그런데 매출이 점점 오르자 남양주금곡점을 바라보는 시선이 달라졌다. 본사에서 판단했을 때 남양주금곡점은 절대 입지가 좋은 곳이 아니었고 더욱이 매출이 상승할 요소가 전무했다. 학교나 주택가가 밀집해 있지도 않고 출퇴근 유동인구가 많은 것도 아니었다. 그런 곳에서 매출이 계속 상승하자 우리 점포를 주목하기 시작했다. 그러던 차에 남편에게 연락이 왔다. 뉴질랜드 법이 바뀌면서 13세 미만 아이가 있으면 남편이 직장을 얻을 수 없게 된 것이다. 당시 아들이 11세였는데 2년이 더 지나야 했다. 어려운 형편에 계속 머물 수도 없고 해서 결국 1년 후 두 사람이 다시 돌아왔다.

이후 남편과 함께 편의점을 운영하며 목표를 위해 더 열심히 달렸다. 하루 4시간 이상 자본 적이 없고 거의 편의점에서 살다시피 하였다. 심지어 백룸 공간이 너무 협소하여 워크인쿨러Wic 위의 반평 남짓한 공간에서 냉장고 돌아가는 소리를 자장가 삼아 토막잠을 자기도 했다. 또 편의점 메이저 행사 때는 매출을 조금이라도 더 올리기 위해 남편과 함께 포장하며 모든 열정을 쏟았다. 그러한 시간이 지나고 나자 조금씩 매출이 올라가고 수익도 발생했다. 그리고 3년 차 되던 해 드디어 꿈에 그리던, 본사 담당자가 말했던 예상매출을 두 배 가까이 뛰어넘는 일매출 300만 원이라는 목표를 달성했다. 그러던 어느 날 초등학교 5학년 아들이 진지한 목소리로 말했다. "엄마, 엄마가 아니면 GS가 망해요?"

한동안 아무 말도 할 수가 없었다. 아이의 눈에 그동안 내 모습이 어떻게 비친 걸까. 정말 미안하고 가슴이 먹먹해졌다. 그리고 말없이 아이를 꽉 껴안아줬다. 뭐라고 말하고 싶었지만 차마 아무 말도 할 수가 없었다. 그 시절, 그렇게 몰입할 수 없었던 것은 '절실함' 때문이었다. 그렇지 않으면 우리 가족이 살아갈 수 없을 듯했다. 만약 그때로 다시 돌아간다고 해도 나의 선택은 똑같을 것이다.

"편의점에서 성공하신 비결이 뭐예요?"

많은 분이 묻는다. 나는 내가 성공했다고 한 번도 생각해본 적이 없다. 나는 지금도 현재진행형이기 때문이다. 그럼에도 굳이 비결을 꼽으라면 '절실함'을 말하고 싶다. 만약 벼랑 끝에 매달려 있는데 밧줄이 하나 내려온다면 온 힘을 다해 그 밧줄을 붙잡을 것이다. 절실함이란 바로 그런 마음이다. 나는 절실함만 있다면 세상 그 어떤 파고도 넘을 수 있다고 믿는다.

먼 길을 함께 갈 파트너를 구하자

살다 보면 늘 새로운 환경과 만나게 된다. 처음에는 그런 환경에 처하면 덜컥 겁이 나서 망연자실하거나 고통스럽다. 하지만 인간은 적응의 동물이라는 말이 있듯이 곧 그 환경에 적응한다. 편의점 운영도 그런 듯하다. 돌아보면 처음 편의점을 시작했을 때 모든 게 서툴고 어렵기만 하고 포기하고 싶은 순간들도 많았다. 다행히 주변 분들의 도움을 얻어가면서 조금씩 감을 잡아갔다.

편의점 3년 차가 되자 거의 모든 일에 제법 많이 익숙해졌다. 그렇게 힘들던 발주 프로그램도 익숙해지니 조금씩 자신이 붙었다. 나를 힘들게 하는 손님들과의 응대에도 차츰 요령이 생겨났다. 어디 그뿐인가. 친절하게 응대하는 우리 근무자들이 예쁘다며 할머

일본 편의점 모습. 2005년 남양주금곡점이 우수점포에 선정되어 일본 편의점 수십 곳을 들여다봤다. 일본은 매장이 우리의 두 배에 가까워서 정말 상품이 다양했고 원스톱 쇼핑을 할 수 있도록 모든 준비가 되어 있었다. 또 상품들이 한치의 흐트러짐이 없이 정리정돈이 잘되어 있고 매대에 먼지 하나 없이 깔끔했다.

니들이 떡이나 옥수수를 주실 때는 왠지 어깨가 으쓱해지기도 했다. 또 내가 시도했던 다양한 일들이 손님들에게 반응을 얻고 매출로 연결되자 보람도 느끼게 되었다.

물론 그렇다고 편의점이 힘들지 않았던 것은 아니다. 다만 이전에는 몰랐던 즐거움도 조금씩 느끼게 되었다. 어떤 날은 도시락과 먹거리를 가득 진열하면서 설레기도 하고 워크인쿨러에 가득 쌓인 상품을 보면서 기분이 좋아졌다. 또 매장 안의 상품들이 깔끔하게 정리 정돈된 모습을 보고 왠지 뿌듯함이 느껴졌다. 그렇게 편의점에 조금씩 흥미를 느끼고 즐거움을 찾아갔다. 그러던 차 예기치 않은 행운도 찾아왔다. 본사에서는 1년에 두 번 전체 가맹점 중 우수

일본 편의점 모습

점포를 선정해 해외연수 기회를 주고 있다.

　2005년 남양주금곡점이 우수점포에 선정되어 일본 편의점 수십 곳을 들여다봤다. 그런데 가는 곳마다 너무 부럽고 신기하기만 했다. 일단, 대부분 매장이 40평대 규모로 무척 컸다. 우리나라 매장은 대부분 20평대라 항상 공간이 비좁아서 다양한 상품을 갖추기 어려웠다. 특히 남양주금곡점은 22평인데 중간에 커다란 기둥이 있어서 상품 구색과 진열에 한계가 많았다. 그런데 일본은 매장이 우리의 두 배에 가까워서 정말 상품이 다양했고 원스톱 쇼핑을 할 수 있도록 모든 준비가 되어 있었다. 또 상품들이 한치의 흐트러짐이 없이 정리정돈이 잘되어 있고 매대에 먼지 하나 없이 깔끔했다.

　둘째, 포스가 4~5대로 우리보다 2배는 많았다. 그런데 더 놀라운 건 그 포스마다 손님들이 가득한 것이다. 한번은 저녁 시간대에

일본 편의점 모습. 일본 편의점의 다양한 상품, 다양한 먹거리, 청결함, 근무자의 환한 미소 등이 모두 부러웠다. 그리고 생각했다. '앞으로 우리가 가야 할 모습이구나.' '아, 나도 저 정도는 할 수 있지 않을까?' 그리고 마지막으로 '나도 이렇게 매장을 키워보고 싶다'는 생각이 들었다.

한 편의점에 들렀다. 그런데 주부들이 장바구니에 물건을 가득 담은 채 계산하려고 줄 서 있었다. 마치 우리나라 대형 마트처럼. 그 모습이 너무 충격이었다. 우리나라 편의점에서 한 번도 보지 못한 장면이었다. '아, 이럴 수도 있구나.' 그 모습이 지금도 머릿속에 깊게 남아 있다.

세 번째는 먹거리가 정말 다양했다. 특히 도시락이 많았는데 단순히 밥만 있는 게 아니라 국수류와 우동류 등 종류가 다양했다. 또 제과점에 가야 살 수 있을 만한 빵도 있었다. 빵 굽는 편의점은 빵이 수십 가지가 넘었다. 편의점이 아니라 마트 같았다. 무엇보다는 이런 매장에 고객들이 와서 줄 서서 기다렸고 직원들이 친절하

일본 편의점 모습

게 인사하면서 계산했다.

　일본 편의점의 다양한 상품, 다양한 먹거리, 청결함, 근무자의 환한 미소 등이 모두 부러웠다. 그리고 생각했다. '앞으로 우리가 가야 할 모습이구나.' '아, 나도 저 정도는 할 수 있지 않을까?' 그리고 마지막으로 '나도 이렇게 매장을 키워보고 싶다'는 생각이 들었다. 그때까지만 해도 우리 매장 역시 나름 잘한다고 자신했다. 본사 서비스 모니터링에서도 항상 금곡점은 100점에 가까운 점수를 받았고 다른 경영주들이 가끔 벤치마킹을 오곤 했다. 그런데 일본 편의점을 보면서 아직도 멀었다는 걸 알았다. 그 이후 이전보다 더 바쁘게 움직였다. 근무자 교육과 매장 청결 그리고 상품 마스터를 다시 한번 꼼꼼하게 공부하기 시작했다. 그리고 잠자는 시간을 최대한 줄이고 편의점에 더욱 매진해갔다.

하나에서 시작해 여러 개로 확장하는 큰 꿈을 향해 간다

"저도 포스 4대 놓고 운영해봤으면 좋겠어요~ 그게 소원이에요. 우리 매장에서도 손님들이 줄 서서 물건을 사면 좋겠어요."

문득문득 포스 네다섯 대가 있는 매장이 계속 떠올랐다. 그래서 팀장님께 농담으로 말했다. 그런데 팀장님이 그게 뭐 별거냐며 대수롭지 않게 말씀하셨다.

"경영주님, 간단해요. 편의점 2개 하면 되잖아요. 그럼 포스가 4대 되잖아요."

'아, 그런 방법도 있구나.'

그동안 나는 포스를 여러 대 설치하려면 매장이 아주 커야 한다고 생각했다. 그런데 팀장님 말씀을 들으니 그것도 방법이었다. 그때부터 또 다른 목표들이 생겨났다.

'하나의 점포가 아니라 여러 점포를 운영해보자!'

시간이 지나면서 점차 그 목표가 현실로 이루어지기 시작했다. 10년 전 구리 유흥가 S타입 점포를 시작으로 7년 전 지하철 7호선 ○○역 S타입을 오픈했다. 그 이후로도 K타입 3개를 지속적으로 오픈했다. 그래서 한때 최대 6개까지 운영해보았다. 이후 2개 점포는 다른 이들에게 양수했고 현재는 G타입 1개를 14년째 운영하고 K타입 3개를 운영하고 있다. K타입 중 하나는 남동생이 운영 중이다. 여러 개의 점포 중 몇 개의 점포는 내가 하고 싶다고 먼저 손을 들기도 했고 또 본사에서 신규 점포를 제안하기도 했다.

주변에서는 "하나도 힘든 편의점을 어떻게 여러 개를 운영하세요?" 하며 대단하다고 말씀해주신다. 그런데 사실 복수 점포는 나 혼자의 힘으로 이룬 것이 아니다. 나와 항상 함께해주는 우리 근무자들, 곁에서 항상 나를 지원해주는 OFC님, 그리고 본사의 지원이 있었기에 가능했다.

본사와 나는 함께 성장해가는 관계다

편의점 업계는 오래전부터 본사와 가맹점을 둘러싸고 갈등관계가 계속되고 있고 때로는 안타까운 일들도 많다. 그래서 주변에서는 본사와 큰 갈등 없이 오랫동안 편의점을 운영하고 있느냐며 의아해한다. 또 혹자는 본사와 모종의 관계가 있는 게 아니냐며 의심의 눈초리로 보는 분들도 있다. 하지만 나 역시 9,000명의 경영주 중 한 사람일 뿐이다. 그럼에도 10년 넘도록 이 자리를 지키고 있는 것은 아마 '본사'를 바라보는 생각의 차이가 아닐까 한다.

앞서 말했지만 나는 갓난아이 시절부터 외가에서 자랐다. 외할머니는 나에게 엄마였고 삶의 울타리였다. 한창 예민한 사춘기 시절 비뚤어지지 않고 잘 성장했던 건 모두 외할머니 덕분이었다. 엄마 아빠의 빈자리를 외할머니가 많이 채워주셨다. 그런데 서운해하실지도 모르겠지만 마음 한켠에서는 부모님의 울타리가 항상 그리웠다. 외가에서 두 분이 잘해주셨지만 마음 한구석이 항상 허전했다.

친구들이 엄마 아빠와 함께 지내는 걸 보고 솔직히 부러웠다. 하지만 절대 내색하지는 않았다. 남들에게 내가 부족한 부분을 들키고 싶지 않았기에. 아무래도 그 시절 마음속에 공허함이 있었던 듯하다. 고등학교에 진학하면서 부모님 집에 돌아왔지만, 이미 그 간격을 좁히기에는 쉽지 않았다. 내 인생에서 부모님과 오붓하게 같이 지낸 시기는 고등학교 3년에 불과했다.

그래서였을까, 항상 나를 지켜줄 수 있는 울타리가 그리웠다. 열아홉 살에 정글 같은 세상에 처음 나왔을 때 나를 보호해줄 수 있는 사람은 아무도 없었다. 그런 나에게 유일한 울타리는 '회사'뿐이었다. 그래서 나는 내가 몸담는 곳이 잘되어서 그 울타리가 더 튼튼하길 바랐다. 회사가 잘되어야 나도 월급을 많이 받을 수 있고 성공할 수 있을 테니. 그래서 항상 월급 그 이상의 일을 해야 한다고 여겼다. 또 회사와 나를 별개가 아니라 함께 성장해간다고 믿었다.

이후 의류 브랜드 대리점, 생활용품 할인점, 호프집 등을 시작하면서 나에겐 새로운 울타리가 생겨났다. 나도 열아홉 살의 겁 많은 여자아이가 아니었다. 하지만 내가 선택한 울타리가, 내가 선택한 브랜드가 잘되기를 바라는 마음은 그대로였다. 이왕이면 나와 인연을 맺었던 사람들이 항상 잘되기를 바랐다. 편의점을 시작했을 때도 이 마음은 같았다. 내가 선택한 편의점이 잘되어야 나도 잘될 수 있다고 믿었고 이왕이면 이 브랜드가 빛나서 업계 최고라는 말을 듣고 싶었다.

그동안 나는 의류 브랜드 대리점, 생활용품 할인점, 호프집 등을 여러 종류의 프랜차이즈 사업을 경험해왔다. 그런데 1990년대는 의류 브랜드 대리점, 생활용품 할인점, 호프집 등의 프렌차이즈 업체들은 지금처럼 체계화된 시기가 아니라 본사의 역할이 극히 제한적이었다. 오픈 초기에 가맹비와 인테리어비를 챙기기에 급급했고 재료공급과 상품 판매가 중심이었다. 가맹점의 매출향상을 위해 어떤 관리, 지원, 소통을 위한 노력도 없었다. 가맹점이 혼자서 고군분투하며 어떻게든 살아남아야 했다. 그래서 어떤 결정을 할 때마다 항상 외롭고 힘들었다. 나의 고민을 함께 들어주고 상담해 주는 사람이 없다 보니 마음고생을 심하게 했다.

그에 비해 GS25(당시 LG25)는 처음으로 가장 프랜차이즈다운 사업이라 느꼈다. 무엇보다 편의점은 정직하게 가맹점과 매월 수익을 배분한다. 그러니 같은 목표를 향해 함께 달려가는 파트너인 것이다. 내가 잘되어야 본사도 성장하고 본사가 잘되어야 나도 더욱 힘을 받을 수 있다. 그래서 각자의 위치에서 열심히 하면 결실이 가능할 것으로 생각했고 최대한 내 역할에 충실하자는 생각으로 최선을 다해왔다. 그래서 본사의 가이드를 잔소리로 여기지 않았다. 내가 다 모르는 부분을 알려준다고 긍정적으로 받아들였다.

더불어 언제든 내가 모르는 부분에 대해서 묻고 대화하고 노하우를 전수받고 상담받을 수 있다는 사실이 크게 의지가 되었다. OFC는 본사를 대신해서 가맹점이 잘 운영될 수 있도록 도움을 주는 사람이다. 그래서 나는 OFC님이 방문할 때면 일주일 동안 궁금해했던 수십 가지의 질문을 던졌다. 그리고 계속 답을 구했다. 내가 이해할 때까지. 그 정도는 로열티를 냈으니 당연한 나의 권리라 여겼다. 그럼에도 부족하다 느껴질 때는 여러 팀장님들을 비롯 본사에 적극적으로 요구했다. 나처럼 OFC님이나 본사 직원들을 많이 괴롭힌 경영주도 없을 것이다. 결국 지금처럼 내가 오랫동안 편의점을 운영할 수 있었던 것은 본사를 갑을 관계가 아니라 나의 파트너이며 나와 같은 길을 가는 내 편이라 여겼기 때문이다.

아마 나와 생각이 다른 분들도 많을 것이다. 나 역시 내 생각이 정답이라 생각하지는 않는다. 각자가 처한 상황과 환경이 다르기에. 다만, 편의점을 14년 동안 운영하면서 얻은 지혜 중 하나는 편의점은 본사와 함께 가지 않으면 한계가 있다는 것이다. 편의점은 본사와의 관계에서 윈 윈 관계를 유지해가는 것이 가장 중요하다. 본사와 가맹점은 계약서로 맺어진 관계이다. 하지만 숫자를 따지기보다는 같은 곳을 향해 달려가는 파트너로 생각하면 좋겠다. 앞으로도 편의점을 운영해나가면서 기쁘고 힘들고 어려운 일도 많을 것이다. 그럴 때마다 혼자가 아닌 둘이라는 마음으로 함께 달려나가기를 소망해본다.

2장
대한민국 최고의 점포를 만들자

운명은 개척하는 것이다

호프집 운영할 때 백화점 문화센터에서 사주명리학과 관상학 수업을 들은 적이 있다. 당시 시댁과 갈등으로 남편과 자꾸 부딪치니 고민스럽기도 하고 또 엄마다 보니 내 아이의 성격과 기질을 파악해 놓으면 도움이 되지 않을까 싶었다. 그렇게 시작한 공부가 2년 6개월 동안 이어졌는데 그중 관상학 수업이 되게 재미있고 흥미로웠다. 선생님은 항상 말씀하셨다.

"여러분, 마음에 따라 인상도 달라지고 자연히 관상도 변할 수 있습니다. 매사에 긍정적으로 생각하세요."

더불어 얼굴의 눈 코 입을 어떻게 가져야 하는지 여러 팁을 알려주셨다.

"항상 입가에 미소를 짓고 입꼬리를 처지지 않게 올리세요." "입술도 되도록 붉은색 계열로 바르세요. 그래야 얼굴에 화색이 돌죠."

처음에는 이런 작은 행동들이 별거 아니라 여겼다. 저런 걸 한다고 뭐가 달라지겠어? 그런데 자꾸 반복해서 말씀하시니 각인이 된 걸까. 사람들과 대화하면서 한 번 더 미소 짓게 되고 화장할 때도 더 신경을 쓰게 되었다. 또 얼굴색을 환하게 가져야 하니 긍정적으로 생각하고 행동하게 되었다. 그렇게 몇 개월쯤 지났을 때였다. 주변 사람들이 자꾸 묻는 것이다.

"요즘 무슨 좋은 일 있으세요? 얼굴이 환해지셨어요?"

"사장님, 혹시 화장품 바꾸셨어요?" "인상이 무지 밝아졌어요?"

처음에는 으레 하는 인사치레라 생각했다. 그런데 그런 분들이 점점 늘어나면서 정말 그런 건지 궁금했다. 그래서 몇 년 전 사진과 비교해보았다. 그런데 어찌 된 것인지 예전보다 지금이 더 젊어 보이고 혈색이 돌았다.

'아, 이렇게 작은 습관만으로 사람이 달라질 수 있구나.'

그런데 이런 경험이 나 혼자만이 아니었다. 수업을 같이 들었던 상당수가 비슷한 이야기를 하는 것이다. 마음이 관상을 낳는다고 하더니 긍정적인 마인드로 생활하다 보면 좋아지고 예뻐지는 것이었다. 그때 느낀 사실이 있다.

'타고난 게 전부가 아니구나. 내가 노력하면 어느 정도는 바꿀 수 있구나.'

최고의 상권이 아니라도 최고의 점포가 될 수 있다

세상사 이치가 어느 정도 비슷하고 점포도 그런 듯하다. 흔히들 장사가 잘되려면 상권이 좋아야 한다고 말한다. 그렇다면 과연 상권이 좋지 않은 곳은 가능성이 없는 걸까? 화천에서 의류대리점을 시작할 때였다. 당시 상권이 작다는 이유로 모든 의류 브랜드에서 거절을 당했다. 다행히 웰리스라는 캐주얼 브랜드만 오케이해서 겨우 오픈할 수 있었다. 그런데 의류 브랜드 매장을 오픈하자 주변에서 다들 나를 비웃었다. 이런 시골에 무슨 의류 브랜드 매장이냐? 군인들이 캐주얼을 얼마나 입겠느냐? 젊은 아가씨가 아직 경험이 없어서 뭘 몰라서 그런 거라며 얼마 못 가서 문 닫을 것이라 장담했다.

하지만 2년 후 인근에서 내 점포가 가장 매출이 높았다. 그 당시 옷을 사면 브랜드 로고가 찍힌 빨간색 쇼핑백에 담아줬다. 그런데 어느 순간 군부대 전역에서 군인들이 전부 빨간 쇼핑백을 들고 다녔다. 또 학교에서도 한 학급에 10명 이상은 우리 브랜드 티셔츠를 입고 다녔다. 그 정도로 우리 점포를 찾는 사람들이 많았다. 물론 이런 결과를 만들어내기까지 그 과정이 쉽지는 않았다. 하지만 나름대로 열과 성을 다하니 불리한 상권도 어느 정도 극복할 수 있었다.

편의점도 마찬가지다. 흔히들 편의점에서 성공하려면 자리와 목, 즉 입지가 좋아야 한다고 생각한다. 하지만 남양주금곡점은 결코 좋은 입지가 아니다. 인근에 아파트 상가가 많이 있지도 않고 학교나 학원가도 밀집해 있지 않다. 그렇다고 사무실 밀집지역도 아니고 유흥가가 형성된 곳은 더더욱 아니다. 그러니 고객층도 뚜렷하지 않았다.

초반 2~3년 동안은 도대체 어디에 중심을 맞춰 운영해야 할지 몰라 엄청나게 좌충우돌을 했다. 나중에서야 알았다. '금곡점이 난이도가 굉장히 높은 복합상권임을' 아무 경험도 없는 내가 운영하기에는 너무도 벅찬 점포였다. 그러니 오죽했겠는가. 그럼에도 그 시절 내 생각은 오로지 하나였다.

'비록 우리 점포가 최고의 상권이 아니지만 여기서 최고의 랜드마크가 되는 편의점을 만들어보겠다.'

그 일념 하나로 밤낮없이 편의점에 몰두했고 내 점포에서 할 수 있는 최대한의 일을 찾고 또 찾기를 반복했다. 그렇게 3년쯤 지나자 꿈에도 그리던 일매출 300만 원이라는 목표를 달성했.

대한민국 편의점 평균 일매출이 150만 원 정도이다. 그런데 서울 한복판도 아니고 남양주라는 소도시에서도 금곡이라는 작은 동네에서 평균 매출의 2배를 올렸다. 그러자 본사에서도 주목하기 시작했다. 어떻게 그 지역에서 이런 매출이 가능하지? 또 언론사에서도 그 비결이 궁금하다며 취재요청이 들어오기도 했다.

좋은 점포를 찾지 말고 좋은 점포를 만들어라

그렇다면 지금은 어떨까. 2003년 오픈 당시 주변에 편의점은 F사와 우리 점포밖에 없었다. 그런데 지금 금곡점 주변에 편의점이

14개고 대형 마트도 무려 3개나 있다. 그러면 매출이 반 토막 나는 게 당연하다. 그런데 14년 전보다 지금이 오히려 매출이 높다. 더 신기한 것은 지난 13년 동안 한 번도 매출이 하락한 적 없다. 그럼 둘 중의 하나다. 예전에 내가 진짜 운영을 못 했거나 지금 상권이 좋아졌거나? 그런데 상권은 좋아지지 않았다. 결국 내가 정직하고 우직하게 노력하면 주변환경을 극복하고 얼마든지 좋은 점포로 만들어갈 수 있다는 것이다.

나머지 점포들도 마찬가지였다. 그동안 유흥가, 역세권, 주택가 등 작게는 8평부터 크게는 40평대까지 다양한 점포를 경험했다. 그중에서 상권이 좋은 곳은 드물었다. 하지만 좋은 점포를 만들겠다는 생각으로 전념했고 모두 결실을 볼 수 있었다. 그중 어느 한 점포도 처음부터 수월하게 정산금이 잘 나왔던 경우는 없었다. 짧게는 1년에서 길게는 3년이 지나서야 손익분기점에 도달했다. 간혹 내가 잘못 판단한 게 아닐까 의구심이 들 때도 있었다. 하지만 고민할 시간에 고객 중심 점포 만들기를 했고 결과적으로 모든 점포들이 나의 노력에 응답을 해줬다. 현재 4개의 매장에서 각각 일 평균 300만 원 이상의 매출을 올리고 있다. 간혹 주변에서 편의점 창업과 관련해 조언을 구하는 분들이 있다. 그분들이 가장 많이 하는 질문이 있다.

"혹시 주변에 좋은 점포 없을까요?" 그럴 때면 웃으면서 말한다.

"왜 좋은 점포를 찾으려고 하세요? 내가 좋은 점포로 만들면 되죠."

매출이 처음부터 잘 나오는 점포를 구하기 쉬울까? 물론 많은 권리금을 투자한 점포라면 가능하다. 우리나라 현실에서 권리금 최하 1억 원 이상에 임대료 400만 원 이상 점포라면 쉬울 수 있다. 어느 정도 상권이 보장된 점포일 테니. 하지만 적은 투자금액으로 좋은 점포를 구하기는 어렵다. 그러니 처음부터 좋은 점포를 찾기보다는 내가 좋은 점포를 만들어가겠다는 생각으로 접근하면 어떨까?

내가 오랫동안 단골로 다니는 미용실이 있다. 원장님이 얼굴도 예쁘고 실력도 좋은데 아직 미혼이었다. 혹시 다른 이유가 있나 싶어 조심스럽게 물었다.

"원장님, 결혼 왜 안 해요?" "주변에 좋은 남자가 없어서요."

"왜 좋은 남자를 찾으려고 해요? 내가 좋은 남자로 만들면 되지요."

"아? 그런 방법이 있었네요."

내 마음에 드는 배우자를 찾기보다 내가 배우자를 만들어가면 된다. 내 마음에 들도록. 편의점도 마찬가지다. 처음부터 좋은 점포는 없다. 다만, 좋은 점포를 만들 수는 있다. 내가 능력을 키워서 좋은 매장을 만들면 된다.

타협하지 말고
'기본'에 충실하라

"경영주님, 새로운 점포 하나 해보실래요?"

종일 편의점에서 분주하게 움직이다가 잠깐 한숨을 돌리던 찰나에 전화가 왔다. 그 순간 호기심이 생겼다. "위치가 어딘데요?" 일본을 다녀온 후 항상 내 머릿속에는 다점포에 대한 '로망'이 있었다. 그러던 차에 OFC의 제안을 받으니 호기심이 발동했다.

OFC에게 사정을 들어보니 그곳은 구리시 유흥가에 위치한 점포로 기존 경영주님이 위탁형태인 S타입으로 5년 동안 운영하던 곳이었다. 그런데 매출이 너무 부진해 기존 경영주님은 재계약의 의지가 없었고 본사에서도 적자가 심해 폐점 전환을 검토 중이었다. 순간 고민이 되었다. 매출이 높은 점포도 아니고 더욱이 본사에서 그런 결정을 내린 곳이라면 절대 좋은 점포가 아니었다.

'그래도 일단 한번 가보자.'

그날 밤 점포 인근을 한 바퀴 빙 둘러봤다. 막상 가보니 우리나라 유명 브랜드 편의점이 모두 들어와 있었고 나름 경쟁이 굉장히 치열한 상권이었다. 점포에 들어가 분위기를 살폈다. 그런데 천장에는 거미줄이 보이고 매대에 물건은 텅텅 비어 있고 근무자는 인사도 대충 하는 둥 마는 둥 했다. 왜 매출이 저조한지 알 듯했다.

주변 다른 점포 사정은 어떠한지 살펴보았다. 50미터 옆 C사 역시 매장 내부가 난장판이고 그 옆 M사는 더더욱 심각하고 F사 역시 크게 다르지 않았다. 경쟁이 심하다 보니 편의점 경영주님들이 다들 자포자기 심정으로 운영하고 있었다.

무조건 청결, 친절, 상품 구색, 신선도를 지켜라

그렇게 둘러보고 나오는데 기분이 묘했다. 무슨 자신감인지 모르겠는데 내가 운영해도 이보다 바닥으로 내려가지는 않을 듯했다. "그래, 이렇게 다들 엉망인데 내가 한들 여기서 매출이 더 떨어지겠어? 일단 한번 해보자!" 그러자 주변에서 다들 말리는 것이다. "아니, 5년 동안 매출 안 나와서 본사에서도 접으려는데 당신이 한다고 오르겠어?" "왜 하필이면 장사가 안되는 곳을 하려고 하세요?" 심지어 본사 팀장님들도 걱정을 했다. 혹시 새로운 점포에서 좋은 결과가 안 나오면 상처받고 주저앉을까 봐 염려한 것이다.

그런데 내 생각은 좀 달랐다. 어차피 장사가 안되서 바닥을 치고 있는 매장이었다. 그러니 설사 내가 한다고 더 내려갈 것 같지도 않았다. 또 나 스스로의 운영능력이 궁금하기도 했다. 그동안 남양주 금곡점을 운영하면서 항상 기본 4원칙인 청결, 친절, 상품 구색, 신선도를 지키며 운영해왔다. 항상 매장을 청결하고 쾌적하게 하고 손님들과는 눈을 하나하나 맞추며 친절하게 응대했다. 또 신선한 상품을 유지 관리하고 고객들이 원하는 물건이 빠지지 않도록 노력해왔다. 바로 이런 4원칙이 과연 다른 매장에도 과연 통할지 궁금했다. 그래서 계약서는 나중에 쓰기로 하고 일단 점포부터 인수받았다. 그렇게 번갯불에 콩 볶아 먹듯 점포를 인수했다.

그런데 인수 후 점포 구석구석을 살펴보니 한숨부터 나왔다. 포스를 비롯한 모든 집기에는 꼬질꼬질한 손때가 끼어 있었고 시식대와 음식물 쓰레기통은 냄새가 났으며 백룸에는 먼지와 물건들이 뒤엉켜 발도 디딜 수가 없을 정도였다. 어디 그뿐인가. 프라이스카드는 색이 바래 있고 이 또한 제대로 꽂혀 있지 않았다. 매대마다 먼지는 뽀얗고 상품은 색이 바래 있고 워킹에 있는 소프트 음료와 커피 등은 유통기한이 기본으로 한두 달 이상 지난 상품이 진열되어 있었다.

'과연 이 매장을 살릴 수 있을까?'

일단 저질렀으니 수습해야 했다. 먼저 남양주금곡점에서 나와 함께 2년 이상 근무한 친구들 세 명을 데리고 넘어갔다. 근무자들이 점포를 보더니 기함을 했다.

"사장님, 매장이 어떻게 이럴 수가 있어요?"

이튿날부터 대대적인 변화가 시작되었다. 모두 달려들어 매장을 바꿔나가기 시작했다. 가장 먼저 시작한 것이 바로 대청소였다. 모든 집기를 들어내고 닦고 또 닦고 낡은 것은 새것으로 교체했다. 심지어 매대 깊은 곳에서 미원을 꺼냈는데 5년 전 매장 오픈 시 들어온 상품이었다. 그걸 보고 모두가 경악을 금치 못했다. 이런 점포에서 어떤 손님이 물건을 고르고 싶겠는가. 그렇게 한 달 내내 모든 근무자들이 청소에만 집중했다. 그러자 처음과 달리 몰라보게 깨끗해졌다. 손님들이 먼저 알아봤다. "점포가 환해졌네요. 다른 점포 같아요."라고 인사를 건넬 때마다 뿌듯했다.

그다음 한 일은 고객들이 원하는 상품이 무엇인지를 파악하는 것이었다. 그런데 유흥가 점포는 처음이라 어떤 상품을 갖춰야 할지 막막했다. 담당 OFC님과 상의해서 다른 유흥가 점포 데이터를 참고로 발주했다. 그 후 본사에서 진행하는 신상품과 1+1, 2+1 행사 상품은 항상 빠지지 않고 잘 갖추어 풍성하게 진열했다. 또 손님들이 찾는 상품들을 꼼꼼하게 메모해서 갖추려고 노력했다. 그중 지금도 기억에 남는 게 애완용품이다. 언젠가부터 손님들이 자꾸 물어보는 것이다. "혹시, 강아지 밥 있어요?" "강아지 패드 팔아요?" 알고 보니 유흥업소에 종사하는 분들이 강아지나 고양이를 키우는 경우가 많았다. 그래서 애견존 매대를 따로 만들기도 했다.

그런가 하면 손님을 응대할 때도 각별하게 신경을 썼다. 항상 유니폼을 갖춰 입고 단정한 모습으로 손님을 반갑게 맞이했다. 손님이 상품을 찾으면 친절하게 방향을 알려주거나 직접 상품을 가져다주기도 했다. 또 계산 전 멤버십과 적립카드를 꼭 여쭤봤다. 그러자 손님들이 오히려 당황하는 것이다.

'어, 이 매장이 원래 이런 곳이 아니었는데.'

그렇게 몇 개월 동안 근무자들과 똘똘 뭉쳐서 청결도와 서비스 수준을 높이고 상품의 신선도와 상품 구색을 강화했다. 그러자 손님들이 계속 늘어나더니 나중에는 경쟁점의 고객도 우리 점포로 들어왔다. 그러면서 조금씩 매장이 살아나기 살아났고 매출도 조금씩 상승하기 시작했다.

기본을 지키면 매출은 저절로 오른다

6개월 후 기존 경영주님이 운영할 때와 비교해 매출이 두 배 이상 상승했다. 경쟁점이 폐점을 한 것도 아니고 상권이 크게 좋아진 것도 아니다. 똑같은 상권에서 4원칙을 실천했을 뿐이다. 그러자 본사에서도 깜짝 놀라는 것이다. 처음 점포 인수를 반대했던 팀장님이 오히려 내게 비결을 물었다.

"경영주님, 정말 6개월 전 그 점포가 맞아요? 도대체 비결이 뭐예요?"

"글쎄, 하던 대로 4원칙을 실천한 것뿐인데요."

이후에도 매출이 꾸준하게 상승했고 나중에는 다른 경영주님들이 벤치마킹을 올 정도로 화제가 되었다. 그때 다시 한번 확인했다. 편의점 매출의 가장 큰 비결은 4원칙임을. 이후 다른 점포를 시작할 때도 가장 먼저 염두에 두었던 것은 4원칙이었다. 많은 분들이 편의점 성공 비결을 묻는다. 하지만 대단한 비결 같은 건 없다. 4원칙이 나의 최고의 비결이다. 만약 4원칙 중 하나라도 빠지면 모래 위에 벽돌을 쌓는 것과 다름없다. 그러면 밀물이 들어왔을 때 금세 허물어진다. 편의점에서는 기본 4원칙이 가장 중요하다.

우리가 수학 문제를 잘 풀고 싶다고 하자. 그러면 구구단을 먼저 외워야 한다. 못 외우면 꽝이다. 그런데 처음에는 구구단을 외우는 게 쉽지가 않다. 하지만 일단 익숙해지면 곱셈, 나눗셈, 덧셈 등 사칙연산을 잘하게 되어 술술 잘 풀린다. 편의점 운영도 마찬가지다. 기본 4원칙은 '수학의 구구단'이다. 4원칙을 끊임없이 반복하면 내공이 쌓이고 매출은 절로 오르게 마련이다. 반대로 기본 4원칙이 탄탄하지 않으면 매출을 올릴 수 없고 그저 그런 수준에서 항상 머무르게 된다.

물론 처음에는 힘들게 느껴질 수 있다. 하지만 가는 길이 멀어도 차근차근 가다 보면 멀게만 느껴졌던 그 길이 지름길이 될 수 있다. 그리고 이런 기본 4원칙이 튼튼해지면 복수점포에 도전할 수도 있다. 가끔 복수점포 개설에 대해 이런저런 질문을 하는 경영주님들이 있다. 그래서 나는 꼭 질문을 드린다.

"경영주님, 현재 운영하시는 점포에서 매출이 잘 나오세요?"

"아니요. 잘 안 나와서 미치겠어요. 저도 여러 개를 해서 조금이라도 수익을 늘릴까 해요."

이런 경우는 나는 좀 더 신중하게 고민해보시라고 말씀드린다. 현재 내가 가지고 있는 지식이 초등학생 수준이라고 치자. 그러면 그 수준에 맞는 문제만 풀 수 있다. 그 이상의 문제는 풀기 어렵다. 편의점도 마찬가지다. 현재 내 운영 능력이 부족해서 일매출 100만 원이라면 다른 점포에서도 그 정도 수준에 머무를 확률이 크다. 나의 눈높이가 그 정도에 머물러 있기에. 그러니 먼저 기본 4원칙을 충실히 한 후 내공이 쌓이고 정말 잘할 수 있다는 자신이 생기면 그때 고민해보셨으면 한다.

만약 기본이 튼튼하지 않은 상황에서 점포를 확장하면 모든 매장이 무너질 수 있다. 사회에서 성공하거나 일정 수준이 이상에 오른 사람들을 떠올려보자. 그들은 어떻게 성공할 수 있었을까? 누구나 다 알지만 실천하지 않는 '기본에 충실했기' 때문이다. 편의점 운영도 이와 같다. 그래서 지금도 나는 4원칙인 '친절' '신선도관리' '청결' '상품 구색'을 지켜가고 있다.

지금 매출에 어려움을 겪는 분들이라면 한 발 뒤로 물러서서 매장을 살펴보자. 고객의 입장이 되어 우리 매장에서 쇼핑할 수 있는 상품이 갖추어져 있는지, 매월 행사하는 상품을 고객이 알아보기 쉽게 진열하고 있는지, 매장이 쾌적하고 청결한지, 고객에게 진심으로 감사의 마음을 담고 있는지, 근무자에게 인격적으로 대하고 있는지, 타 매장과 비교해서 내 매장이 우수하게 점격이 유지되고 있는지? 이런 기본적인 요소들부터 꼼꼼하게 체크하고 부족한 부분을 실천해보자. 그러면 원하는 매출이 분명히 따라올 것이다.

경쟁은 피할 수 없다

"제가 편의점 업무를 모두 익힐 때까지 제발 주변에 경쟁점포가 생기지 않게 해주세요."

나는 편의점 1년 차 때 아침마다 매일 간절히 바랐다. 아직 나의 준비가 부족한 상태에서 경쟁점포가 나타나면 무너질 게 뻔하지 않은가. 편의점을 운영하다 보면 수시로 여러 가지 어려움이 닥쳐온다. 그중 가장 가슴을 철렁이게 하는 게 뭘까? 바로 '경쟁점포'의 출현이다. 그래서 정말 간절하게 기도하고 또 기도했다. 다행히 2000년대 초반은 편의점 초창기라 그 해에는 생기지 않았다.

그런데 2년 차 되던 해 50미터 옆에 경쟁사 편의점이 들어온다는 소식이 들렸다. 그때부터 밥이 넘어가질 않고 잠도 오질 않았다. OFC님을 붙잡고 "우리 이제 어떻게 해요?"하며 펄쩍펄쩍 뛰었다. 경쟁점포 영업 시작과 동시에 점포 매출이 떨어지기 시작했다. 객 수 줄어드는 게 데이터로 즉각 나타났다. 특히 제일 먼저 담배 매출이 감소했다. 손님들로서야 한 발 더 걸어야 하는 우리 매장에 올 이유가 없다. 그래서 손님들이 경쟁점포로 들어가는 모습을 지켜보는데 정말 속이 까맣게 타들어갔다. 경쟁점포가 너무 밉고 싫었다. 왜 하필 어쩌자고 내 점포 옆에 들어온 건지? 그때부터 내 관심사는 경쟁점포 이기기였다

"굴러 온 돌이 박힌 돌을 뺄 수는 없다. 어디 한번 해보자! 내가 꼭 이기고 말겠다."

그런데 아무리 고민해도 뾰족한 방법이 없었다. 지금은 편의점마다 PB 상품이 많기에 어느 정도 차별화가 가능하다. 하지만 그 시절에는 상품들이 대동소이했다. 그래서 가장 1차적인 가격을 생각했다. 편의점에서 가장 중요한 상품이 바로 삼각김밥, 햄버거, 우유, 유제품 등의 신선식품이다. 신선식품 매출이 가장 크다. 그래서 삼각김밥 가격을 700원에서 500원으로 인하했다. 물론 그 가격 출혈을 모두 내가 감수했다. 가격 차이가 워낙 크니 우리 매장으로 분명히 돌아올 거로 생각했다. 진짜 손님들이 되돌아왔다. 그런데 기분은 참 쓸쓸했다.

경쟁점포 때문에 일희일비하지 말고 하던 일을 하라

지금 돌아보면 그때는 참 무모했고 경력도 짧았다. 이길 수 있는 노하우가 없었다. 그래서 가장 1차적인 가격경쟁을 했다. 지금은 그런 무모한 경쟁을 하지 않는다. 그때는 너무 답답했고 그 방법밖에 보이질 않았다. 하여튼 그 이후로도 이기겠다는 생각 하나로 여러 방법을 동원했다. 2년 후 결국 경쟁점포가 문을 닫았다. 그날은 정말 내가 뭔가 해냈다는 생각에 뛸 듯이 기뻤다.

하지만 기쁨도 잠시였다. 그 자리에 경쟁점포는 계속 생겨났고 그때마다 OFC님을 붙잡고 하소연을 했다. "우리 어떻게 해요? 경쟁점포가 또 생겼어요?" 그런데 딱히 무슨 방법이 있겠나. 또 죽도록 싸워야지. 이상하게 한번 점포가 나간 자리에는 다른 브랜드 다른 점주가 들어와서 또 싸우고. 그런 과정이 계속되었다. 그런데 5년 차 되던 해 문득 이런 생각이 들었다.

'언제까지 내가 경쟁점포를 미워하고 원망하면서 시간을 보내야 하나.'

얼굴도 모르는 누군가 때문에 왜 이리 힘들어야 하지? 그때부터 경쟁점포에 대한 내 생각이 달라졌다. 경쟁점포는 내가 통제할 수 있는 부분이 아니었다. 받아들이는 수밖에. 독립된 상권에서 고고한 학처럼 자존심 세우면서 운영하면 얼마나 좋겠는가. 모든 경영주들의 '로망'일 것이다. 하지만 이 시대에 그것도 대한민국에서 그런 곳이 어디 있겠나. 마음속으로 다짐했다.

'그래, 비록 한 걸음 더 오더라도 우리 매장을 찾을 수 있게 하

자.' '우리 매장을 찾을 수밖에 없는 이유를 만들어주자.'

그래서 처음보다 더 상품 구색을 갖추고 더 친절하게 한 사람 한 사람을 기억하며 정성스럽게 대하고 바닥 청소도 한 번 더 하고 신선한 제품으로 채우고. 그렇게 4원칙에 충실히 실천하면서 하루하루 최선을 다했다. 그렇게 서너 달이 지나자 손님들이 다시 돌아오는 것이다. 그 이후에도 마찬가지였다. 경쟁점포가 나타나도 예전처럼 펄쩍펄쩍 뛰지 않고 그냥 내 할 일을 묵묵히 해 나갔다.

이런 경험들이 계속되면서 당황하거나 속 앓이를 덜 하게 되었다. 그저 내 위치에서 기본을 실천해나가자 3~4개월 후 손님들이 다시 돌아왔다. 우리 근무자들의 환한 미소, 청결한 분위기, 상품 구색들을 고객들도 알아주는 것이다. 그러면서 어느 순간 깨달아졌다.

경쟁점포 대응 최고의 방법 역시 기본 4원칙이다

편의점 운영하다 보면 경쟁점포 출현에 가슴을 졸이게 된다. 특히 초기에 들어오면 휘청휘청 한다. 나도 힘들어 죽겠는데. 돈도 안 되고 몸도 힘들고 정신적으로 피폐해진 상황인데. 그 상황에 경쟁점포까지 들어오면 너무 힘들어서 모든 걸 놔버리고 싶은 마음이 든다.

'어차피 안 되는구나.'

하지만 바로 그 시간을 인내하고 버텨야 한다. 처음 경쟁점포가 들어서면 한두 달은 분명 영향이 있다. 하지만 기본에 충실하면 3개월 후쯤부터 다시 정상궤도에 올라온다. 그러니 겁낼 필요 없다. 정도를 지키면 다시 돌아오게 마련이다.

금곡점 50미터 거리에 300평 넘는 대형마트가 있다. 그런데 얼마 전부터 24시간 영업으로 바뀌었다. 그러자 주변에서 우려하는 분들이 많았다. 밤에 이제 우리 매장에 올 이유가 없으니. 그때 내가 가장 먼저 했던 것은 친절 교육이었다. 근무자들이 좀 더 적극적으로 매장에 활력을 주고 상품과 많은 대화를 하면서 발주에 신경을 썼다. 그러자 3개월쯤 지나자 어느새 매출이 제자리로 돌아왔다. 결국 기본 4원칙을 충실히 하는 것이 경쟁점포에 대처하는 최고의 답이라 할 수 있다.

'뿌리 깊은 나무는 바람에 흔들리지 않는다'는 말이 있다. 가끔은 폭우나 비바람에 가지가 흔들릴 수 있을 것이다. 하지만 뿌리가 튼튼하기에 절대 뽑히지 않는다. 편의점 운영도 마찬가지다. 경쟁점포가 들어서면 처음 몇 달 동안 영향을 받게 된다. 하지만 그 기간이 지나면 정상궤도에 올라온다. 그러니 너무 두려워할 필요 없다. 내가 뿌리를 튼튼히 하면 금세 회복될 수 있다.

어떤 고객이 오는지 파악하라

학교 다닐 때 보면 누구나 모든 과목을 잘하기는 어렵다. 누구에게나 유독 힘들고 어려운 과목이 있게 마련이다. 편의점의 4원칙도 그런 듯하다. 4원칙 중 유독 실천이 어려운 요소가 있다. 바로 '상품 구색'이다. 친절, 신선도관리, 청결은 조금 더 신경 쓰고 관심을 두면 해낼 수 있다. 하지만 상품 구색을 익히는 데 많은 시간과 노력이 필요하다.

상품 구색을 잘 갖추려면 내가 위치한 상권이 어떤 특성을 지니고 있는지? 어떤 고객들이 주로 드나드는지? 고객들이 무엇을 좋아하고 싫어하는지 등을 잘 파악해야 한다. 이는 편의점뿐 아니라 모든 점포 운영의 기본이라 할 수 있다. 그런데 나는 한때 그 상식조차 몰라 헤맨 적이 있었다.

23년 전 남양주 금곡에서 처음 호프집을 준비할 때의 일이다. 당시 금곡 주변에는 오픈된 호프집이 별로 없었다. 그때는 사람들이 치킨집에서 술을 많이 마셨는데 내부를 보면 테이블마다 커텐으로 칸막이가 처져 있었다. 그 모습을 보며 오픈된 호프집이 있으면 아주 잘될 듯했다.

'그래, 오픈된 공간에서 편안하게 차도 마시고 술도 마시고 밥도 먹을 수 있는 복합적인 공간을 만들어보자. 그리고 이 동네 사람들에게 새로운 걸 경험하게 해주자!'

내친김에 좀 더 욕심을 내서 호텔에서 근무했던 주방장을 채용하고 근무자들 유니폼도 색다르게 입혔다. 이 동네에 처음 선보이는 매장이니 분명 손님들이 몰려들 거로 생각했다. 그런데 막상 뚜껑을 열어보니 매출이 너무 저조했다. 당시 서울에서는 오픈형 호프집이 인기였다.

'왜 장사가 안되는 거지? 왜 우리 매장은 손님은 없지?'

1년이 지나서야 그 이유를 알게 되었다. 당시 금곡은 다방이 가장 많은 동네였다. 이를 풀어 해석해보자면 오픈된 공간보다 사생활이 보호되는 공간을 선호하는 사람들이 많다는 의미였다. 그런데 우리 매장은 완전히 뻥 뚫린 오픈된 공간으로 칸막이가 아예 없었다. 아들이 들어오다가 아버지가 앉아 있는 걸 보고 나가고, 아버지가 술을 마시다가 아들이 들어오면 불편해서 일어나는 것이다.

결국 오픈형 컨셉이 이곳 사람들과 어울리지 않았다. 그러니 손님이 없는 것이 당연했다. 아무리 매장 분위기가 세련되고 독특하면 뭐 하겠는가. 손님들은 그 수준이 아니었다. 오죽했으면 손님들이 당시 우리 매장에 대해 이렇게 평가했다.

"여기 분위기는 압구정동인데 손님은 경로당 수준이에요."

그 정도로 손님의 수준과 우리 매장의 현실적인 차이가 컸다. 결국 2년 후에 인테리어 공사를 다시 하고 칸막이를 만들었다. 그 후로 손님들이 조금씩 모이기 시작했다. 만약 처음부터 내가 좀 더 이 지역 상권을 파악하고 고객들의 특성을 정확하게 분석했다면 시행착오를 하지 않았을 것이다. 모두 나의 무지였다.

나는 당시 금곡을 잘 알지 못했다. 구리시에 살다 얼떨결에 금곡에 정착했다. 그러다 보니 이 지역의 특성도 몰랐고 주민 성향도 전혀 파악이 안 된 상태였다. 그저 오픈형 호프집이 없으니 잘되리라 막연하게 생각했던 게 화근이었다. 지금 같으면 주변 상권이나 고객 특성에 대해 조사라도 해볼 텐데. 하여튼 그 시절의 경험이 훗날 편의점 운영에 큰 밑거름이 되어주었다.

고객은 1초 안에 만족시키지 못 하면 떠난다

2009년 본사에서 처음으로 지하철역 상권에 진출했을 때였다. 당시 기존 경영주를 대상으로 희망자를 모집했다. 무엇보다 지하철역 매장은 24시간 운영하지 않는다는 이점이 있었다. 그래서 경영주들이 엄청나게 몰려들었다. 그러자 본사에서는 공정성을 기하기 위해 서비스 모니터링 점수가 가장 높은 50곳을 선정해서 우선권을 줬다. 당시 나도 지원하였고 다행히 선정되었다. 그래서 7호선 ○○역 8평 공간에서 점포를 처음 운영하게 되었다. 오픈 후 한 달은 새로운 점포에 적응하느라 정신없이 지나갔다. 그리고 일매출을 확인해보니 기대치에 훨씬 못 미쳤다. 본사에서는 일매출 250만 원 수준을 예상했지만 130만 원 수준에 불과했다. 그때 정신이 번쩍 들었다.

'아, 나한테 뭔가 문제가 있구나?' '왜 그냥 지나갈까? 왜 내 매장에 손님이 없을까? 저 손님들이 원하는 게 뭘까?'

곰곰이 생각해보니 내가 지하철역 상권에 대해 아는 바가 없었다. 주택가, 유흥가 상권에서 점포를 운영해보았지만 지하철역 상권은 처음이었다. 더구나 살면서 지하철을 몇 번 타보지도 않았고 지하철역 주변에 거주해본 경험도 없었다. 그렇다고 본사에 크게 의존할 수 있는 상황도 아니었다. 그때는 경영주들도 본사도 모두가 처음인 상황이라 지하철 상권 데이터가 부족했다.

그때부터 하계역 주변을 돌아다녔다. 주변에 무슨 건물들이 있는지, 어떤 연령층의 사람들이 많은지, 동네 슈퍼나 마트는 몇 개나 있는지 등등을 계속 보고 다녔다. 특히 하계역 주변에는 정말 아파트가 많았는데 거의 베드타운에 가까웠다. 또 당시 하계역은 강남이나 논현처럼 환승역이 아니라 종착역에 가까워서 지하철에서 내리는 손님들이 거의 아파트로 행했다. 그러다 보니 지하철역 주변은 항상 출퇴근하는 손님들로 북적였다. 그때부터 출퇴근 고객들을 위한 상품을 갖춰나갔다.

가장 먼저 떠올린 게 '스타킹'이었다. 여자 손님들이 스타킹을 간혹 찾는 것이다. 아무래도 아침에는 집에서 뛰어나오다 보면 스타킹이 구멍이 날 수 있다. 다양한 종류로 스타킹 매대를 따로 만들어서 출근길에 전진배치를 했다. 급하게 지나가면서 빨리빨리 볼 수 있게. 그러자 겨울철에 스타킹이 하루에 40~50개 판매되었다.

또 아침 식사를 거르는 손님들을 생각해 아침 대용식을 고민했다. 그때 생각난 게 바로 '사과'였다. 기존 매장에서 이미 사과는 판매하고 있었다. 하지만 지하철역에서는 팔리지 않을 거로 생각했다. 그런데 막상 사과를 진열하자 반응이 기대 이상이었다. 그 이외에도 바나나와 떡 등 여러 식품을 쌓아놓자 굉장히 많이 찾았다. 퇴근길 손님들을 위한 상품도 고민했다. 지하철을 타고 늦은 시간에 퇴근하면 마트나 슈퍼도 이미 문을 닫는 경우가 많아 물건 살 곳이 없었다. 그래서 일부러 퇴근 시간에 맞추어 과일을 쌓아놓기도 하고 우유나 맥주를 가득 채워놓기도 했다.

그런가 하면 지하철 손님들은 동네에서 쇼핑하듯 "이거 있어요?" "저거 있어요?" 물어보지 않는다. 상품을 보면 1~2초 안에 순식간에 판단한다. 지하철이 금방 오니 눈앞에 보이는 걸 집게 된다. 그래서 일부러 객단가가 높은 상품들로 구성했다. 캔맥주도 고가의 수입 맥주로 하고 초콜릿도 고급 초콜릿으로 했다. 그렇게 8평 작은 매장에서 가장 많은 매출을 올릴 방법을 연구해나갔다.

또 언젠가부터 손님들이 우산을 자꾸 찾았다. '왜 그러지?' 매장 안에 있으면 눈이 오는지 비가 오는지 무감각해진다. 알고 보니 그때마다 소나기가 내렸던 것이다. 그런 날이면 우산이 수백 개씩 팔렸다. 지하철에서 우산이 그렇게 많이 판매된다는 걸 처음 경험했다. 그때는 매장이 너무 작아서 우산을 보관해둘 곳이 없었다. 그래서 비가 올 때면 아르바이트생이늘이 배낭에 우산을 20개씩 넣고 다니면서 매장에 뿌려 주곤 했다. 그러다 비가 오면 후다닥 꺼내놓기도 하고. 돌아보면 그 시절 참 다양한 경험을 많이 했다.

그렇게 몇 개월 동안 고객들의 특성을 파악해서 상품 구색을 점점 갖춰나갔다. 그러자 매출이 점점 올라기 시작했고 6개월 후에는 50여 개의 매장 중 가장 먼저 목표매출을 달성했다. 그때의 경험으로 지하철상권의 특성과 그 매장에서는 무엇을 어떻게 팔아야 하는지 많은 노하우을 얻게 되었다.

누구나 주택가, 유흥가, 학원가, 역세권, 복합상권 등 자신이 위치한 상권이 있게 마련이다. 그러면 그 상권에 대해 충분히 공부하고 연구해서 적합한 상품 구색을 찾아내야 한다. 편의점은 제일 저렴한 200원 사탕부터 시작해서 가장 비싼 양주 18만 원 상당의 상품도 있다. 그 수많은 상품을 자신의 매장에서 어떻게 적절하게 구성하느냐에 따라 매출이 올라갈 수도 있고 제자리 혹은 마이너스가 될 수도 있다.

고객과 지역에 따른 맞춤 상품 연구를 하라

1년 전쯤 강원도에서 편의점을 시작한 친구가 있었다. 어느 날 장사가 너무 안된다며 고향 오는 길에 꼭 한 번 들러달라는 것이다. 그래서 친구 매장에 들른 적이 있었다. 주변을 둘러보니 아파트 주변 상권이었다. 그런데 주택가에서 가장 기본적으로 있어야 할 라면번들, 생수번들, 화장지번들이 보이지 않았다. 아직 자신이 어떤 상권에서 있는지 파악하지 못했기 때문이다. 이 점포가 매출이 잘 오를까? 내 매장이 주택가면 대형마트는 물론이고 중소형 마트와 동네 슈퍼 등이 어떤 상품을 어떻게 팔고 있는지 끊임없이 모니터링을 해야 한다. 그리고 자신의 점포에 맞는 상품구색을 갖추는 게 중요하다.

예를 들어 병원 인접 점포라면 음료수 박스 상품을 다양하고 풍성하게 하며 주택가 점포라면 번들상품이 큰 도움이 될 수 있다. 또 버스정류장이나 지하철역세권은 객단가가 높은 상품을 카운터 주변 매대에 깔아놓는 것이 좋다. 또 여성고객이 많으면 팬시용품, 유흥가 점포면 수입 맥주나 와인이나 OTC(일반 판매약)이나 음료, 학원가 점포는 학생들이 많기에 신선식품와 가공유예 중점적으로 두는 것이 좋다. 이처럼 고객과 상권에 맞추어서 상품 구색을 갖추는 것이 중요하다.

사람은 누구나 다 자신에게 맞는 화장법이 있다. 이를 먼저 파악하고 화장을 해야 얼굴이 예쁘게 빛날 수 있다. 스모키 메이크업이 유행이라고 다 똑같은 화장을 하면 얼마나 웃기겠는가. 점포도 마찬가지다. 신라면이 유행이라고 모든 점포에서 신라면이 불티나게 팔리지는 않는다. 많이 팔리는 곳이 있고 적게 팔리는 곳이 있다. 내 주변의 상권과 고객층을 명확히 알고 상품 구색을 갖춰야 우리 점포가 빛나는 것이다.

물론 이런 작업은 하루아침에 되는 것은 아니다. 내 경험으로는 한 점포에서 최소 3년 이상 운영해야 점포에 맞는 얼굴을 찾을 수 있다. 1년, 2년 공부를 하다 보면 눈높이가 올라간다. 그리고 3년 정도 지나면 그 상권과 고객에 대한 이해도가 높아진다. 그러면 내가 원하는 대로 손님을 데리고 갈 수 있다. 고객을 보고 상품을 구성하는 게 아니라 상품을 보고 고객을 만들어갈 수 있다.

상품과 대화하며 발주하라

올해로 남편과 만난 지도 25년이 되었다. 언제나 청춘일 줄 알았는데 우리 부부의 나이도 어느덧 가을이 된 듯싶다. 편의점을 함께 운영하면서 항상 내 옆에는 남편이 있었다. 이런저런 강의나 세미나도 함께 다니고 때로는 친구처럼, 연인처럼, 매니저처럼. 그래서 주변에서는 우리 부부가 살아가는 모습을 보고 다들 의아해한다.

"중년의 부부가 어떻게 그렇게 사세요?"

어떤 분들은 우스갯소리로 '스크린 부부'가 아니냐고 묻는 분들도 있다. 그런데 우리 부부의 비결은 '대화'에 있었다. 평소에도 성격이 자상한 남편은 내 말을 들어주는 편이다. 또 편의점을 같이 운영해왔기에 공감할 수 있는 주제도 많다. 그 덕분에 대화의 시간이 많아지다 보니 속 깊은 이야기도 하면서 서로 많이 아껴주고 보듬어주게 된 듯하다.

부부 사이에 대화가 중요하듯 점포 운영에서도 대화가 꼭 필요하다. 특히 상품 구색을 잘 갖추기 위해서는 발주 시 많은 대화를 해야 한다. 주변에 가깝게 지내는 동생 중에 편의점을 시작한 친구가 있었다. 그런데 오픈 6개월쯤 지났을까 할 때 전화로 하소연하는 것이다.

"언니, 우리 매장은 친절하고 깨끗한데 매출이 너무 안 올라요."

그래서 직접 그 매장에 가보았다. 그리고 그 친구에게 1만 원을 건네주었다.

"네가 손님이라고 생각하고 쇼핑을 한번 해볼래?"

그렇게 30분 동안 매장을 돌더니 그냥 오는 것이다.

"진짜 살 게 없네요."

"그렇지? 너도 살 게 없는데 손님이 뭘 사겠어?"

그래서 그 동생에게 발주할 때 꼭 상품과 대화를 하라고 조언 해줬다. 무슨 뚱딴지같은 소리냐고? 나는 편의점 초창기부터 매일 발주를 할 때마다 하루도 빠지지 않고 하는 것이 있다. 바로 '상품과의 대화'이다. 예를 들어 코카콜라를 보면 오늘 판매량이 얼마인지? 회전율이 어떻게 되는지? 매익률은 몇 퍼센트인지? 최대한 몇 개를 가져가야 결품이 안 되는지? 더 팔 방법은 없는지? 등등. 이처럼 대화하면서 발주를 한다. 그런데 이런 상품이 하나가 아니라 수백 개다. 그렇다 보니 발주 시간이 엄청나게 길다. 두 시간은 기본이고 3시간을 훌쩍 넘길 때도 있다.

편의점 매출은 발주에 대해
얼마나 고민했느냐로 판가름난다

13년이 지난 지금은 어떨까? 훨씬 숙달되어서 시간이 단축되었을까? 아니다. 나는 13년이 지난 지금도 여전히 매일 똑같은 작업을 하고 있다. 상품 하나하나의 특성을 파악하며 발주를 하고 있다. 지금도 점포당 발주 두 시간 30분에서 3시간 정도 소요된다. 그래서 주변 분들이 왜 그리 골치 아프게 그런 걸 따지느냐며 의아해한다. 또 어떤 이는 시간이 남아돌아서 저러나? 한심하게 여기는 분들도 있다.

내가 매일 많은 시간을 투자하는 것은 항상 고객이 원하는 신선한 상품을 갖추어놓고 고객을 맞이할 준비를 하기 위해서이다. 그래서 지난 13년 동안 눈뜰 때 컴퓨터 열어 매출 정보 분석하고 발주 마무리하고 오늘 하루에 대한 매출과 내 일에 대한 매출 고민을 하면서 잠자리에 들었다. 이런 노력이 결국 매출로 이어지기 때문이다. 그동안 여러 경로를 통해서 많은 경영주들을 만났고 그 과정에서 서로 노하우도 공유하고 격려하면서 많은 것을 얻고 배웠다. 그런데 매출이 부진한 점포들에는 몇 가지 공통점이 있었다.

첫째는 경영주님들이 발주를 너무 귀찮게 여긴다는 점이다.
'아, 또 발주해야 돼. 아, 귀찮아죽겠는데.'

대부분의 많은 분들이 상품과 대화하는 것이 귀찮고 싫으니 그냥 한 달 자동으로 세팅해놓으면 제품이 팔리는 만큼 자동으로 주문되도록 한 시스템만 활용하여 상품이 입고될 수 있도록 할 수도 있다. 그러니 내 매장에 뭐가 많이 팔리는지 잘 모르는 것이다.

두 번째는 발주시간이 극히 짧았다.

"경영주님, 매일 발주하는 데 얼마나 걸리세요?"

"10분이면 충분하죠!" "어떻게 10분에 가능해요?"

"오래 걸릴 이유가 없잖아요. 발주누락 상품창을 열어서 누락 상품만 발주하면 되는데."

그래서 실제로 발주하는 모습을 곁에서 지켜보았다. 정말 10분이면 끝나는 것이다. 그런데 이처럼 10분밖에 투자하지 않았기에 매출이 부진한 것이었다. 손님들은 자신이 찾는 물건이 없으면 "여기서는 살 게 없어." 하고 우리 매장에 오지 않는다. 이런 일이 반복되면 어떨까? 매출 부진으로 이어지게 마련이다. 그런데 많은 분들이 발주시 한 달 자동으로 세팅해놓거나 발주누락 상품창을 통해서 끝내는 경우가 많다. 하지만 이는 진정한 발주가 아니라 단순한 상품 '주문'이라 할 수 있다.

그럼 발주와 주문이 뭐가 다른 걸까? 주문이란 특별한 고민 없이 전날 팔린 만큼 입력하나 시간에 쫓기어 발주누락 상품창을 띄워 숫자를 입력하는 것이다. 이에 비해 발주는 매일 정보분석에서 데이터를 확인하고 상품회전율을 체크하면서 더 팔 방법은 없는지, 추가적으로 무엇을 팔 수 있는지 등을 끊임없이 고민하는 것이다.

쉽게 말해 오늘 삼각김밥 3개 팔리면 다음날 또 3개를 넣는 것은 주문이라 할 수 있다. 그런데 4개, 5개 더 팔 방법을 찾고 연구하는 것이 발주라 한다. 우리 점포의 매출을 올리고 싶다면 주문이 아니라 '발주'해야 한다. 정말 발주만 신경 써서 넣어도 매출이 올라갈 것이라고 자신있게 말할 수 있다.

편의점 경쟁자는 경쟁점포가 아니라 '손님의 주머니'이다

더욱이 우리의 주변 환경은 매일매일 시시각각 변한다. 오늘은 무엇을 팔아야 할까? 내일은 무엇을 팔아야 할까? 끊임없이 고민하고 발주해야 한다. 남양주금곡점 주변에는 학교가 2곳 정도 있다. 간혹 아이들이 평상시보다 일찍 들를 때가 있다. 그러면 나는 꼭 물어본다.

"중간고사야? 언제까지야?"

중간고사 때는 학교 급식이 없기에 편의점에 와서 삼각김밥을 많이 먹는다. 그러니 발주를 늘려야 한다. 또 주변에 운동회가 있다고 하면 음료수 중 1+1 행사 상품을 더 늘리기도 한다. 또 일주일 전부터 날씨가 어떠한지 미리 체크한다. 발주 프로그램에 날씨 정보가 미리 표시되기에 관심만 있으면 누구든 충분히 할 수 있다. 이런 여러 가지 변수들을 끊임없이 고민해서 발주를 해야 한다.

누군가 나에게 당신 점포의 점수는 몇 점입니까? 묻는다면 나는

80점이라 대답한다. 나머지 20점은 항상 비워놓는다. 그 20퍼센트는 상품 구색이다. 얼굴을 찾아가면서 발전 가능성에 대한 답을 준비하기 위해서이다. 아무리 매일 와서 본다고 해도 내일 와보면 또 달라져 있기 때문이다.

요즘은 한 집 건너 편의점이라 거의 포화 상태다. 그러다 보니 객수를 늘리는 데는 한계가 있다. 하지만 '객단가'는 내 노력에 따라 올라 갈 수 있다. 고객이 구매하는 금액에는 한도가 없기 때문이다. 그러한 의미에서 우리의 경쟁자는 마트나 편의점이 아니라 '손님의 주머니'라 할 수 있다. 손님이 1,000원을 생각하고 왔다면 2,000원을 사도록 만들 수 있도록 객단가를 높여야 한다. 이를 위해서는 상품과의 대화를 통해 고객이 찾을 만한 상품을 미리 준비해야 한다.

그런데 상품과 충분한 대화를 위해서는 시간의 여유와 마음의 여유가 필요하다. 하지만 현실적으로 많은 어려움이 있다. 근무자 구인과 인건비 부담으로 하루 12~14시간 동안 매장에서 포스를 지켜야 하는 경우도 부지기수다. 또 근무자를 믿지 못해 부부가 맞교대를 하는 곳도 많다. 그렇다 보면 상품과 대화할 시간이 턱없이 부족하다.

그럼, 방법이 없는 걸까? 나는 근무자를 추가로 채용하라고 말씀드리고 싶다. 그리고 근무자에게 포스를 맡기셨으면 한다. 물론 비용 때문에 망설이는 분들도 있다. 하지만 비용이 아니라 투자라 생각해보면 어떨까. 당장은 부담이 될 수도 있지만, 여유시간이 생기면 상품과 대화할 여유가 생긴다. 그러면 무슨 상품을 더 팔 수 있는지? 고객들이 어떤 물건을 좋아하는지? 어떤 서비스를 제공할 수 있는지를 고민할 수 있게 된다.

또한 이런 여유시간이 생기면 발주 프로그램을 익힐 시간도 확보할 수 있다. 그 프로그램을 하루라도 빨리 빨리 익혀서 내 능력을 키워야 한다. 그렇게 하다 보면 오늘 신라면을 20개 팔았다면 몇 달 후 40개 팔고 그 몇 달 후에는 100개도 팔 수 있게 된다. 그런데 중년 이상의 경영주분들이 발주 프로그램을 익히기가 너무 어렵다고 하신다. 나 역시 그 기분을 누구보다 잘 이해한다. 나도 컴퓨터 세대가 아니라서 모든 메뉴를 익히기가 너무 어려웠다. 다만, 기기라는 것이 사용자 입장에서 만들어졌을 거라고 생각하고 무조건 만져보고 실행해보는 실험정신이 좀 있었다. 그러니 두려워 말고 인내심을 가지고 접근한다면 충분히 마스터할 수 있다.

그런데 만약 근무자를 비용으로만 생각해서 계속 계산업무에만 집중한다면 매출은 늘 제자리걸음에 머무르게 될 것이다. 근무자를 추가 채용해서 그 시간 동안 상품 하나하나와 충분히 대화한다면 어느새 우리 점포 매출은 따라오게 마련이다. 친구건 사랑하는 연인이건 대화를 많이 해야 오래 지속될 수 있다. 그 과정에서 서로 평소에 서운했던 점들과 평소에 바랐던 점들을 이야기하다 보면 어느새 더 사랑하고 있는 모습을 발견할 수 있다. 편의점도 마찬가지다. 다소 귀찮고 어렵지만 상품과 대화하며 발주해보면 어떨까. 대화 시간이 길어질수록 우리 점포의 매출은 더욱 올라가게 될 것이다.

투자 없이 얻을 수 있는 것은 없다

사람들은 한 해가 지날 때마다 "아, 한 살 또 먹었네." 하며 한숨을 쉰다. 그런데 나는 오히려 빨리 나이 들기를 바랐다. 그만큼 연륜이 깊어져 삶에 대한 내공이 쌓일 테니. 그런데 나이 들어 얻은 삶의 지혜 중 하나는 '이 세상에 투자 없이 얻을 수 있는 건 없다'이다. 무언가를 얻고자 한다면 돈이든 시간이든 노력이든 무언가를 투자해야 한다. 그래야 비로소 결실을 얻을 수 있는 듯하다.

호프집 운영 시절에 나는 항상 '손님들을 좀 더 즐겁게 할 수는 없을까?' '새로운 기분을 줄 방법은 없을까?'를 고민했다. 그래야 우리 매장을 계속 찾아줄 테니. 그래서 이를 위한 돈은 아끼지 않았다. 지방의 작은 호프집이었지만, 2년에 한 번은 주기적으로 전체 인테리어를 바꿨다. 1년 365일 한 번도 문을 닫지 않았지만 그때만큼은 열흘 정도 문을 닫았다. 매출도 포기한 채로. 리뉴얼 비용에 매출 포기까지. 하지만 그 정도는 투자는 필요하다 생각했다.

한번은 2002년 월드컵이 시작되었을 때였다. 월드컵 행사가 시작되자 프로젝션TV를 제일 먼저 설치했다. 당시 그 TV가 국내 첫 출시라 비용이 상당했다. 14년 전에도 370만 원이었으니 엄청나게 부담되는 비용이었다. 하지만 투자라 생각하고 질렀다. 주변에서는 작은 호프집에 그게 왜 필요하냐며 수군거렸다. 그런데 그 TV 덕분에 손님들이 우리 점포에 몰려들었고 매출이 수직 상승했다. 지금도 마찬가지다. 편의점 운영에 드는 돈은 비용이 아니라 '투자'라 여기는 편이다.

폐기는 있어도 결품이 있어서는 안 된다

편의점을 운영하다 보면 누구나 가슴이 덜컥 내려앉는 순간들이 있다. 그중 하나가 '폐기'가 나올 때이다. 어감이 좀 이상하지만 폐기란 유통기한을 갓 넘겨서 버려야 할 제품들로 김밥, 햄버거, 도시락 등의 신선식품과 유제품들이 주로 그 대상이다. 이처럼 폐기가 되는 상품들은 경영주가 그 비용을 부담해야 해서 굉장히 민감하다.

그런데 편의점 오픈 전에는 폐기를 경영주가 부담하는 줄도 몰랐다. 마트를 운영하는 친구는 "소규모 마트는 폐기가 없어"라고 말했다. 대부분 공급처에 전가시켜 공급처가 반품을 받아주거나 새 제품으로 교환해줘서 스트레스를 받을 일이 없다는 것이었다. 편의점도 당연히 그런 줄 알았다. 그런데 본사 교육 중 처음 알았다. 폐기를 경영주가 부담해야 한다는 것을. 조금 당황스러웠다. 하지만 오픈 전이라 감이 잡히지 않았기에 그런가 보다 했다.

그런데 편의점을 시작해보니 매일 삼각김밥, 우유, 햄버거 등 폐기가 나오는 것이다. 그걸 볼 때마다 너무 아까워 정말 열심히 먹었다. 그런데 그것도 하루 이틀이지 어떻게 매일 먹겠나. 금방 한계에 다다랐다. 냉동실에 얼리기도 하고 그마저 여의치 않으면 버리기도 많이 했다. 그러다 3개월 후 재고조사를 했다. 그런데 폐기 금액이 몇백만 원이 넘는 것이다. 머리가 띵해졌다.

'아, 폐기가 이렇게 많이 나오는구나. 이 돈을 내가 다 감당해야 하는구나.'

그때부터 새가슴이 돼서 발주 물량을 조금씩 줄였다. 그런데 물량을 줄이면 희한하게 결품이 금방 생겼다. 그렇게 손님들이 찾는 물건 없어서 그냥 가면 너무 속상한 것이다. 다시 발주물량을 좀 늘렸다. 그러면 또 남아돌고 다시 줄이면 팔 물건이 없고. 이런 악순환이 계속되었다. 신선식품은 신이 발주해도 폐기가 생긴다고 하더니 그 말이 딱 맞았다. 그만큼 수요와 공급을 맞추기 어려웠다. 이 과정을 몇 달 동안 반복하면서 어느 순간 깨달았다.

'폐기는 비용이 아니라 투자다.'

편의점의 가장 큰 장점이 뭔가? 누구나 편리하게 적은 비용으로 빠른 시간 내 배고픔을 해결할 수 있다는 것이다. 그래서 먹거리가 가장 중요하다. 특히 브랜드 편의점의 신선식품은 상징이고 필수 품목이다. 그런데 폐기 때문에 움츠리게 되면 기회손실을 발생시켜 저 매출 점포가 되는 것이다.

예를 들어 손님이 삼각김밥을 찾는데 결품을 냈다고 하자. 그런 일이 몇 번 더 반복되면 손님은 다른 매장으로 가버린다. 그러면 영영 손님을 놓치는 것이다. 또 우리나라 사람들은 삼각김밥에 항상 라면을 찾는다. 그런데 삼각김밥이 없으니 컵라면도 못 팔게 된다. 결국 어느 정도 폐기는 유지하는 게 답일 수 있다. 어쩌면 폐기는 필요악일 수도 있다. 물론 폐기상품을 보면 너무 아깝다. 비용이라고 생각하면 아깝고 소심해진다. 대신 폐기를 투자라고 생각하면 좀 더 과감해질 수 있다.

10년 전 구리○○점을 처음 인수했을 때 일이다. 당시 그곳은 30평대로 꽤 큰 점포였다. 그런데 앞선 경영주님이 폐기가 너무 싫어서 햄버거 1개에 주먹밥 1~2개 등 10개 미만으로 아예 폐기 안 나는 점포로 만들었다. 그러다 보니 항상 FF*(김밥, 도시락 등)와 신선식품 매대가 텅텅 비어 있었다. 손님들도 으레 이 점포에는 삼각김밥이나 햄버거는 없겠지 생각하고 아예 들어오지 않았다. 그래서 5

---

* 프레쉬 푸드Fresh Food를 뜻하며 김밥, 도시락, 샌드위치, 햄버거, 디저트 등 신선하게 보관 판매되는 먹거리를 칭함

년 내내 일평균 매출 80만 원대의 저조한 부진 점포였다.

   점포 인수 후 FF와 신선식품 식품의 발주량을 대폭 늘려나갔다. 주변에서는 다들 우려했다. 기존의 경영주님이 운영하는 패턴과 너무 다르니. 그러자 손님들이 한 명 두 명 들어올 때 F · F와 신선식품 매대를 찾았다. 삼각김밥과 햄버거 등이 채워져 있는 걸 보고 구매를 했다. 물론 처음에는 폐기가 엄청났다. 하지만 꾸준하게 포기하지 않고 계속 투자했다. 그렇게 3개월 정도 지나자 손님들이 늘어나면서 매출이 점점 회복되기 시작했다. 그동안 여러 개의 점포를 운영하면서 나 스스로 다짐하는 발주 철학은 '폐기는 있어도 결품은 없다'는 것이다.

낚시꾼이 빈 낚싯대를 던져서는 물고기를 잡을 수 없다

   몇 년 전 나에게도 큰 위기가 찾아온 적이 있다. 어느 날 본사에서 새로운 점포를 제안해왔다.

"경영주님, 대단위 아파트 내에 있는 매장인데요. 40평이에요. 대형점 한 번 해보실래요?"

"대형점이요?"

   지금도 그렇지만 국내 편의점에서 대형점포는 극히 드물었다. 이곳은 손님들이 매장 내에서 카트를 밀고 다닐 정도로 규모가 크다. 이전에 매장들과 비교해 두 배 정도 컸다. 하지만 내가 다섯 번째 경영하는 매장이기에 극복할 수 있다고 믿었다. 본사 역시 대형점이 처음인 상황이라 노하우가 많이 필요한 상태였다. 하지만 내가 용기 있게 해보겠다고 손을 들었다. 그래서 회사와 공동으로 K타입 매장을 오픈했다. 이 점포가 바로 '리더스인스빌' 매장이다. 당시 그 매장을 오픈하면서 본사와 전략을 세웠다.

'손님들이 마트에 가지 않고 우리 매장에서 원스톱 쇼핑을 할 수 있도록 한 자리에서 모든 걸 제공하자!'

그래서 일반 편의점 상품은 물론이고 농수축산 상품 등 대형슈퍼에서만 볼 수 있는 상품들을 모두 입고시켰다. 양파, 파, 두부, 과일, 고기까지. 대형아파트 단지 앞이라 어느 정도 반응이 있으리라 생각했다. 그런데 손님들이 관심조차 보이지 않았다. 왜일까? 편의점은 비싸다는 인식 때문이었다. 더욱이 리더스인스빌 매장 바로 옆에 마트가 있어서 더더욱 외면받았다. 그렇다 보니 폐기상품들이 엄청났다. 김밥이나 도시락은 물론이고 과일, 야채, 생선 등 폐기가 어마어마했다.

"그래, 내가 텃밭에서 키운 거로 생각하자. 내가 먹으면 되지!"

하지만 매일 먹기란 절대 쉽지 않았다. 집 냉장고가 폐기로 가득 차서 한때 집 반찬은 모두 폐기로 조리했다. 나중에는 그마저 여의치 않아 냉장고를 하나 더 살까 고민도 했다. 그 당시 리더스인스빌 매장 인건비로만 매월 400만 원 넘게 지출했다. 그런데 초기 1년 동안 매월 정산금이 180만 원, 어떤 달은 230만 원, 어떤 달은 280만 원이었다. 매장 운영은 전기세, 세금, 소모품비 등등도 만만치 않다. 그래서 오픈 후 초기 2년 동안 계속 마이너스 상태였다.

그러니 마음속에 여러 유혹이 다가왔다. '조금 시든 식품들은 할인해서 팔면 어떨까?' '하루 정도 더 팔면 어떨까?' 대형마트에 가면 조금 시들면 할인판매를 한다. 그런데 본사는 스스로 진열기한을 만들어 내부적으로 꼭 준수하고 있다. 'GS에 가면 과일이 항상 신선해'라는 인식을 주기 위해서다. 그래서 진열기한이 지나면 무조건 '폐기'가 원칙이다. 물론 본사의 철학을 이해하지만 폐기되는 상품들을 볼 때마다 여러 유혹에 시달리는 것이다.

당시 1차 상품 폐기 비용이 월평균 100만 원 이상이었고 3개월 합산하면 어떤 때는 500만 원이 넘는 때도 있었다. 그것도 원가로. 만약 소비자가로 계산하자면 그 금액은 정말 어마어마할 것이다. 그 비용을 보니 겁이 났다. 1차 식품은 그만 접어야 하나? 언제까지 이런 부담을 떠안은 채 유지해야 하나? 차라리 정해진 기간이라도 있다면 버텨보겠는데.

그러니 매일매일 나 자신과 싸워야 했다. 그때 나를 붙든 것은 단 하나였다. 만약 내가 여기서 접는다면 이 점포에서는 절대 농수산식품으로 성공할 수 없다. 즉 폐기 난다고 1차 식품을 주문하지 않는다면 앞으로는 팔 기회조차 없어진다. 그렇게 2년을 버티면서도 1차 식품을 계속 발주했다. 이후 본사와 계속 고민하고 서로 답을 찾으면서 1차 식품 운영에 대해 끊임없이 개선을 해나갔다.

드디어 3년 차에 접어들었을 때 손님들의 반응이 조금씩 달라졌다. 주부들도 카트를 끌면서 천천히 장을 보기 시작했고 퇴근 때는 남편들이 두부나 달걀을 사기도 하고. 점점 우리 점포를 인정하기 시작했다. 그때부터 매장 운영에 탄력을 받기 시작했다. 이후에는 중간 중간 계절식품을 판매하기 시작했다. 여름에는 수박 300통을 외부에 쌓아놓고 손님들을 상대로 호객행위도 하고 시식행사도 많이 했다.

또 김장철에는 배추 500포기를 쌓아놓고 팔기도 하고 꽃게철에는 꽃게를 쌓아놓고 팔기도 했다. 그러면서 1차 식품 매출이 정상 궤도에 올랐다. 지금은 리더스인스빌 매장에서 절대 없어서는 안 될 필수품목들이 되었다. 만약 당시 폐기 금액에 움츠려 들었다면 지금의 리더스인스빌 매장은 없었을 것이다. 비용이 아니라 투자라는 생각으로 버틴 결과였다. 당연히 매출은 저절로 따라왔고 어느 순간 돈 되는 점포가 되었다.

낚시꾼이 빈 낚싯대를 던져서는 물고기를 잡을 수 없다. 미끼가 있어야 고기가 덥석 문다. 그럼 미끼는 비용일까? 투자이다. 그런데 비용을 아깝다고 여기면 물고기를 영영 잡을 수 없다. 물론 미끼를 끼운다 해서 반드시 물고기가 잡히는 것은 아니다. 하지만 다시 올 가능성은 분명 존재한다. 그러니 비용이 아니라 투자라 생각해보자. 관점을 바꾸면 생각이 달라지고 매출이 달라질 수 있다.

끊임없이 공부하고 연구하라

옛 속담에 '구슬이 서 말이라도 꿰어야 보배'라는 말이 있다. 편의점 운영에 이만큼 적절한 속담이 또 있을까 싶다. 아무리 머리 싸매고 발주를 한들 주인을 만나지 못하면 그 상품은 구슬일 뿐 보배가 되지 못한다. 상품 구색 갖춤의 끝은 바로 손님을 유혹할 수 있는 '진열'이다.

편의점업계는 나름대로 진열 법칙과 공식이 존재한다. 브랜드별로 공통 원칙도 있고 또 약간의 차이도 있다. 오랜 시간 동안 터득한 노하우로 매장 진열과 연출을 한다. 진열 하나도 대충 하는 법이 없다. 보통 편의점을 처음 오픈하면 본사에서 개점요원들이 중분류별로 상품을 선별해서 그 점포의 사이즈에 맞게 진열을 해준다. 이를 표준 진열이라 한다. 그런데 표준은 표준일 뿐 내 점포 상권에 따라 바꿔주는 노력이 필요하다. 점포별로 상권과 고객층이 저마다 다르기 때문이다.

상품 진열은 과학이고 심리학이며 예술이다

남양주금곡점 초창기 시절, 편의점에 대해서 아는 바가 없으니 다른 곳은 어떤지 보고 다녔다. 일주일에 최소 두세 곳 이상은 꼭 방문했다. 주로 신규점과 매출이 높은 곳을 방문하면서 계속 상품을 봤다. 그때 눈에 띈 게 바로 '진열'이었다. 우리 매장과 매대 구성이나 상품 진열이 달랐다. 그 모습을 보고 표준진열을 벗어나서 조금씩 매대 구성과 상품위치를 바꿔나갔다. 그렇게 변화를 주자 매출이 조금 올라가는 것이다. 그렇다고 다른 점포의 진열이 정답은 아니었다. 그곳과 우리 점포는 매장 규모, 상권, 고객층이 전부 다르기에. 이후에는 우리 매장에 특성에 맞게 머리를 싸매며 진열방법을 연구하기 시작했다.

그 과정에서 재미있는 일도 많았다. 편의점 구조를 보면 포스 바로 맞은편 가장 눈에 잘 띄는 매대가 있다. 이를 '101매대'라 부른다. 이곳은 신상품과 시즌별 행사상품 등을 수시로 바꿔서 맞춰 진열한다. 그런데 모든 상품이 101매대에서 잘 팔리는 것은 아니다. 그래서 그럴 때면 신상품을 다른 곳으로 옮기기도 하고 자꾸 변화를 줬다.

"아니, 경영주님. 이렇게 진열을 마음대로 바꾸시면 어떡해요? 다 원칙이 있는 건데요."

"아무리 원칙이라도 그렇지요. 상품이 안 팔리는데요."

나는 안 팔리는데 왜 그 원칙을 따라야 하는지 이해할 수 없었다. 지금은 많은 경영주들이 표준진열을 기본으로 조금씩 유동적인 변화를 준다. 또 본사에서도 점포별 매출 상승을 위해 효과적인 진열에 대한 아이디어를 주기도 한다. 그런데 초창기 본사에서는 가급적 표준 진열에 대한 원칙을 따라주기를 바랐다. 그러다 보니 자꾸 OFC와 실랑이가 벌어졌다.

"경영주님, 이렇게 진열하시면 안 돼요. 다른 부서 사람들이 보면 저 엄청나게 깨져요. 원래대로 해주시면 안 되나요?" "그래요? 그럼 그분들 오시면 다시 원래대로 바꿔놓을게요. 대신 다녀가시면 다시 바꿀 거예요."

그렇게 상품 관련 담당자들이 오면 다시 조정하기도 하고. 지금은 이런 일이 없지만 예전 초창기에는 OFC님과 입씨름을 하기도 했다. 그렇게 몇 년간 진열에 계속 변화를 주면서 깨달은 사실이 있다. 상품을 처음 그 자리에 진열해서 잘 판매가 되면 그 자리가 명당이다. 그런데 7일, 10일이 지나도 전혀 움직이지 않는 경우가 있다. 그러면 자리가 잘못된 것이다. 그것을 통해서 상품마다 명당이 따로 있다는 것을 알게 되었다. 풍수 지리적으로 명당이 있듯이 상품도 명당을 찾아주는 노력이 필요하다. 그런데 두 번 세 번 진열자리를 바꿔도 부진하면 그 상품을 커트해야 한다. 신상품은 얼마든지 계속 입고되니까 말이다.

고객이 물건을 직관적으로 쉽게 찾을 수 있어야 한다

남양주금곡점을 운영하면서 나름대로 노하우가 많이 쌓이게 되었다. 이후에는 새로운 매장을 오픈하면 3개월 동안 상권과 주요 고객층을 열심히 파악했다. 그리고 상권과 객층에 따라 물건 구성과 진열을 다르게 했다. 주택가 편의점에서 아침에 20대 아가씨들이 많이 찾을 때는 초콜릿, 다이어트 음료, 비타민 음료를 전진 배치하고 젊은 층이 많은 아파트 단지에서는 아기들이 좋아하는 상품으로 세팅한다. 반대로 같은 아파트라도 연령층이 높은 곳은 라면번들과 생수번들을 선호하기에 매장 밖에 일부러 쌓아두는 연출을 한다. 이처럼 각 고객층에 맞춰서 포인트를 맞춰주는 것이다.

또한 편의점 진열은 '직관성'이 있어야 한다. 만약 손님이 "어디에 있어요?"라고 묻는다면 실패다. 손님이 많든 적든 편의점은 물건이 어디 있는지 쉽게 찾을 수 있어야 한다. 설명하지 않아도 뭐는 어디에 있고 뭐는 어디 가야 하는지 손님 스스로 척척 찾아낼 수 있어야 한다.

그리고 행사별, 계절별, 시기별로 진열에 변화를 주기도 한다. 매달 행사가 갱신되고 그 행사에 따라 상품 진열이 달라진다. 그래서 월말과 월초가 가장 번잡하다. 그때가 되면 나와 근무자들이 이리

저리 바쁘게 뛰어다닌다. 또한 계절에 따라서도 상품 진열에 변화가 필요하다. 여름에는 팔도비빔면 매출이 높기에 상단에 배치하고 겨울에는 너구리 같은 국물류 판매가 높다. 이런 부분을 잘 관찰해서 계속 위치를 바꿔줘야 한다. 그렇지 않으면 1년 내내 비빔면이 매대 좋은 곳에 위치해 있고 1년 내내 너구리가 그 반대로 제일 좋은 위치에 있을 수도 있다. 그러면 절대 매출은 올라가지 않는다.

또 상품과 상품을 연관성 있게 배치하는 것도 중요하다. 우리 매장은 전국에서 제일 먼저 의약품을 도입했다. 그런데 고객 중 몇 분이 크리스마스 시즌에 콘돔을 잡는 걸 쑥스러워하는 것이다. 그래서 콘돔 옆에 초콜릿을 함께 진열했다. 그 결과는? 물론 기대 이상이었다. 이처럼 진열이 조금만 달라져도 매출 차이가 난다.

그런가 하면 생뚱맞은 진열이 효과가 있을 때도 있다. 한번은 담뱃값 인상으로 재고가 부족하여 진열장이 텅텅 빈 적이 있었다. 그런데 카운터 바로 뒤편이고 가장 잘 보이는 곳이라 신경이 쓰였다. 저 공간을 살릴 방법이 없을까? 그래서 목에 좋은 다양한 캔디류로 가득 채웠다. 어땠을까? 일반 손님은 물론이고 담배를 찾는 손님들도 뜻밖에 집어드는 분들이 많았다. 그 결과 뜻하지 않게 캔디류의 평소 대비 매출이 몇 배 상승했다. 그동안 여러 매장에서 수백 수천 가지의 상품들을 진열하면서 느낀 사실이 있다.

'진열은 과학이고 심리학이기도 하고 예술이다.'

상품 스스로 고객에게 말할 수 있어야 한다

"그럼에도 더 특별한 진열방법은 없나요?"

많은 분들이 묻는다. 하지만 나 역시 대단한 방법이 있는 것은 아니다. 다만 한 가지 원칙은 '상품 스스로가 고객에게 말할 수 있어야 한다'이다. 그래서 시선을 끌기 위해 소품이나 도구를 자주 활용해 연출하는 편이다.

언제가 여름 시즌에 삼계탕을 많이 발주했다. 어떻게 하면 손님들에게 많이 알릴 수 있을까? 수많은 상품 중에서 눈에 확 튀게 하려면 뭔가 연출이 필요했다. 그러다 인터넷에서 문구 완구용품 몰에서 10센티미터 크기의 기다란 노란색 닭 모형을 발견했다.

'그래~ 삼계탕이니 닭을 걸자!' 그래서 그 모형을 삼계탕 옆에 내걸었다. 그런데 내가 예상한 것보다 손님들의 반응이 아주 좋았다. 어떤 손님들은 인형을 만져보기도 하고 어떤 손님은 달라고 하기도 하고. 그렇게 닭 인형이 시선을 확실히 끌었다. 그 결과 매출이 2배 이상 상승했다.

여름에 많이 찾는 상품 중 하나가 아이스커피다. 더 많이 판매할 방법이 없을까? 그래서 생각한 것이 '아이스커피 스티커'였다. 보기만 해도 시원하게 느껴지는 홍보물을 사람 키만큼 아주 크게 제작했다. 그리고 그 스티커를 출입문 한쪽에 아주 대문짝만하게 부착했다. 그러자 그다음 날부터 아이스커피를 찾는 사람들이 많아졌다. 여름에 무덥고 갈증이 나는 순간, 시원한 아이스커피 스티커를 보면 어떨까? 당연히 마시고 싶을 것이다. 바로 이 때 스티커가

삼계탕 진열 모습 　　　　　　　　　　　아이스커피 스티커

고객을 유혹하는 역할을 하는 것이다. 그 결과 전년 대비 세 배 이상 매출이 증가했다. 비용 대비 효과가 아주 짱이다. 스티커 하나 붙였을 뿐인데.

얼마 전에도 남양주금곡점에 GS25가 야심차게 준비한 커피 장비가 새로 도입되었다. 기존보다 고가의 수입 장비로 보기에도 엄청 비싸 보였다. 거기에 질 좋은 원두, 컵 디자인도 너무 세련되어 1,000원이라는 돈으로 먹기에 미안할 정도였다. 그래서 좀 더 효과를 주자는 의미로 홍보물을 붙이고 포스 밑을 연출하니 고객 반응이 아주 좋아졌다. 아침마다 커피를 뽑아 가는 고정고객이 50명이 넘었다. 그뿐만 아니라 와플과 도넛의 매출도 덩달아 상승했다. 작은 홍보물이라도 어떻게 연출하느냐에 따라 충분히 고객을 유혹할 수 있다.

확신이 서면 파워진열로 확실하게 고객을 유혹하라

두 번째로 내가 자주 사용하는 방법은 '파워진열' 연출이다. 한때 꼬꼬면이 엄청나게 인기가 있었다. 이경규의 꼬꼬면이 나왔을 때 많은 경영주들이 이런 생각을 했다. '일시적인 유행일 거야. 라면은 아직 신라면이 최고야. 발주를 많이 해서 안 팔리면 악성 재고잖아. 반품 한도도 얼마 안 되는데.' 그런데 나는 생각을 달리했다. '시식을 통해서 이미 맛이 검증됐어.'

오히려 한두 개가 아니라 좀 더 많이 판매할 방법이 없을까를 고민했다. 그때 예전에 의류 판매장 운영 시 벤치마킹 차 백화점에 갔던 기억이 떠올랐다. 똑같은 상품도 가판대 앞에 쌓여 있으니 더 저렴해 보이고 호기심에서 다들 모이는 것이다. 그 모습에 힌트를 얻어 점포 밖에 라면을 번들로 싸놓고 판매해보자 싶었다. 그래서 꼬꼬면 대량발주 후 OFC님과 상의를 해서 홍보물을 만들고 판매가 인하를 본사에 요청했다.

그리고 매장 외부에 꼬꼬면을 박스로 쌓아놓기 시작했다. 어땠을까? 손님들의 반응이 정말 폭발적이었다. 요즘에는 편의점 외부에 물건이 쌓아져 있는 모습이 흔하다. 그런데 5년 전만 해도 그런 경우가 드물었다. 본사에서 공통으로 진행하는 메이저 행사를 제외하곤 외부 가판행사가 없었다. 그런데 남들이 안 한다고 하지 말라는 법이 있나. 안 하면 내가 먼저 하면 되지. 손님들이 그 모습에 다들 눈이 휘둥그레졌다. 처음 보는 풍경에 너무 신기해하는 것이다.

그러면서 꼬꼬면이 엄청나게 많이 팔렸다. 이후 4개의 모든 점포에서 번들판매에 들어가고 수개월 동안 1만 개 가까이 판매되었다. 그뿐만 아니라 이 꼬꼬면을 통해서 고객들에게 '편의점이 오히려 더 싸네'라는 인식까지 심어주었다. 가격의 문턱을 낮춰주는 효과까지 톡톡히 본 셈이다. 이렇게 시작된 라면번들 판매가 GS25 내 우리 영업팀으로 확대되었고 이후 전국으로 퍼져 나갔다.

그 이후 파워진열에 대한 자신감이 생겼고 다른 상품들에도 하나 둘 적용해나가면서 매출상승에 큰 도움이 되었다. 지금도 기억나는 상품이 바로 '바나나'이다. 바나나는 남녀노소 누구나 좋아하는 과일이었다. 그런데 판매가 늘 저조했다. 9개들이 1상자를 주문하면 4~5개는 항상 폐기였다. 그래서 포기를 했다. '바나나가 몸에 아무리 좋다고 광풍이 불어도 안 팔리는구나.' 그러던 어느 날 OFC님에게서 제안이 왔다.

"경영주님, 이번에 정말 품질이 좋은 바나나가 입고되었는데 폐기 지원을 더 해줄 테니 공격적으로 판매해보실래요?"

그 말을 듣자 귀가 솔깃했다. 당시 바나나 한 송이 판매가격이 3,000원이었는데 폐기를 지원해준다는 말에 대량발주했다. 그리고 바나나 한 송이 한 송이를 투명한 랩으로 포장해서 30~40송이를 매장 밖에 가득 쌓아두었다. 그런데 놀랍게도 그렇게 안 팔리던 그 바나나가 하루에 완판된 것이다. 나 역시 전혀 예상치 못한 결과였다. 그렇게 시작된 바나나 행사가 다른 점포로 퍼져 나갔고 우리 팀 전체 바나나 매출이 작년 대비 000 상승했다. 이후 본사에서 그 가능성을 확인한 후 전국 모든 점포에서 퍼져 나갔다. 그때 또

한 번 '파워 진열의 힘'을 느꼈다.

또 한 번은 겨울 들어 매출이 주춤한 때가 있었다. 좋은 방법이 없을까? 그러던 중 OFC님이 지방에서 프링글스를 파워진열로 매출을 많이 끌어 올렸다는 이야기를 전해줬다. 그러면서 행사 사진을 보여주는 것이다. '아, 이렇게 팔 수가 있구나. 우리도 한번 해볼까?' 그래서 4가지 맛을 종류별로 100개씩 주문해서 외부에 산처럼 쌓아두었다. 그리고 OFC에게 매가 인하 요청해서 5,000원으로 책정했다. 그 결과 어땠을까? 프링글스는 나름 고가의 상품이라 1주일에 3~4개 정도 팔리는 상품이었다. 그런데 외부에서 파워진열 후 판매량이 000퍼센트 상승했다. 파워진열을 통해서 좀 더 풍성하게 진열하자 매출은 상상 이상이었다.

앞에서 언급한 상품 이외에도 지난 14년 동안 여러 점포에서 수십 가지의 상품을 파워진열을 통해서 판매했다. 똑같은 상품도 어떻게 연출하느냐에 따라서 지나가는 단순 유동 고객도 유혹해서 매출로 연결될 수 있다. 4~5년 전 본사에서 서비스총괄 팀장이던 ○○○ 부장님의 강의를 들은 적이 있었다. 편의점 앞을 지나가는 수많은 사람 중에서 우리 점포에 실제 들어오는 비율은 5퍼센트밖에 되지 않는다는 것이다. 그런데 만약 고객의 입점률을 1퍼센트만 더 높여도 매출은 20퍼센트 이상 올라갈 수 있다는 것이다. 나는 파워진열을 직접 경험해보면서 그 말씀의 의미를 깊이 공감할 수 있었다. 편의점은 과학이다.

파워진열을 한 모습

진열에는 왕도나 정답은 없고 오직 고객 선택이 전부다

파워진열이라 해서 무조건 쌓아놓는다고 끝나는 것이 아니다. 행사 때마다 벤딩해야 될 것도 많고 가판대로 물건도 전부 옮겨야 하고 고객들의 시선을 끌기 위한 홍보 POP도 계속 고민해야 한다. 또 눈이나 비가 올 때면 더욱 신경 써서 관리해주어야 한다. 어찌 보면 노동력의 싸움이라 할 수 있다. 하지만 이런 노력과 열정이 바로 매출로 연결되는 것이다.

하지만 내가 시도한 진열방법이 꼭 정답은 아니다. 진열에는 왕도나 정답은 존재하지 않는다. 중요한 것은 바로 손님에게 선택을 받는 것이다. 간혹 온라인 카페에 우리 매장의 모습을 사진으로 찍어 올릴 때가 있다. 많은 분들과 좋은 노하우는 공유하자는 의미에서. 그런데 우리 매장의 상품 구색과 매장 연출을 보고 많은 분들이 부러워한다.

파워진열을 한 모습

혹자는 '편의점 박사'라고 치켜세우는 분들도 있다. 하지만 이는 과찬이다. 나는 그저 고객의 선택을 받는 데 집중했을 뿐이다.

어떤 분야이든지 매일 3시간 이상을 10년 정도 연구하고 고민하면 전문가가 된다고 한다. 나 역시 지난 10년 동안 매일 발주에 서너 시간 투자하니 나도 모르게 상품 구색에 노하우가 많이 쌓인 것뿐이다. 누구나 점포 환경에 맞추어 연구하고 많은 시간을 할애하며 노력하다 보면 점포에 적합한 구색과 진열을 찾아낼 수 있다. 처음부터 완벽하게 만들 수 없겠지만 한 걸음 한 걸음 나가면 된다. 부단히 쉬지 않고 끊임없이 고민하고 연구하고 모방하면 된다. 그것밖에 달리 방법이 없다. 편의점은 끊임없이 공부하고 연구해야 하는 직업이다.

3장
장사꾼이 되지 말고
장인이 되자

승리의 월계관은 금방 시든다는 것을 기억하라

인생이든 사업이든 항상 복병이 있는 듯하다. 호프집 초창기 시절, 매출 부진으로 고생하다 '아무거나'란 메뉴로 정상궤도에 올랐다. 그 당시 손님들이 매장 밖에서 줄 서서 기다릴 정도로 장사가 잘되었다. 그 모습을 보면서 '이제 고생 끝'이라 생각했다. 그런데 그 순간 복병이 나타났다. 바로 아래층에서 라이브카페가 들어선 것이다.

원래 1층은 의류 매장이었는데 우리 점포가 잘되는 걸 보고 업종을 전환한 것이다. 그런데 옆 건물도 아니고 바로 아래층에서 하다니. 자신도 좀 미안했던지 나를 찾아와서 "우리 가게는 병맥주만 팔려고요." 하는 것이다. 괘씸했지만 1,2층 사이로 안면이 있던 터라 꾹 참았다. 장사라는 것도 상도덕이 있는데……. 그때부터 우리 매장에 손님들이 점점 줄어들기 시작했고 나 역시 속이 타들어갔다.

그런데 한 달 후 다시 찾아왔다. "아무래도 장사가 안 되니 생맥주도 함께 팔아야겠어요." 하고 선전포고를 하는 것이다. 그때부터 혈압이 수직으로 상승했다. 일단 라이브카페는 1층이라 진입이 쉬웠다. 거기에 음악 소리가 쿵쾅쿵쾅 들리니 손님들도 "어, 저기 뭐야? 오늘은 저기 한번 가볼까?" 호기심이 생기는 것이다. 그러다 보니 우리 매장에 손님이 점점 줄어들었고 3개월 정도 손님이 아예 없었다.

그러니 내 마음이 어떻겠는가. 매일 머리를 싸매고 누웠다. 그때는 주변 모든 사람이 다 싫었다. 혼자 잘살겠다고 1층에 업종 변경한 사람도 미웠고 건물주도 원망스러웠다. 원래 한 건물에 동일업종은 불가했다. 그 내용이 계약서에 명시되어 있었다. 그걸 알고도 건물주는 묵인한 것이다.

'어떻게 사람들이 그럴 수 있어?'

매일 밤 분노하면서 건물주에게 소송을 걸어서 끝장을 보겠다는 생각뿐이었다. 밤마다 남편에게 푸념과 한숨을 늘어놓았다. 그때마다 남편은 묵묵히 내 이야기를 들어주며 나를 위로했다.

위기가 기회다

"장사할 생각이면 여기서 그만두고 경영할 생각이면 일어나!"

어느 날 남편이 더 이상은 안 되겠다고 생각했는지 한마디 던졌다. 그리고 나에게 1억 원을 내밀었다. 2000년대 초반 당시 남편은 벤처회사에 재직 중이었는데 우리 사주를 가지고 있었다. 그러다 벤처 광풍이 불면서 그 주식이 수십 배가 올랐다. 내가 남을 계속 미워하고 자꾸 부정적으로 변해가는 모습이 너무 안타까웠던 것이다. 그때 1억 원을 받으면서 내가 정말 이를 악물었다.

"그래, 당신 내 밑에서 1년만 장사해봐라! 라이브카페를 기필코 이기고 말겠어."

당시 나는 돈을 많이 벌어서 빌딩을 사겠다는 생각 같은 건 없었다. 무조건 1층을 이기는 것이 나의 유일한 목표였다. 내 성격이 원래 목표를 정하면 무조건 직진이었다. 묻지도 따지지도 말고 무조건 앞만 보고 달리는 편이다. 그때부터 매일 어떻게 하면 그 경쟁점을 이길 것인지만 골몰했다. 그리고 40평 점포를 120평으로 확장하면서 1억 원을 남김 없이 다 써버렸다. 그리고 수면시간을 하루 서너 시간으로 줄이며 매장에서 거의 살다시피 했다. 직원들 서비스 교육을 더 철저히 하고 새로운 메뉴를 개발하는 등 여러 시도를 해나갔다.

지금도 기억에 남는 게 병맥주 가격이었다. 사실 라이브카페는 생맥주 판매로는 답이 안 나온다. 병맥주에서 남겨야 수지타산이 맞는다. 당시 가장 잘나가는 맥주가 카프리였는데 1층에서

8,000원에 판매했다. 거기에 착안해서 우리 매장에서 카프리 가격을 1,500원으로 낮춰버렸다. 그때 생맥주 한잔이 1,500원이었으니 손님들이 화들짝 놀라는 것이다. 어떻게 그 가격에 가능하냐고? 그때는 돈을 남기겠다는 생각보다 1층을 이기는 것이 우선이었다. 또 나는 안주를 함께 판매하니 카프리에서 수익이 남지 않아도 상관이 없었다. 그리고 건물 외벽에 '카프리 1,500원'이라는 현수막을 아주 크게 걸었다.

그러니 경쟁이 되겠는가. 손님들이 우리 매장으로 몰려들기 시작했다. 그러자 매일매일 1층 주인이 나를 찾아와 현수막을 떼달라고 통사정을 했다. 하지만 절대로 물러서지 않았다. 그동안 내가 마음고생을 얼마나 했는데. 이후에도 여러 가지 동원을 했다. 포인트카드도 도입하고 칵테일 학원에 가서 새로운 메뉴를 배워오기도 하고 손님들을 위한 여러 가지 이벤트도 하곤 했다.

그렇게 2년이라는 시간이 흘렀고 결국 1층 라이브카페 사장님이 손을 들고 나갔다. 돌아보면 그 시절 내가 그렇게 직진할 수 있었던 것은 목표가 있었기 때문이다. 만약 그 시기에 그런 자극이 없었다면 좀 더 배짱을 부리다 중간에 흐지부지되었을지도 모를 일이다.

스스로 목표를 세우고 전력질주하라

나는 무슨 일을 시작하면 항상 목표를 세우는 편이다. 그래야 내가 힘을 받아서 뛸 수 있으니. 목표는 나를 달리게 하는 가장 큰 원동력이다. 편의점 1년 차로 너무 절실했던 그 시절에 앞서 말했던 세 가지 목표를 세웠다.

'첫째, 2년 안에 최고의 점포를 만들겠다! 둘째, 서비스를 바탕으로 3년 안에 일매출 300만 원 찍는 점포를 만들겠다! 셋째, 5년이 되었을 때 회사 대표가 우리 점포 찾아와 밥을 사게 하겠다!'

이 세 가지 목표를 향해서 전력질주했다. 심지어 기러기 엄마를 자처하면서 그 목표를 위해 뛰고 또 뛰었다. 그 시절 나는 옆이나 뒤는 돌아보지 않았고 무조건 앞만 보고 달렸다. 그리고 그 목표를 달성한 이후 나는 또 다른 목표를 세웠다.

'전국의 모든 점포에서 매출 상위 10퍼센트 안에 들겠다.' '본사에서 나를 잡게 만들겠다! 꼭 필요한 존재가 되겠다.'

그때부터 어떻게 하면 매출을 올릴 수 있을 것인가에 맞춰져 있었다. 그래서 본사에서 진행하는 신상품이나 행사상품에 특히 주목했다. 아무래도 행사상품은 많은 프로모션이 걸려 있기에 매출에 많은 도움이 되었다. 편의점은 항상 최소한 일주일 전에 공문이 내려온다. 9월 행사가 8월에 내려오면 미리 공부한다. 편의점은 공간이 좁기에 모든 행사를 다 할 수 없다. 그러니 선택과 집중을 해야 한다. 그래서 우리 매장에서 가장 높은 매출을 올릴 상품을 선택하고 방법을 연구했다. 신상품 매익률, 유사상품 매익률, 진열 방법까지 미리 어디에 놓을지 공부를 했다.

이런 유난스러운 성격 탓에 가장 힘들었던 사람이 담당 OFC였다. 다른 점포에 가면 홍보물부착, 행사 매대, 결품 발주 등 기본업무를 한다. 그런데 우리 점포는 이런 기본업무가 다 되어 있었다. 그리고 나는 항상 그 수준 이상의 질문을 던졌다. 그러니 OFC도 공부를 엄청나게 해야 했다. 또 주변에서 어떤 점포가 잘한다는 이야기가 들으면 어디든 꼭 찾아갔다. 한번은 경주 00지점, 경영주님이 운영능력이 뛰어나다는 소문이 귀에 들어왔다. 너무 궁금했다. 그래서 새벽 4시에 일을 마친 후 경주행을 결심했다. 혹시나 하는 마음에 OFC에게 연락을 했다.

"저 경주 갈 건데 같이 가실래요?" "네. 좋습니다."

그래서 남동생과 함께 세 명이 경주로 갔다. 그곳에서 그 경영주님이 점포에서 열정적으로 일하시는 모습을 지켜봤다. 당시 크리스마스 시즌이었는데 한복을 입고 점포 밖에서 케이크를 판매하시는데 그 모습이 너무 인상적이었다. 그때 또 한 번 깨달았다.

"아, 열정적으로 일하는 분들이 정말 많구나. 내가 좀 더 열심히 해야겠다."

하이에나처럼 목표에 올인하라

이후에도 서울, 경기 지역은 물론이고 대구, 광주, 인천 등 지역 상관없이 운영 잘하는 점포를 직접 찾아갔다. 그래서 잘되는 방법은 우리 매장에서 적용해보았다. 그렇다고 똑같이 하기는 싫었다. 자존심이 상해서. 플러스 알파를 해서 나만의 방법을 찾아 나갔다.

그렇다고 물론 모든 점포가 100퍼센트 완벽한 것은 아니었다. 그럴 때면 저 부분은 놓치지 말아야겠구나 생각하기도 했다. 어디를 가든 항상 배울 점이 있었다.

한번은 지하철 7호선 하계역에서 위탁매장을 운영할 때였다. 당시에는 지하철공사에서 전력이 부족하다고 해서 매장에 꼭 필요한 전원만 공급되었다. 그러다 보니 겨울에 너무 추웠다. 아침에 와보면 베지밀이 얼어 있었다. 그 정도로 열악했다. 정말 추울 때는 근무자들이 귀마개를 하고 있어도 동상에 걸릴 정도였다. 그 상황에서 조그만 난로 하나로 견뎠다. 그런데 날씨가 추운 날은 난로도 별 소용이 없었다. 그런 곳에서 매출을 끌어올리기 위해 갖은 노력을 했다. 하지만 아무리 발버둥을 쳐도 목표매출이 나오지 않는 것이다.

그래서 생각한 것이 영업시간 늘리기였다. 원래 본사에서 정해준 영업시간은 6시 반 오픈에 밤 12시 폐점이다. 그런데 우리 스스로 영업시간을 오히려 늘려 새벽 5시에 문을 열고 자정까지 영업했다. 지하철은 5시 반에 첫차가 들어온다. 그럼 5시에 나가서 미리 준비하고 손님을 기다리는 것이다. 사정이 이렇다 보니 눈이 온다는 소식만 들리면 남편이 노원 찜질방에서 잠을 자고 아침에 일어나서 문을 열었다.

그 모습을 보고 주변 사람들은 다들 혀를 찼다. 하지만 내가 설정한 목표를 어떻게든 이루고 싶었다. 그래서 주변에서는 나를 보면 '하이에나'가 떠오른다고 했다. 목표를 정하면 무서울 정도로 올인하니. 그 이후로도 크고 작은 나만의 목표를 세워나갔고 그 덕분에 내가 목표한 바는 다 이룰 수 있었다. 많은 경영주님이 내게 묻는다.

"경영주님 이렇게 힘든 걸 1~2년도 아니고 어떻게 14년 동안이나 하고 계신 거예요?"

"그러게요. 제가 왜 그랬을까요?" 하고 그냥 웃어넘긴다. 솔직히 이렇게 오랫동안 하리라고 전혀 생각지 못했다. 다른 분들과 똑같았다. 아니 그 누구보다 포기하고 싶었다. 그럼에도 중도에 포기하지 않았던 건 '목표'가 있었기 때문이다. 그래서 힘들어하는 분들에게 스스로 목표를 세워보시라고 말씀을 드리는 편이다. 그리고 그 목표를 위해 전력질주하시라고.

생각해보자. 처음부터 100미터를 15초에 뛰겠다고 생각하는 사람과 30초에만 뛰겠다고 생각하는 사람 중 누가 원하는 바를 이룰 수 있을까? 두 사람의 출발점이 같을까? 다를까? 후자는 30초에 뛰면 된다는 생각으로 처음부터 전력질주를 하지 않는다. 이렇게 되면 50초가 되도 못 간다. 하지만 전자는 전력질주하면 최소한 16초에 갈 수도 있다. 그러니 지금 힘든 시기를 보내고 있는 분들이라면 스스로의 도전적인 목표부터 먼저 점검해보셨으면 한다.

세상에서 가장 좋아하고
사랑하는 단어 '프로'

내가 50년을 살아오는 동안 가장 좋아하고 사랑하는 단어가 하나 있다. 바로 '프로'라는 단어이다. 이 두 글자는 내가 더 열정적으로 일할 수 있는 에너지다. 처음 제천에서 여행 가이드 생활을 시작했을 때였다. 당시 나는 사회 생활만큼은 1등을 하고 싶었다. 내 분야에서 인정받고 싶었고 '최고'라는 소리를 듣고 싶었다.

그런데 안타깝게도 여행 가이드가 적성과 전혀 맞지가 않았다. 음주가무도 하지 않고 또 타고난 예능감도 없고 누구 하나 도와주는 사람이 없었다. 그렇다 보니 살아남기 위해서 나의 부족함을 어떻게든 채워야 했다. 그래서 손에 잡히는 대로 공부를 하고 공부가 안되면 몸으로 때워야 했다. 때로는 공부하다 힘들면 스스로에게 암시했다.

"나는 프로야. 나는 프로야. 너는 잘할 수 있어."

비록 실력은 프로는 아니지만 프로라는 단어로 나 스스로에게 계속 암시했다. '프로'라는 단어는 살아남기 위한 나의 외침이었다. 프로는 어떤 상황에서도 자신의 일을 잘 마무리 하는 사람이라 생각했다. 그래서 내가 맡은 일은 처음부터 끝까지 책임을 져야 한다고 믿었다.

마법의 주문 "나는 프로다. 프로다. 프로다!"

한번은 아침에 출근길에 뛰어가다 맨홀 뚜껑에 빠진 적이 있다. 발을 30바늘을 꿰맸다. 다리를 절뚝거리며 출근했다. 그런데 하필이면 다음날 3박 4일 수학여행이 예정되어 있었다. 내가 그들을 인솔하면서 관광지는 물론이고 숙박과 식당 등을 돌아다니면서 비용을 계산해야 했다. 그런데 다리를 절뚝거리면서 그 일정을 소화할 수 있는 상황이 아니었다. 회사에서도 차마 뭐라 강요할 수도 없고 난감해했다.

하지만 나는 맡은 일이고 기다리는 손님이 있으니 가야 한다고 생각했다. 그래서 3박 4일 동안 다리를 절뚝거리면서 그 일정을 다 소화했다. 여행을 다녀와서 붕대를 풀었다. 그런데 꿰맨 부분이 다 벌어져 있어서 상황은 더 나빠져 있었고 다시 꿰매야 했다. 의사는 나의 미련스러움을 탓했다. 어떻게 이 상태로 돌아다닐 수가 있느

나며.

하지만 그때는 아픈 것보다 이 여행을 잘 마무리해야 한다는 생각이 먼저였다. 그래야 내 마음이 편한 것이다. 그 시절 내가 버틸 수 있었던 것은 '프로'라는 단어의 힘이었다. 이후에도 항상 프로라는 마음으로 일에 전념했고 그 덕분에 "젊은 친구가 일 하나는 정말 야무지게 잘한다"고 인정받게 되었다.

그 이후에도 항상 내 곁에는 '프로'라는 단어가 함께했다. 호프집 운영 시절, 나는 직장인이 아니고 사장이었다. 그러면 내가 하는 모든 일을 완벽하게 마스터해야 한다고 생각했다. 주방이면 주방, 청소면 청소. 어디를 가더라도 내 역할을 잘해내야 한다고 다짐했다. 내가 맡은 모든 일에 완벽해야 한다고 믿었다. 그래서 출근하면 가장 먼저 공용 화장실부터 청소를 시작했다. 당시 2층에서 공용화장실을 사용했는데 아무래도 깔끔하지 않고 지저분한 것이다. 그 모습이 내 성에 차지 않았다.

또 화장실은 손님들이 가장 예민하게 생각하니 다시 청소했다. 좀 더 깨끗한 분위기를 주기 위해 화장실 문도 시트지 사서 붙였고 2층 올라오는 계단도 청소했다. 주방에서도 마찬가지였다. 혼자서 주방을 담당하던 시절, 주말에 간혹 손님이 몰리다 보면 안주가 20개씩 밀렸다. 빠른 시간 내에 그 많은 주문을 해내야 했다. 그 순간 조금이라도 딴생각을 하면 사고가 난다. 내가 칼을 잡고 있기에. 그래서 안주 만들기 전에 "나는 프로다. 프로다. 프로다." 10번을 외치고 시작했다. 이후 점포가 어느 정도 자리가 잡힌 후에는 주방장을 채용하고 다시 보조를 채용했다.

그러다 보니 몸이 조금 편해졌다. 처음 며칠은 아주 좋았다. 그러다 어느 순간 불안했다. '내가 이렇게 살아도 되나? 이렇게 편해도 되나?' 그래서 남편에게 말했다. "여보, 나 이러다 벌 받는 거 아니야?" "왜?" "아니, 내 몸이 이렇게 편하니 이상해. 내가 이래도 되나?" 돌아보면 나 스스로 참 많이 괴롭혔던 것 같다. 어떻게 보면 너무 지나치다고 할 수 있을 것이다. 그런데 그 덕분에 내가 하는 일에 더 애정을 쏟았던 듯하다.

심지어 호프집을 정리하는 마지막 밤에도 주방 바닥을 솔로 다 닦았다. 그리고 새벽시장에 가서 재료를 모두 사입해 냉장고를 꽉 꽉 채워줬다. 일주일 장사를 해도 끄떡없을 정도로. 물론 술도 포함해서. 그러자 근무자들이 다들 깜짝 놀라는 것이다. "사장님 호프집 팔았는데 왜 그러세요?" 그런데 나는 다음 주인에게 '전지현'이라는 사람이 관리를 잘해서 자신도 장사가 잘된다는 소리를 듣고 싶었다.

프로는 99퍼센트가 아닌 100퍼센트에 도전한다

편의점을 운영할 때도 마찬가지였다. 힘든 일이 닥치면 '나는 프로야!'라는 생각이 먼저였다. 프로는 언제나 위기 순간에도 자신의 자리를 지키며 일을 잘 마쳐야 하는 게 당연하다 여겼다. 편의점 시작 후 6개월쯤 되었을 때였다. 퇴근길에 신호등에 걸려 잠시

정차 상태였다. 그런데 뒤차가 세게 박은 것이다. 얼마나 세게 달려왔는지 서 있는 상태에서 큰 충격을 받아 아무 말도 나오질 않았다. 나가고 싶어도 문이 안 열렸다. 그때 사고가 얼마나 심각했던지 차가 거의 반파되었다. 그나마 다행인 것은 정지 상태에서 당한 사고라 뼈가 부러지는 정도로 큰 부상은 없었다. 하지만 교통사고라는 게 후유증이 더 크다고 병원에서는 당장 입원을 권유했다.

하지만 편의점 6개월 차였다. 매출이 바닥인 상황에서 내가 매장을 비울 수는 없었다. 그래서 일단 입원한 후 외출증을 끊어서 8시간 근무를 했다. 그리고 다시 병원에 가서 주사 맞고 그렇게 일주일을 견뎠다. 그 모습에 의사도 고개를 흔들었다. 거의 포기 상태였다. 결국 퇴원해서 매장을 지켰다. 그런데 당시 내가 사고당한 걸 아무도 몰랐다. 근무자들조차도. 또 본사 누구에게도 사고 소식을 알리지 않았다. 아마 지금 같으면 "저 사고 났어요. 어떻게 좀 해주세요?" 했을 텐데.

그때는 회사에서 해줄 수 있는 일이 아무것도 없을 것으로 생각하고 아무 말도 하지 않았다. 지금 GS25에는 '엔젤서비스'라는 제도까지 있어서 경영주들이 건강문제나 경조사 등 급한 사정이 생겨 점포 문을 열지 못할 때 본사 직원이 파견 나와 대신 매장 운영을 지원해준다. 하여튼 사고를 당하고서도 매장에 와서 아프다는 소리 안 하고 묵묵히 일에 전념했다. 그때 내 생각은 오로지 하나였다. '나는 프로다. 나의 본분은 경영주다. 나는 아파도 편의점에서 아프겠다. 내가 아니면 안 된다'는 생각이 강했다. 생각해도 내가 참 독한 구석이 있는 듯하다.

그런 마음으로 점포를 운영했으니 오죽했겠는가. 편의점은 3~4개월 간격으로 점포에 있는 모든 상품에 대해 재고조사를 한다. 그러면 전산상 데이터와 실제 점포에 남아 있는 상품에 차이가 발생한다. 포스에서 계산을 실수할 수도 있고 근무자나 혹은 손님들이 슬쩍 하는 경우도 있다. 그렇다 보니 '0'으로 맞아떨어지지가 않는다. 그런데 그 상황을 견딜 수 없었다. 재고조사를 하면 A부터 Z까지 0으로 완벽하게 맞아떨어져야 했다. 그래야 마음이 편했다. 그래서 재고조사에서 로스가 발생하면 무조건 내 돈으로 메웠다. 그러자 OFC가 펄쩍 뛰며 반대를 하는 것이다.

"경영주님, 자꾸 왜 그러세요? 그냥 로스 처리하면 원가로 해결할 수 있는데. 굳이 소비자 가격 정가로 사면 경영주님이 손해예요. 제발 그러지 마세요."

하지만 나는 스스로가 용납이 안 되었다. 매장에 경영주가 하루에 열 몇 시간 근무를 하는데 어떻게 상품이 로스가 발생할 수 있지? 물론 주변에서 그런 이야기를 하는 사람은 아무도 없다. 나 혼자 상상을 하는 것이다. 이유야 어찌 되었든 경영주가 10시간 이상 있는데 로스가 난다는 것은 관리소홀이라 생각했다. 본사에서 물건을 준 건데 내가 관리를 못 한 게 아닌가. 그래서 무조건 내 돈으로 다 메워야 직성이 풀렸다. 그런데 그렇다 보니 계산도 더 신경쓰게 되고 재고관리에도 관심을 기울이고 상품 분실을 막기 위해서도 더 노력하게 되었다.

또 직영점보다 가맹점이 점격이 더 높아야 한다고 당연히 생각했다. 가맹점은 내 개인사업이다. 하지만 직영점은 본사에서 운영하기에 그곳 사람들은 직원 마인드다. 직영점 직원은 정해진 시간에 출퇴근하고 휴일에 다 쉬고 8시간만 근무해도 월급이 나온다. 더욱이 회사라는 울타리가 있기에 그리 절박하지 않다.

하지만 나는 개인사업자였다. 매출이 안 나오면 정산금이 적고 당장 생활하기가 어렵다. 그러니 직영점보다 오히려 가맹점은 모든 일에 최선을 다해야 하고 완벽을 기해야 한다고 여겼다. 그래서 서비스 모니터링 점수도 100점을 목표로 하고. 당연히 100점을 맞아야 한다고 여겼다. 그래서 실제로 12년 동안 모니터링에서 90점 이하 내려가본 적이 없다.

그래서 주변에서는 이런 지독한 관리에 혀를 내미는 사람들도 많았다. 꼭 그렇게까지 해야 하느냐? 물론 지금은 점격이나 재고조사 때 좀 더 마음의 여유가 생기긴 했다. '다음 달에 맞겠지. 물건을 제대로 못 세었나 보다.' 하고 조금은 여유롭게 대한다. 하지만 그런 과거의 시간들이 있었기에 지금의 모습도 있는 듯하다. 나 스스로를 다그치고 독하게 관리했기에 더 열정을 쏟아부었고 남들보다 빨리 궤도에 오를 수 있었다. 그래서 나는 프로라는 단어에 항상 감사하다.

매일 혁신하고 또 혁신해야 한다

편의점 3년 차에 우수점포로 선정되어 앞서 나간다는 일본 편의점 업체를 돌아볼 기회가 있었다. 그때 가장 인상 깊었던 게 바로 '빵 굽는 편의점'이 있었다. 매장에 들어갔을 때 빵 향기가 아주 좋았고 그 향기에 기분까지 행복했다. 또 빵의 종류도 다양하고 아주 맛있었다. 그때 이런 생각이 들었다.

'아. 우리나라 편의점에도 이렇게 빵을 팔면 좋겠다. 손님들이 진짜 좋아할 텐데…….'

그렇게 먼 나라 이야기로만 생각하며 아쉬워하고 있었다. 그러다 우연히 직영점을 갔는데 빵을 굽고 있는 것이다. 순간 가슴이 뛰었다.

'어, 우리나라에서도 하고 있네? 그런데 우리는 안 하지?'

지금이야 유명 프랜차이즈 빵집을 주변에서 흔하게 만날 수 있다. 하지만 2005년도 남양주 금곡에는 베이커리 전문점이 많지 않았다. 그러니 우리 매장에서 빵을 시작하면 분명 손님들이 좋아할 거로 생각했다. 빵 냄새에 손님들이 매장으로 들어올 수 있고. 그러면 추가 매출로 가능하고 이래저래 꼭 필요한 아이템이었다.

기존 제품만으로 만족하지 말고
신규 제품을 제안하라

나는 본사에 즉각 빵 도입 요청을 했다. 그런데 돌아온 건 거절이었다. 그 당시에는 보통 본사에서 새로운 아이템을 개발하면 먼저 직영점에서 테스트한다. 그 과정에서 개선점과 보완할 점 등에 피드백을 거쳐 어느 정도 데이터가 쌓이고 검증이 되면 가맹점으로 확대하는 것이 일종의 룰이었다. 그런데 아직 그 테스트가 끝나지 않았다는 것이다.

또 본사에서도 가맹점들의 운영능력에 약간의 의구심을 가졌다. 특히 매장에서 빵을 굽는 일은 나름 운영능력이 필요했다. 새벽에 냉동 생지가 배송이 되면 6시부터 발효 들어가서 해동하고 오븐에서 30~40분 구워야 한다. 거기다 포장도 해야 하고 손이 아주 많이 간다. 또 유통기한이 짧아서 그날 판매되지 못하면 무조건 폐기였다. 그래서 운영능력이 미흡한 경우 빵 굽는 일은 손만 많이 가고 오히려 마이너스가 되는 아이템이 되었다.

본사의 그 말도 어느 정도 이해는 되었다. 하지만 직영점에서 완벽히 테스트해서 언제 전국으로 퍼지겠는가. 그래서 계속 설득했다. "직영점에서 테스트하되 가맹점 중에서 운영능력이 있는 매장에서 먼저 테스트를 들어가면 시간을 단축할 수 있지 않겠습니까?" OFC님과 팀장님을 계속 졸랐다. 6개월이 넘게. 그러자 마지못해 허락했다. 그래서 전국에서 두 번째로 빵 굽는 매장을 시작했다. 남양주 금곡의 작은 편의점에서.

다행히 내가 원래 빵에 관심이 많았다. 또 우리 매장에서는 근무자들이 한 타임에 두 명씩 근무하기에 빵 굽는 일이 그리 어렵지는 않았다. 그렇게 우여곡절 끝에 매장에서 빵을 구워나갔다. 결과는 어땠을까? 손님들의 호응이 정말 뜨거웠다. 그동안 빵을 먹고 싶어도 살 곳이 마땅치 않았다. 그런데 가까운 편의점에서 굽는 빵을 구할 수 있으니. 빵 매출이 계속 올라가 매일 기록을 경신할 정도였다. 또 빵과 함께 우유, 음료수, 커피 등의 연관 구매로 추가 매출까지 따라주었다.

우리 점포에서 빵 굽는 것이 성공적으로 안착하자 다른 점포로 퍼져 나갔다. 지금은 전국에 빵 굽는 편의점을 손쉽게 발견할 정도로 점점 늘어났다. 그때 느낀 사실이 있다. 무엇이든 두드려야 열린다는 것이다. 두드리지도 않았는데 저절로 열리는 문은 없다. 그 이후로도 편의점 운영과 관련해서 필요한 부분과 개선점 등에 대해서 본사에 계속 피드백을 했다.

고객이 찾는 물건이 없어서
돌아가게 해서는 안 된다

편의점을 운영하다 보면 속상할 때가 있다. 그중에서 가장 안타까울 때가 바로 고객들이 찾는 물건이 없어서 그냥 돌아설 때다. 만약 내가 상품 구색을 잘 갖추지 못한 경우라면 발주를 하면 된다. 그런데 처음부터 본사에 입고가 안 되는 상품들이 있다. 이런 경우 내가 원한다 해도 발주를 할 수가 없다.

대표적인 상품이 A사 우유 500밀리리터였다. 본사와 제조사와 의견 차이로 우유거래가 중단되었다. 그것도 5년 동안. 그런데 그 우유를 많은 손님들이 찾았다. "옆 편의점에는 그 우유도 있던데 여기는 없어요?" 그 말을 들을 때마다 너무 안타깝고 답답했다. 그 우유가 없으니 손님들도 자꾸 돌아서고 추가 판매로도 연결되질 않았다. 내 철학 중 하나는 소비자가 찾는 상품은 이유야 어찌 되었든 무조건 진열이 되어야 한다는 것이다. 그때부터 계속 입고해달라고 본사에 수십 번 요청했다. 그렇게 몇 년이 지났을까. 겨우 입고되었다.

떠먹는 요구르트인 비요뜨도 비슷한 경우였다. 언젠가부터 이 상품을 찾는 분들이 많았다. 그런데 본사에 상품이 입고되지 않았다. "다른 편의점에는 있는데 GS25에는 왜 없어요?" 이런 이야기를 들으면 너무 속이 상했다. 그래서 본사에 입고 요청을 수십 번 했다. 그런데도 번번이 이런저런 사정과 이유로 안 된다는 것이다. 그런데 이런 생각을 한 분들이 나 혼자가 아니었다. 그래서 경영주

카네이션을 진열한 모습

들의 모임인 '경영주협의회'를 통해서 수차례 건의했다. 그렇게 강력하게 건의를 해서 결국 입고되었다.

　서비스 상품인 카네이션도 마찬가지였다. 편의점에서 5월에 가장 많이 판매되는 상품이 '카네이션'이다. 5월에는 아무래도 어버이날과 스승의 날이 있으니 찾는 손님들이 많다. 본사에서 카네이션이 화분 형태로만 공급됐다. 그런데 점포에서 손님들을 응대해보니 가슴에 꽂는 코사지 형태의 카네이션을 많이 찾았다. 그런데 우리 매장에 없으면 꽃집으로 가는 것이다. 그때마다 너무 안타까웠다. 그래서 본사에 코사지 형태로 만들어달라고 요청했다. 그런데 되돌아온 답은 '불가'였다.

　코사지는 아무래도 화분보다는 객단가가 낮았다. 그러니 객단가가 높은 화분 판매에 집중하라는 의미였다. 그런데 할머니들은 가슴에 코사지를 꽂고 다니는 걸 좋아했다. 손님을 원하는 걸 해줘야 할 것 아닌가. 그 후로도 끈질기게 계속 청했다. 그리고 1년 후 드디어 코사지 형태의 카네이션이 입고되었다. 그때부터 우리 매장에서 코사지가 엄청나게 판매되는 것이다. 그 이후로 전국에 퍼져 나가서 카네이션 매출이 경쟁사보다 압도적으로 상승했다.

하던 대로가 아닌 차별화 전략을 세워야 한다

어떤 분들은 '경영주가 수개월 혹은 수년 요청하면 본사가 다 들어주는 건가?' 하고 생각할 수 있다. 하지만 절대 그렇지만은 않았다. 때로는 본사를 설득하기 위해서 내가 먼저 실력을 보여줘야 할 때도 있었다.

대표적인 사례가 바로 이편한점이다. 원래 그곳은 아파트 상가에 있는 슈퍼였는데 편의점으로 변화를 꾀하고 있었다. 30평으로 금곡점보다 규모가 컸다. 하지만 어느 정도 자신감과 가능성을 믿고 K타입과 S타입 중에서 고민하다 K타입으로 결정하였다. 그동안의 쌓은 노하우를 바탕으로 매출에 대한 자신감이 있었기에 선택했다.

이편한점 주변은 이전의 매장과 콘셉트가 약간 달랐다. 바로 뒤에 아파트단지가 크게 형성되어 있었고 규모가 30평이다 보니 일반 편의점이 아닌 '슈퍼형 매장'이라는 새로운 콘셉트로 진출했다. 이곳에서는 기존 편의점 상품은 물론이고 슈퍼처럼 다양한 신선상품을 도입해서 저렴한 가격으로 판매하는 것이다. 그래서 기존 우리가 알던 편의점과 차별화된 포인트가 필요하다고 생각했다.

'기존 편의점처럼 똑같은 엠블럼에 똑같은 분위기로 간다면 고객들이 차별화를 느끼지 못할 텐데. 슈퍼형 매장에서도 다양한 신선식품을 저렴하게 구매할 수 있다는 걸 알리려면 분위기를 다르게 가자. 그런데 그런 분위기를 어떻게 연출할 것인가? 그래서 본사에 일반 편의점과 달리 내부 인테리어를 고급스럽게 해달라고 요청했다. 그런데 그런 시설은 50평 이상 점포만 가능하다는 것이다. 그래서 다시 설득했다.

"우리나라에서 그런 대형평수를 임차할 수 있는 곳이 현실적으로 전국에 몇 곳이나 되겠습니까? 그런 점포를 구하기도 쉽지 않고 구한다고 쳐도 임대료가 장난이 아닙니다."

그런데도 설득이 되지 않았다. 50평 기준을 내세워 안 된다는 말만 되풀이하는 것이다. 본사에서 이편한점 예상 일매출은 150만 원이었다. 그런 곳에 대형점 콘셉트의 인테리어를 요구하니 비용이 굉장히 부담스러웠던 것이다. 그렇게 1년 넘게 요청했지만 결국 받아들여지지 않았다. 그때부터 오기가 났다. 내 인생 모토 중 하나가 '선실행후성취'이다. 나는 뭐든지 최선을 다해서 내가 성과를 내면 상대가 분명 인정을 할 것으로 생각하는 편이다. 그래서 내가 먼저 보여주자고 했다.

"그래 당신들이 주장하는 50평에서 나오는 매출을 내가 이곳 30평에서 만들어보이겠다! 본사 당신들이 이기나 내가 이기나 보자."

그래서 오픈 후부터 매출에 엄청나게 열을 올렸다. 다른 점포에 비해 초반부터 가판행사를 몇 배로 늘리고 공격적으로 매장을 운영했다. 그리고 1년 후 일매출 150만 원을 예상했지만 200만 원을 올렸다. 그제야 본사에서도 가능성을 확인하고 내 요청을 들어주었다. 그래서 점포 오픈 후 일 년 뒤 다시 공사했다. 처음부터 믿어주었다면 비용이 덜 들었을 텐데. 하지만 어쩌겠는가. 그래서 45평 리더스인스빌 매장을 오픈할 때는 더 이상 묻지도 따지지도 않고 바로 50평형에 맞는 인테리어를 해줬다.

포기하지 말고 수백 번 수천 번 문을 두드려라

이외에도 지난 13년간 본사에 요청한 제안이 수백 건이 넘을 것이다. 그런데 한 번에 이루어진 적은 단 한 번도 없다. 때로는 수개월간 요청해서 제안이 받아들여지기도 하고 때로는 본사를 설득하기 위해서 먼저 보여준 적도 많았다. 그럼에도 결국 포기하지 않고 계속 요청하고 또 하자 어느 정도 결실을 얻을 수 있었다.

인생이든 사업이든 결국 두드려야 무언가를 얻을 수 있는 듯하다. 나는 모든 변화의 시작은 끊임없는 두드림이라 생각한다. 특히 프랜차이즈 사업은 더더욱. 그런데 많은 분들이 한두 번 요청하고 안 되면 지레 포기한다. 하지만 어디 한두 번 두드림으로 문이 열리겠는가. 경우 경우마다 다르겠지만 어쩌면 수백 번 수천 번을 두드려야 할 수도 있다. 중요한 것은 두드림을 멈추지 않는 것이다. 인디언들이 기우제를 지내면 반드시 비가 온다. 과연 기우제 때문에 비가 왔을까? 아니다. 그들은 비가 올 때까지 기우제를 지냈기 때문이다. 그러니 포기하지 말고 두드려보자. 두드리고 또 두드리다 보면 그 문은 반드시 열린다.

일단 한번 해보자

화천에서 의류대리점 처음 시작할 때 내 나이가 25세였다. 그 후 한 해 두 해 지나면서 어느덧 20대 후반이 되었다. 그 중간 중간 결혼하라는 성화가 있었지만, 특별히 결혼 생각이 없었다. 결국 여동생이 나보다 3년 먼저 결혼했다. 그러다 28세가 되었다. 지금에야 나이 40세에도 미혼인 사람들이 많지만 그 시절에는 20대 후반만 되어도 노처녀 딱지가 붙었다. 그러니 엄마가 오죽 속이 타시겠는가. 주변에서 왜 그 집 큰딸은 결혼을 안 하느냐는 말을 들을 때마다 스트레스를 많이 받으셨다. 고슴도치도 자기 새끼가 예쁘다고 "내 딸이 어디가 잘못된 것도 아닌데 왜 결혼을 못하지?" 하며 걱정이셨다.

그래서 자꾸 나에게 결혼을 재촉하는 것이다. 하지만 그 당시 나는 결혼보다는 성공이 우선이었다. 결혼하면 내 할 일을 못 할 것 같았다. 또 엄마에게는 미안한 이야기지만 엄마의 결혼 생활이 그리 행복해 보이지 않았다. 그렇다 보니 결혼에 대한 환상조차도 없었다. 내가 왜 결혼을 해야 하지? 그런데 엄마가 결혼 이야기를 자꾸 꺼내셨다. 하루는 너무 짜증이 났다.

"엄마, 도대체 왜 결혼을 하라는 거야? 결혼 안 해도 충분히 잘살 수 있는데. 왜 그리 가라 가라 하시는 거예요?"

그런데 그 순간 딱 한마디 하셨다.

"지현아, 설사 갔다 오는 한이 있더라도 한번 가보지 않을래?"

그 말을 듣고 깜짝 놀랐다. 그 시대에 갔다 온다, 즉 이혼은 상상도 못할 일이었다. 그런데 서울 분도 아니고 강원도 산골에 사시는 분이, 그것도 초등학교 학력이 전부인 분이 그런 말씀을 하시리라고는. 결국 후회를 한다 해도 남들이 하는 것은 경험해봐야지 않겠느냐는 말씀이셨다. 엄마는 배움은 부족하지만, 삶의 지혜가 있으신 분이었다. '결혼, 까짓 것 한번 해보지 뭐. 설사 잘 안 되더라도 다시 오면 되지 뭐.' 그래서 남편과 결혼을 결심했다.

끌려다니지 말고 주도해서 해보자

엄마의 그 말씀에 영향을 받은 탓인지, 그 이후 내 모토는 항상 해보고 후회하자는 것이다. 매월 본사에서는 OFC를 통해서 각 가맹점 매출에 도움이 될 만한 이런저런 신상품이나 행사상품을 제안한다. "경영주님, 바나나 한번 해보실래요?" "이번 핫바가 새로 출시되었는데 조금 지원해 드릴 테니 팔아보실래요?" 그러면 나는 대부분 오케이를 한다. 일단 시작을 해봐야 우리 매장에 어울리는지, 아닌지 알 게 아닌가. 그 결과 다른 점포보다 신상품을 더 빨리 접할 기회도 얻게 되었고 매장별로 어떤 아이템이 어울리는지, 손님들은 어떤 상품을 선호하는지 파악할 수 있게 되었다.

그런가 하면 때로는 나 스스로 공부하고 연구하면서 행사를 기획하기도 했다. 한때 경영주 간담회에서 비요뜨를 강력하게 요청해 어렵게 입고되었다. 그런데 실제 경영주님들의 발주가 저조했다. 당시 비요뜨는 1,300원으로 유제품 중에서 가격대가 다소 높은 편이었다. 또 유제품은 팔리지 못하면 폐기해야 해서 많은 경영주들이 발주를 꺼렸다. 내가 강력하게 요청해서 도입되었는데 상황이 그러니 왠지 책임감이 느껴졌다. 물론 본사에서 그 누구도 나에게 뭐라 하지 않았다. 그런데 나 스스로 책임감이 느껴지는 것이다.

그때부터 어떻게 하면 이 상품을 많이 판매할 수 있을까를 고민했다. 그런데 자세히 상품을 연구해보니 원가할인이 50퍼센트 적용되어 있었다(제조사에서 신제품이나 행사 프로모션을 위해 한시적으로 원래 가격보다 저렴하게 입고되곤 한다). 순간 이런 생각이 들었다. '이 제품을 1+1로 묶어서 1,300원에 판매하면 어떨까?' 당장은 손해처럼 보여도 많이 팔렸을 때는 이게 훨씬 이득이지 않은가.

그래서 OFC에게 내 의견을 전달했다. 그러자 "과연 될까……." 하면서 고개를 갸우뚱했다. 왜냐하면 그동안 편의점에서 행사란 '회사가 만들어주는 경우가 전부였다. 경영주가 스스로 묶음 상품 행사를 기획해서 시도한 전례가 없었다. 그런데 없으면 어떤가. 내가 먼저 시작하면 되지. 일단 한번 해보자 싶었다. 되든 안 되든 해봐야 할 것 아닌가. 그래서 OFC에게 50퍼센트 매가 인하를 요청하고 제품 두 개를 1,300원에 묶었다. 그리고 4개 점포에 1+1 행사물 홍보물과 스티커를 전부 다 붙였다.

그런데 그날부터 손님들의 반응이 달라졌다. 그동안 비요뜨는 마트에서도 거의 할인을 하지 않는 제품이었다. 그런데 편의점에서 2개에 1,300원에 판매하니 다들 놀라는 것이다. '어. 마트보다 훨씬 싸네.' 그러면서 비요뜨가 판매되기 시작했다. 하루에 1~2개 팔리던 상품이 행사 후 20개씩 판매되더니 그 이후에도 계속 판매량이 늘었다. 어느 순간에는 비요뜨를 몰랐던 사람들도 먹기 시작했다. 그러자 OFC도 깜짝 놀랐다.

"묶음상품으로 행사를 기획하니 이렇게 많이 팔리네요."

그렇게 우리 매장에서 시작한 행사가 팀 내로 퍼져서 모든 점포들이 비요뜨에 집중하기 시작했다. 나중에는 전국으로 퍼져 나가 한때 없어서 못 팔 정도로 인기 상품으로 등극했다. 그 당시 만약 기존의 선례가 없다고 해서 시도하지 않았다면 그런 결실을 얻지 못했을 것이다.

일단 저질러진 일에 대해서는 후회하지 말자

또 내가 가장 많이 저지르는 것 중의 하나가 대량발주를 통한 '파워진열'이다. 그동안 5대 메이저 행사 상품은 물론이고 프링글스, 꼬꼬면, 핫바, 바나나 등 셀 수 없이 많은 상품을 점포 밖에 쌓아놓고 판매해왔다. 그래서 주변에서는 '손해는 안 보니 하는 거 아니냐. 점간 이동이나 지원이나 반품 100퍼센트를 받아주니 그런 것 아니냐고 오해하는 분들이 있다. 하지만 절대 그렇지 않다. 나 역시 항상 발주 넣기 전에 많은 생각과 고민을 한다. 주로 세트상품은 반품되는 것을 위주로 하고 무반품 상품은 행사 다음날부터는 증정품이나 2+1등으로 진행되어 거의 소진될 수 있다.

그리고 나는 성격상 일단 저질러진 일에 대해서 후회를 하지 않는다. 후회한들 뭐가 달라지겠나. 재고부담에 대한 후회보다는 어떻게 판매할 것인가만 생각하고 전력 질주한다. 일단 저지르고 걱정은 차후에 한다. '이게 팔릴까?'보다 '팔면 되지!'라고 생각한다. 만약 '팔릴까?' 생각하는 순간 지는 것이다. 그래서 '팔면 되지!' 생각으로 전력질주하는 편이다. 그러다 보면 신기하게 다 팔리는 것이다.

한번은 카네이션을 판매할 때였다. 보통의 점포에서는 발주 시 4~5개고 많아야 20~30개 정도 한다. 그런데 나는 한 매장에서 500개씩 발주를 한다. 그러니 매장이 완전 꽃밭이다. 그래서 주변 사람들이 걱정한다. "이게 다 팔려요?" 본사에서도 그렇게 많이 하면 어떡하느냐고 걱정할 정도였다. 하지만 거의 다 소진이 이 된다. 이처럼 모든 일을 시작할 때는 과감에게 지르고 나중에 수습하는 편이다. 그렇다 보니 나름대로 성과와 결실도 항상 따라줬다.

그렇다고 내가 시도한 상품들이 항상 잘되는 것도 아니었다. 한번은 2000년 중반에 남양주금곡점에서 화장품 매대를 전국에서 제일 처음 설치를 했다. 이후 중간 중간 판매가 되긴 했다. 그런데 중고등학생들이 자꾸 발라보고 또 슬쩍 훔쳐가고 하니 자꾸 로스가 났다. 그러다 보니 다른 업무에 집중할 수 없고 자꾸 그쪽 매대만 지켜봐야 했다. 손님이 와도 접객이 제대로 안 되는 것이다. 그때 판단했다. '이건 에너지 낭비구나.' 그래서 우리 점포는 중간에 철수했다.

또 언젠가 화이트데이 때 시도한 이벤트는 완전 폭망(?) 수준이었다. 당시 초콜릿을 그냥 포장하기만 해서는 한계가 있었다. 그러다 인터넷을 뒤져보니 한 번도 접해보지 못했던 정말 획기적인 상품이 눈에 띄었다. 큰 풍선 안에 앙증맞은 곰인형과 이런저런 사탕과 초콜릿이 쏘옥 들어가 있는데 그 모습이 너무 예쁜 것이다. 만약 화이트데이에 그 풍선 선물을 받는다면 정말 감동이 밀려올 듯했다. OFC에게도 보여주자 깜짝 놀라는 것이다. 세상에 이런 게 있느냐며. 그때부터 두 사람이 의기투합해서 그 이벤트를 적극 추진했다.

'아, 이건 정말 대박이 나겠구나.'

그런데 풍선에 내용물을 넣으려면 전문적인 기계가 있어야 했다. 그래서 이벤트업체에서 사용하는 기계를 하루 빌렸다. 그 비용만 하루에 200만 원이었다. 하지만 그 비용도 아깝지 않다 생각했다. 분명 폭발적인 반응이 있을 테니. 그래서 풍선 안에 인형, 초콜릿, 사탕, 꽃 등 여러 가지 상품들을 넣었고 외부에는 리본이나 꽃으로 장식했다. 보기만 해도 너무 예쁘고 사랑스러운 풍선이었다. 가격을 5만 원으로 책정했다. 그 당시 본사에서도 새로운 이벤트에 엄청나게 기대하며 우리 매장을 집중했다.

과연 얼마나 팔렸을까? 밝히기 쑥스럽지만 매출 실적은 단 20만 원에 그쳤다. 왜 실패했을까? 상품 콘셉트를 잘못 설정한 것이 문제였다. 나는 막연하게 풍선을 받으면 좋아할 거로 생각했는데 받는 이는 풍선을 터뜨리는 것을 꺼리는 것이다. 거기다 가격도 남양주에서 받아들이기는 조금 고가였다. 만약 강남에서 시도했다면 결과가 달랐을지도 모르긴 하지만. 결국 그 이벤트는 지나친 내 욕심으로 실패로 막을 내렸다. 이후 주변에서 이런저런 쓴소리도 많이 들었다. 하지만 그때의 경험을 통해서 또 배웠다. 내가 만약 시도해보지 않았다면 알았겠는가. 모두 나에게 좋은 경험이 되었다.

쓰러지고 넘어지더라도 계속 도전을 멈추지 말자

이런 사례 외에도 지난 14년간 편의점을 운영하면서 내가 도전하고 시도한 아이템들이 셀 수 없이 많다. 그 과정에서 정말 대박이 난 상품들도 많았고 손해 보고 퇴장한 상품들도 많았다. 그런데 이 모든 경험들도 결국 내가 두려워하지 않고 시도했기에 가능했다. 그런 경험들이 나에게 큰 재산이 되었고 앞으로도 나의 소중한 재산이 되어줄 거라 믿는다. 돌아보면 나는 누군가가 무엇을 해주기를 기다리기보다, 실패하더라도 먼저 시행하고 넘어지면서 또다시 일어나고 도전했다. 앞으로도 나는 계속 도전할 것이다.

그렇다고 내 생각이 정답이라 여기지는 않는다. 사람마다 스타일이 다르기에. 다만 나는 "후회해도 후회가 남고 안 해도 후회가 남는 일이 있다면, 차라리 그냥 해보자"는 신념을 갖고 있다. 하고 나서 하는 후회는 앞을 보게 한다. 하지만 해보지 않고 하는 후회는 미련으로 남아서 뒤를 돌아보게 하기 때문이다.

결국 마음먹기에
달려 있다

　사람은 자신이 어려서부터 보고 자란 환경이 이후의 삶에 영향을 미치는 듯하다. 외가에서 자라던 시절에 외할머니는 사시사철 들녘에 나가서 새벽부터 밤늦게까지 항상 일하셨다. 거기다 외할아버지의 주사로 굉장히 힘든 시간을 보내셨다. 그럼에도 내 기억 속에 외할머니는 늘 밝고 유쾌한 분이셨고 흥도 많으셨다. 가끔 학교 소풍을 따라오실 때면 동네 분들과 술도 한 잔씩 하시고 계곡에서 춤도 추시고. 지금 생각해보면 과연 내가 외할머니 입장이었다면 그렇게 살 수 있었을지 모르겠다.

　엄마의 삶도 마찬가지였다. 엄마는 스물에 시집와서 스물하나에 엄마가 되었다. 그 나이에 농사일, 가정일, 그리고 가장의 역할까지.

그 시대 강원도 화천에서 그것도 유촌리에서 아들 둘 대학 보내고 딸 둘을 고등학교에 보낸 집이 별로 없었다. 당신 위에 놓인 그 짐이 무거웠을까. 하지만 힘들다는 말씀을 거의 하신 적이 없다. 엄마는 강한 분이셨고 긍정적인 분이셨다. 어느새 세월이 흘러 50이 넘은 나이가 되고 보니 '내가 엄마였다면 지금의 우리 엄마처럼 지혜롭게 씩씩하게 잘 살아낼 수 있었을까?' 하는 생각이 든다.

이렇게 두 분의 모습을 보고 자라서인지 웬만한 고생은 고생이라 여기지 않고 웬만큼 힘들어서는 티 내지 않고 긍정적으로 생각하는 편이다. 한 번은 여행사 근무 시절, 정신적으로 힘든 시기가 있었다. 어느 날 대관령 고개를 넘어갈 때였다. 그 8월의 뙤약볕에서 아주머님들이 감자를 캐고 있었다. 그 순간 이런 생각이 들었다.

'아, 저분들은 한여름에 뙤약볕에서 저렇게 일하는데 에어컨 밑에서 일하는 내가 더 편하지 않을까.'

그 이후에도 힘들 때면 나보다 더 힘든 사람을 생각하며 훌훌 털어내곤 했다.

희망적인 질문을 끊임없이 던져보면 답은 나온다

이런 긍정적인 사고가 편의점을 운영하는 데 있어서 많은 도움이 된 듯하다. 처음에 본사에서 남양주금곡점 일매출을 150만 원 예상했지만 초기에 60만 원이 나왔을 때 원망하지 않았다. '어떻게 하면 올릴 수 있을까?' 이런 긍정의 질문을 계속 나에게 던졌다. 지하철 7호선 ○○역에서도 마찬가지였다. 본사에서 예측한 최초 매출은 일매출 250만 원이었다. 하지만 막상 초기에는 130만 원에 불과했다. 부진한 매출을 억울해하거나 본사를 원망하지 않았다. '왜 내 매장에 손님이 없을까?' '저 손님들이 원하는 게 뭘까?' '왜 우리 매장에서 물건을 안 살까?' '왜 그냥 지나갈까?'라는 희망적인 질문을 끊임없이 던졌다. 그리고 그 답을 찾기 위해 끊임없이 고민하고 연구했고 그러나 보니 나만의 답을 찾을 수 있었다.

또 매출이 부진한 계절이나 불황이 닥쳐왔을 때도 내 안에서 할 수 있는 일을 고민했다. 언젠가 한번은 10월쯤 빵 매출이 떨어지는 것이다. '어떻게 하면 빵 매출을 올릴 수 있을까?' 그때 누군가 지방의 한 경영주님이 1,000원 호떡이란 상품으로 엄청나게 판매를 많이 했다고 알려주었다. 그 순간 생각했다. '아, 나도 한번 해봐야겠다.' 그런데 똑같이 하기는 싫었다. 그러다 상품 마스터를 열심히 뒤지니 더 괜찮은 호떡 상품이 있었는데 가격이 1,200원이었다. 그래서 OFC에게 매가 인하를 요청해서 가격을 990원으로 책정했다. 그리고 매장 밖에서 마이크를 잡고 지나가는 손님들을 상대로 열심히 홍보했다.

그러자 손님들이 "어, 마트보다 싸네." 하면서 990원 호떡에 관심을 보였다. 그럴 때면 그 순간 한마디 더 곁들였다. "팬에 기름 살짝 둘러서 구워 드시면 훨씬 더 맛있어요." 손님들이 호떡을 전혀 먹을 생각이 없었는데 마음이 움직였다. 그때부터 호떡이 불티나게 팔렸다. 다른 점포에서도 호떡을 시도했는데 4점포에서 6개

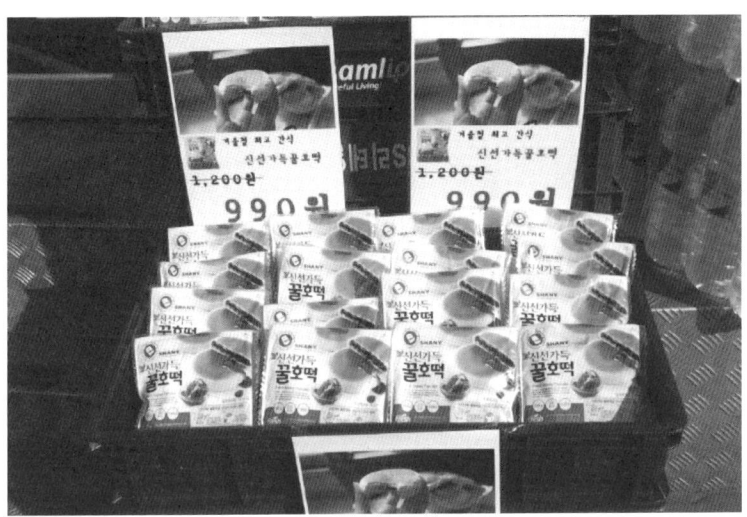

호떡을 진열한 모습

월간 2만 개가 넘게 팔렸다. 그러자 본사에서도 깜짝 놀라는 것이다. 그때 이후 우리 팀은 물론이고 지역팀으로 퍼져 나가고 이후 전국의 모든 점포로 전파가 되어 한때 호떡 상품이 GS25에서 엄청나게 팔렸다.

또 편의점에서 가장 힘든 계절이 바로 겨울이다. 여름에 비해 아무래도 계절적인 요인으로 매출이 떨어지게 마련이다. 하지만 미리 '안 될 거야'라는 생각보다는 '매출을 올릴 방법이 없을까?'를 고민했다. 그래서 1만 원짜리 쿠키에 리본을 묶어 선물처럼 포장했다. 그런데 그 효과가 기대 이상이었다. 손님들이 아주 예쁘다며 집어드는 것이다. 이전에는 하루 1~2개 정도 팔리는 게 고작이었다. 그런데 리본을 달자 하루에 10개 이상 판매되었다. 단지 리본

쿠키에 리본을 묶어 선물처럼 포장해 진열한 모습

하나 달았을 뿐인데.

언제가 한번은 겨울철에 초코하임에 립케어를 붙여주는 행사가 진행되었다. 그래서 내 평생 처음으로 립케어를 수백 개를 발주했다. 겨울이면 사람들이 입술보호제를 찾고 따로 구매하기도 한다. 그런데 과자를 사면 립케어를 주니 매출이 쑥쑥 올라가는 것이다. 이처럼 틈새를 찾아 고민하고 연구한다면 나름대로 성과를 거둘 수 있다.

'때문에'라는 말 대신 '덕분에'라는 단어를 사용하라

그런가 하면 언젠가는 불황이라고 다들 아우성이었다. 그렇다고 손 놓고 있을 수는 없었다. '내가 할 수 있는 일이 없을까?' 손님의 객수를 늘릴 수는 없지만 방문한 손님들의 시선을 잡자는 생각을 했다. 당시 세계 10대 식품라고 해서 귀리나 렌틸콩이 유행이었다. 그래서 1+1, 2+1 행사를 하기도 하고 바나나와 생수를 묶어서 팔기도 했다. 이렇게 내가 할 수 있는 선에서 계속 방법을 찾자 목표에서 100퍼센트는 아니더라고 80퍼센트까지 근접할 수 있었다. 이처럼 어떤 상황이든 긍정적인 마음으로 내 안에서 할 수 있는 일을 찾아 끊임없이 고민한다면 결실을 맺을 수 있는 듯하다.

　장사와 공부를 못하는 사람에게는 공통점이 있다고 한다. 남 탓 하거나 환경 탓을 한다. 공부 못하는 아이는 항상 핑계를 댄다. '나는 과외를 못 받아서.' '나는 집안환경이 어려워서.' '시험문제를 어렵게 내서.' '이래서 안 돼.' '저래서 안 돼.' '머리가 나빠서 안 돼.' 장사를 못하는 사람도 마찬가지다. '불황이라서.' '여름이라 더워서.' '가을에는 추석이 끼어서.' '겨울에는 눈이 와서.' 항상 핑계가 많고 외부에서 문제를 찾는다. 장사가 안되는 이유를 100개도 넘게 적을 수 있다.

　그런데 공부 잘하는 사람과 장사 잘하는 사람은 항상 자신에게서 문제를 찾는다. 성적이 떨어지면 '수학을 등한시했나?' '한 시간 더 잤나.' 나에게서 문제를 찾는다. 장사를 잘하는 사람은 '내가 발주를 잘못 넣었나?' '우리 애들이 손님들에게 인사를 소홀히 했나?' 나에게서 문제의 원인을 찾고 개선해서 다음번에 자신이 원하는 결과를 쟁취한다. 그래서 아들에게도 '때문에'라는 말 대신

'덕분에'라는 단어를 사용하라고 한다.

법륜스님이 언젠가 이런 말씀을 하셨다.

"군장 매고 총 들고 설악산 올라가면 죽을 만큼 힘들죠. 그런데 빨간 배낭 메고 화려한 등산복 입고 설악산 오를 때는 콧노래를 부르면 갑니다."

결국 내가 마음먹기에 달린 게 아닐까. 할 수 있다고 생각하면 즐거운 것이다. 매출이 안 나오는 건 매출을 올릴 공부를 할 기회를 준 거로 생각하면 어떨까. 더불어 살아보니 후회나 원망은 결코 정신건강과 육체건강에 도움이 되지 않는 거 같다. 오히려 긍정의 힘으로 하나하나 개선하면서 잘될 방법을 끊임없이 제안하고 요청하면 분명 답을 찾을 수 있다. 또 나 자신에게도 좋은 에너지를 불어넣어주는 일석이조의 효과가 있다.

위대한 작품을 만들자

"경영주님은 언제봐도 열정이 넘치세요?" "아. 그렇게 보여요?"

"그럼요. 매장도 이렇게 깨끗하고 상품도 반듯반듯하고. 언제 들러도 매장이 활기차요."

편의점 3년 차 무렵 본사 팀장님이 한 말이다. 그런 말을 들을 때면 뭐라 할 말이 없었다. 내 속을 다 까 보일 수도 없고. 사실 그 당시 나는 '어떻게 하면 이 편의점이라는 공간에서 벗어날 수 있을까?' 오로지 그 생각뿐이었다. 다만, 공간을 떠나기 전까지는 내 본분은 잊지 않으려 했다. 내가 몸담고 있는 순간만큼은 경영주 역할에 충실하지 싶었다. 그런데 주변에서는 내가 일을 즐기는 것으로 보였던가 보다.

'이 경영주님은 편의점을 즐기는구나.'

이후 우수점포로 선정되어 일본 편의점업체 벤치마킹과 해외연수를 다녀오면서 조금씩 마음이 달라졌다. 일본 편의점의 새로운 모습에 자극받고 흥미도 생겨나면서 다점포에 도전하기도 했다. 그렇게 시간이 흘렀고 7년 차 접어들었다. 그때부터는 일을 진정으로 즐기기 시작했다. 아이디어도 많이 샘솟았고 스스로 일을 만들어나갔다.

고객이 한 번도 보지 못한
세상에 없던 편의점이 되어라

한번은 오픈 쇼케이스에 있는 냉장 상품이 잘 팔리지가 않는 것이다. '어떻게 하면 매출을 올릴 수 있을까?' 그때 때마침 본사에서 삼계탕 1+1 행사가 시작되었다. '저걸 어떻게 팔까?' 그러다 우연히 대형마트에 들렀더니 삼계탕 시식행사를 하는 것이다. '아. 우리도 매장 밖에서 저렇게 시식행사를 해보면 어떨까?' 이후 삼계탕 200개를 발주한 후 OFC에게 전화를 했다.

"오늘 삼계탕 행사하고 싶은데 저하고 같이 삼계탕 파실래요?"

근무자에게도 하얀 티셔츠를 입고 오라 하고 집에서 밥솥을 가지고 나왔다. 그리고 점포 밖에서 세 명이 위생모에 하얀 티셔츠를 입고 마이크를 잡고 열심히 외쳤다.

"삼계탕 사세요. 오늘 복날인데 삼계탕 1+1 어떠세요? 뜨거운

물에 데우기만 하면 되는데."

그러자 사람들이 뜻밖의 풍경에 놀라며 한 명 두 명 몰려들었다. 그래서 종이컵에 삼계탕을 조금씩 담아서 맛을 보라고 드렸다. 마치 마트 시식행사처럼. 그렇게 맛을 본 손님들이 삼계탕을 집어 들었다. 집에서 삼계탕을 준비하려면 얼마나 많은 돈, 시간, 노력이 필요한가. 더욱이 마트까지 않고도 편의점에서 쉽게 삼계탕을 구할 수 있으니. 그래서 정말 몇 시간에 1+1 9,900원짜리 삼계탕 200마리를 모두 팔았다. 그때의 뿌듯함이란.

전국 편의점으로 퍼진
DIY 빼빼로는 어떻게 만들어졌는가

이후에 이런 경험들이 늘어가면서 점점 더 일을 즐기게 되었다. 그 과정에서 탄생한 것이 바로 'DIY' 상품이다. 편의점에서 가장 큰 행사 중 하나가 빼빼로데이이다. 그런데 언젠가부터 매출이 정체되기 시작했다. 어디를 가도 똑같은 빼빼로에 고객들도 싫증을 내고. 그때부터 '어떻게 하면 시선을 끌 수 있을까?' '어떻게 하면 매출을 올릴 수 있을까?' '어떻게 하면 객단가를 올릴 수 있을까?' 고민했다.

이미 3~4년 차에 시도했던 방법들도 너무 식상해졌다. 그러다 문득 이런 생각이 들었다. '빼빼로를 수십 개 연결해 뭔가 작품처럼 만들어보면 어떨까?' 그때부터 열심히 머리를 굴리며 구상했다.

'어떤 모양을 만들까?' '사람들이 어떤 모양을 좋아할까?' '빼빼로는 몇 개가 좋을까?' '빼빼로도 종류가 여러 가지라 어떤 빼빼로를 조합할까?' 계속 꼬리에 꼬리를 물고 질문이 이어졌다. 인터넷 서칭은 물론이고 대형 문구점, 선물용품 전문점 등 계속 발품을 팔며 돌아다녔다. 그렇게 고민 고민 끝에 구상한 것이 바로 '하트 안에 하트'였다. 그런데 '포장은 어떻게 하지?' 다행히 호프집 운영 시절, 근무자관리가 너무 힘들어 나 혼자 하는 장사가 없을까 싶어서 문화센터에서 포장을 배웠다. 또 아이의 학교 참관수업을 위해 풍선 아트를 듣고 아이 인성을 위해서 베란다 정원 가꾸기 수업을 듣기도 했다. 사실 그때는 이 기술을 크게 활용하지 못했다. 그런데 편의점에서 활용할 줄 누가 알았겠나. 이후 포장에 필요한 부재료를 구입한 후 남편과 함께 열심히 포장을 시작했다.

  잠깐 그 작업을 소개하자면 먼저 아몬드 빼빼로 여러 개를 하트 모양으로 바닥에 배치한 후 글루건을 이용해 모두 붙인다. 똑같은 방법으로 일반 빼빼로를 붙이고 아몬드 빼빼로 위에 일반 빼빼로를 올린다. 그리고 일반 빼빼로 겉에 하얀털을 글로건을 이용해 붙인다. 그리고 마지막으로 글루건으로 리본끈을 붙여 손잡이를 만들었다. 그러자 내가 머릿속에서 구상했던 것보다 훨씬 그럴싸한 빼빼로가 탄생했다.

  그런데 이 과정이 마냥 쉽지가 않다. 하나의 DIY가 탄생하기 위해서는 각 빼빼로와 부재료를 모두 글루건으로 연결해야 해서 손도 몹시 아프고 시간도 만만치 않은 것이다. 하나를 작업하는 데

평균 20~25분이 소요되었다. 하지만 세상에 그냥 얻어지는 게 있 겠는가. 집 거실에 빼빼로를 산더미처럼 쌓아놓고 작업을 하기 시작했다. 마치 가내수공업하듯이.

행사 당일 점포 밖에서 '빼빼로'를 열심히 외쳤다. 그러자 지나가는 사람마다 그 빼빼로를 신기해서 쳐다보는 것이다. '세상에 이런 빼빼로도 있나?' 흔하게 볼 수 있는 그저 그런 빼빼로가 아닌 한 편의 작품이랄까. 그러면서 하나 둘 팔리기 시작했고 하트 빼빼로가 고객들의 관심을 끌면서 매출이 껑충 뛰어올랐다.

그다음 해부터는 또 다른 모양에 도전해나갔다. 풍차모형, 선물모형, 글자모형 등등 그렇게 매해 DIY에 도전했고 매출은 계속 상승했다. 그래서 행사 시기만 되면 우리 점포 안팎에는 다양한 빼빼로가 산처럼 쌓여 있다. 사람들이 다들 놀라며 본다. "과연 저게 다 팔릴까?" 하지만 나와 근무자들이 똘똘 뭉쳐서 판매에 열정을 쏟으면 어느덧 바닥을 보인다. 물론 그 과정이 쉽지는 않았다.

그렇게 매출이 계속 상승하자 우리 팀으로 DIY 빼빼로가 확대되었다. 행사 열흘 전에는 우리집에서 OFC님, 근무자들, 심지어 담당 팀장님까지 모두 모여 DIY 빼빼로를 열심히 만든다. 그 결과 항상 빼빼로데이에는 팀 매출 1등을 기록했다. 그러자 본사에서도 점차 관심을 보였다. 그래서 전국으로 확대될 수 있도록 여러 매뉴얼도 모두 공개했다.

그리고 이 사건이 계기가 되어 다른 경영주들도 하나 둘 DIY 빼빼로에 도전해나갔고 점차 전국에서 DIY 빼빼로 만드는 붐이 일어났다. 그 후 본사 차원에서 전국적인 확대를 위해 경영주를 대상으로 빼빼로 DIY 경진대회를 개최했고 수백여 개의 빼빼로 DIY가 출품되었다. 그리고 치열한 심사 끝에 내가 출품한 별모양 빼빼로가 1등을 차지했다. 그 후 본사에서 제작 가이드를 모든 점포와 영업팀에 공유함으로써 GS25에서만 구매할 수 있는 특별한 빼빼로로 만들었다.

그러자 다른 경쟁 편의점에서 DIY를 시작했고 그 이후 전국의 모든 편의점에서 DIY 빼빼로가 자리를 잡아갔다. 그 모습을 보니 기분이 참 묘했다. 이렇게 행사가 커지리라고는 전혀 생각지 못했는데. 우리 점포의 매출을 올리기 위해 시작한 일이 전국으로 확대된 것이다. 마치 나비효과처럼. 그런데 그때부터 또 다른 고민이 시작되었다.

'아, 올해는 또 어떤 콘셉트로 하지?'

너무 많은 사람들이 DIY 빼빼로를 시도하는 바람에 매해 새로운 콘셉트를 위해 머리를 쥐어짜야 한다. 난이도가 계속 올라가는 수학문제를 풀 듯 새로운 창조를 해야 하는 것이다.

더욱이 주변에서 많은 분들이 올해는 또 어떤 새로운 작품이 나오느냐며 관심이 뜨겁다. 그렇다 보니 고민의 시간이 길어졌다. 행사 두 달 전부터 빼빼로가 머리에 떠다니고 밤잠을 설치는 일도 부지기수다. 어떤 때는 그 스트레스가 너무 심해 그만두고 싶을 때도 있었다. 하지만 몸과 마음은 힘들지만 아이디어는 계속 떠올랐다. 그렇게 매번 나와 싸우며 새로운 콘셉트에 도전해나갔다. 그런 노력들이 결실로 이어졌다.

  2003년 처음 남양주금곡점 빼빼로 매출이 30만 원이었다. 하지만 2014년도에는 무려 빼배로만 1,000만 원을 돌파했다. 많은 분들이 믿지 못하겠다는 반응이었다. '어떻게 그 시골에서 그런 매출을 올릴 수 있는지?' 이런 성장 비결은 '열정'이었다. 과거 10년처럼 똑같이 생각하고 행동했다면 지금도 30만 원 파는 생각에 멈췄다면 지금도 겨우 그 수준에 머물러 있을 것이다.

혁신은 '돈' 때문이 아니라 '일'을 즐겼을 때 만들어진다

  언젠가부터 2월 발렌타이데이 행사에 초콜릿 매출이 점점 줄어들고 있었다. 아무래도 초콜릿을 직접 만들기도 하고 선물의 종류가 다양하다 보니 초콜릿 인기가 줄어드는 것이다. 어떻게 하면 초콜릿을 많이 판매할 수 있을까. 빼빼로 행사처럼 여러 방법을 동원해보았다. 그런데도 매출에 크게 변화가 없었다. 어떻게 하면 많이 판매할 수 있을까? 그러다 문득 시선을 밖으로 돌렸다.

  '아, 밖에 나가서 팔아야겠다.'

  특히 2월은 발렌타인데이와 졸업식 일정이 비슷하다. '졸업식' 하면 뭐가 떠오르는가. 바로 꽃이다.

  '로쉐초콜릿과 일반 조화를 섞어서 꽃다발을 만들어보면 어떨까?'

그 꽃을 졸업식 때도 쓰고 발렌타인데이 때도 활용하면 좋지 않을까? 그래서 또 머리를 싸매고 궁리를 하는 것이다. 빼빼로 DIY 행사를 준비하듯 여기저기 돌아다니면서 아이디어를 얻었다. 무엇보다 사람들의 시선을 끌기 위해선 꽃다발이 풍성하고 예뻐야 할 것이 아닌가. 수십 번 꽃다발을 묶었다 풀었다를 반복하면서 계속 고민해나갔다. 그런 노력 끝에 세 가지 디자인으로 구상했다. 그리고 우리 부부와 OFC가 새벽 2시까지 수십 개의 꽃다발을 만들었다.

그리고 좋은 자리를 선점하기 위해 새벽 6시에 인근 고등학교 졸업식장을 찾아갔다. 교문 앞에서 꽃다발을 쌓아놓고 열심히 외쳤다. 그러자 사람들이 눈이 휘둥그레졌다. '세상에 이런 꽃다발도 있구나.' 당연히 생화를 생각하는데 새로운 꽃다발의 등장에 너무 재미있어하는 것이다. 무엇보다 초콜릿 꽃다발은 실용성 면에서도 짱이었다. 그 결과 몇 시간 만에 준비해간 꽃다발을 모두 판매했다.

그때의 그 짜릿한 기분이란……. 그동안 그 꽃다발을 만들기 위해 얼마나 동분서주했던가. 그간의 노력을 모두 보상받는 듯했다. 그리고 그 해 발렌타인데이에 전국에서 우리 점포 매출이 가장 높았다. 그 후 우리 팀으로 확대되었고 빼빼로데이 행사 때처럼 우리 집에 옹기종기 모여서 같이 만들었다. 그런데 해를 거듭할수록 규모가 커져서 집이 너무 비좁은 것이다. 그때부터는 사무실 빈 공간을 빌려서 20명 이상이 모여서 작업을 했다. 그런데도 인력이 부족해 추가로 아르바이트를 고용했다. 가내수공업에서 시작한 작업이 확대되면서 팀 매출도 점점 올라가기 시작했다.

그러자 본사에서도 크게 관심을 보였다. 이후 꽃다발 제작이 전국으로 퍼져 나갔고 많은 경영주님들이 졸업식장을 찾아다니면서 꽃다발을 판매했다. 나중에는 규모가 점점 커져 본사에서 대량으로 꽃다발을 제작해 각 가맹점에 공급했다. 그 결과 경쟁사와 비교해 GS의 초콜릿 매출이 엄청나게 늘었다. 그런데 항상 좋은 건 금방 따라 하게 마련이었다. 경쟁사에서도 졸업식장에 꽃을 들고 나오기 시작했다. 어디 그뿐인가 꽃집에서도 만들기 시작하고 그러면서 졸업식장에 초콜릿 꽃다발이 하나의 문화로 정착되기 시작했다.

그렇게 확대되는 모습을 지켜보면서 DIY 빼빼로가 떠올랐다. 빼빼로가 퍼져 나가듯 꽃다발도 하나의 문화가 된 것이다. 어떻게 보면 나라는 작은 존재가 하나의 트렌드를 만들어간다고 해야 하나. 그 사실에 가끔은 어깨가 으쓱해지기도 했다. 그런데 그런 뿌듯함도 잠시다. 졸업식만 되면 자리 경쟁이 엄청 치열한 것이다. 예전에는 새벽 6시에 나갔지만, 이제는 새벽 4시에 나가도 좋은 자리를 잡을까 말까다. 거기에 날씨는 왜 그리 추운지. 2월이라 정말 추위가 너무 매섭다.

또 함께 움직이는 OFC를 볼 때도 너무 안쓰럽다. 나를 만나지 않았으면 이런 고생은 안 해도 됐을 텐데. 다들 옷을 몇 겹씩 껴입고 중무장을 한다. 그런데도 종일 서서 판매하다 보면 손발은 물론이고 온몸이 꽁꽁 얼어 나중에는 감각마저 없어졌다. 그렇게 추위와 맞서며 열심히 판매에 열을 올렸고 다행히 모두 판매가 되었다. 이런 내 모습을 보고 주변에서는 묻는다.

"매번 행사 때마다 그렇게 고생하지 말고 이제 좀 편하게 살아."

사실 나 역시 그런 유혹들이 수없이 많다. 이런 행사 때마다 스트레스가 너무 심해 그만두고 싶다는 생각도 수없이 든다. 또 어떨 때는 행사를 마치고 새벽에 집에 갈 때면 마음이 너무 허무하다. 연극이 끝난 후 모두가 돌아간 빈 객석을 바라보는 허무함이랄까. 그러면서 새벽에 퇴근할 때면 가슴이 참 허무하다. 발렌타인데이도 마찬가지다. 추운 날씨 졸업식장에 갈 때면 '내가 왜 이런 미친 짓을 하고 있지?' 이런 생각이 들 때도 있다. 또 발렌타인데이와 졸업식이 끝나면 모든 에너지가 모두 소진되어 며칠을 끙끙 앓는다. 그래서 다짐한다.

"내년에는 다시는 하지 말자."

그런데 일 년 후 그 시기가 들어오면 어느덧 내 머리와 손이 먼저 준비를 하고 있다. 왜 그럴까? 어느 순간 알게 되었다. 내가 일을 즐기고 있다는 것을. 단순히 돈 때문이라면 이렇게까지는 못할 것이다. 이 모든 과정 하나하나를 즐기는 것이다. 어떤 이는 말한다. 왜 시키지도 않은 일을 하면서 힘들게 사느냐고. 돌아보면 아무도 나에게 이걸 하라고 강요한 적이 없다. 아무도 DIY 상품을 만들라고 요구한 사람이 없다. 결국 내가 고민하고 계속 업그레이드를 시키는 것이다. 바로 내가 이 일을 좋아하기 때문이다.

이제 내 나이도 50대 초반이다. 예전처럼 체력이 따라주지 않아 가끔은 그만 편하게 가고 싶은 마음이 들 때도 있다. 하지만 김수현 작가 그분을 보자. 굉장히 나이가 많은데도 끊임없이 계속 쓰고 도전하지 않나. 그분도 저 나이에 저런 창작을 하는데……. 앞으로도 나이와 상관없이 이 일을 즐기면서 나만의 작품을 만들어가고 싶다.

고객은 귀신처럼
아주 자세한 디테일을 알아본다

지금도 가끔 화천에서 지내던 어린 시절이 생각난다. 내가 살던 유촌리에는 50여 가구가 옹기종기 모여 사는 작은 동네였는데 주로 농사를 지으며 생계를 유지했다. 그런데 옆에서 지켜보면 벼농사라는 게 참 쉽지가 않다. 오죽했으면 벼는 농부의 발자국 소리를 듣고 자란다는 말이 있겠는가. 농부의 정성과 돌봄이 있어야 벼가 무럭무럭 자라는 법이다.

그런데 농부의 고됨에 감히 비할 바는 아니지만 조그만 가게를 하나 운영하는 것도 하나하나의 작은 정성이 쌓여야 비로소 그 결실을 얻을 수 있는 듯하다. 호프집 운영 3~4년 차가 지났을 무렵 어느 순간 손님들이 우리 맥주에 대해서 "여기 생맥주가 아주 맛있어요." "여기서 먹다가 다른 곳에서는 못 먹겠어요?" 이런 말씀을 참 많이 해주셨다.

그 비결이 뭐였을까? 맥주는 위생관리를 어떻게 하느냐에 따라 맛이 달라진다. 그 당시 다른 호프집에서는 생맥주가 지나가는 라인 청소를 잘하지 않았다. 그런데 청소를 하지 않으면 호수에 항상 찌꺼기가 끼어 맥주 맛이 달라지고 더욱이 위생에도 좋지 않다. 그래서 우리 매장에서는 새벽 3~4시 영업 마감 후 생맥주 라인을 매일매일 깨끗하게 청소했다. 또 맥주는 어떻게 따르느냐에 따라서 구수한 맛이 나올 수도 있고 싱거워질 수도 있다. 거품의 비중을 맞춰서 잘 따르는 것도 중요하다.

또 생맥주를 시원하게 보관하는 것도 중요하다. 냉장고를 따로 구입해서 맥주통을 항상 보관하면서 신선하게 유지 관리했다. 거기에 500cc 컵 관리도 중요하다. 청결은 기본이고 최고의 맛을 위해 컵 자체 관리도 남다른 손길이 필요하다. 그 당시 호프집에서는 손님이 생맥주를 추가 주문하면 그 컵에 그대로 주곤 했다. 하지만 우리 집에서는 컵 전용 냉장고를 두 개 사서 항상 새 컵에 냉각시켜 두었다. 그래서 주문이 들어오면 새로운 컵에 맥주를 담아 주곤 했다. 이런 노력 덕분인지 우리 집 생맥주가 항상 신선하고 맛있었던 것이다. 이처럼 신선한 맥주 한 잔을 제공하기 위해서는 모든 단계단계에 열정과 땀이 필요하다. 물론 가끔은 귀찮고 힘들어서 생략하고 싶을 때도 많다. 하지만 이런 과정을 소홀히 하면 손님들은 귀신같이 그걸 알아챈다. 그러니 절대 소홀히 할 수 없다.

편의점에서도 마찬가지다. 예전에 편의점에 손님으로 갔을 때는 주인이 참 편해 보였다. 계산만 해주면 끝이라 생각했다. 그런데 막상 현장에 있어보니 얼마나 많은 뒤 작업들이 있는지 알게 되었다. 음료수 하나도 그저 저절로 팔리는 게 아니었다. 매일매일 발주된 물건이 매장에 도착하면 검수와 진열은 기본이고 그 물건이 잘 눈에 띌 수 있도록 POP도 수시로 붙여주고 손님들이 다녀갈 때마다 매번 페이스업을 해줘야 한다. 또 유통기한을 항상 확인하고 신선한 제품이 채워질 수 있도록 계속 관리해줘야 한다. 그래도 하나 팔릴까 말까이다.

이처럼 손님들의 선택을 받기까지 수많은 단계가 필요하다. 그런데 문제는 이런 상품들이 한두 개가 아니라 수백 수천 개다. 편의점은 작은 매장에 2,000~3,000가지 있고 대형매장은 4,000가지 상품이 있다. 그러니 얼마나 손이 많이 가겠는가. 그리고 이러한 일도 하루 이틀이 아니라 1년 365일 해야 한다. 만약에 잠시라도 소홀히 하면 그 매장은 손님들로부터 외면받게 되는 것이다. 결국 모든 과정 과정에 자신의 열정과 노력이 들어가야 손님에게 선택을 받을 수 있다.

리테일은 디테일이다

이처럼 수많은 상품들을 끊임없이 관리해야 하다 보니 경영주 입장에서는 매익률이 상대적으로 낮거나 손이 많이 가는 상품을 기피할 수밖에 없다. 카네이션을 한번 생각해보자. 언뜻 생각하면 카네이션을 공급받아 매장 밖에 진열하면 끝이라 생각한다. 하지만 전혀 그렇지 않다. 살아 있는 꽃이다 보니 모든 게 조심스럽다. 혹시 비라도 오면 어떡하나 전전긍긍하고 시들면 어떡하나 싶어 중간 중간 물도 주고 가끔 냉장고에 넣어야 하고. 계속 관리해야 한다. 이렇게 손이 많이 가는 상품인데도 마진은 굉장히 약하다. 그마저도 제때 팔지 못하면 폐기 대상이다.

포스 옆에 있는 커피머신도 마찬가지다. 커피 머신도 매일 기계를 청소하고 찌꺼기를 걸러내야 해서 여간 번거로운 게 아니다. 이외에도 교통카드, 택배, 상품권 같은 서비스 상품도 우리를 힘들게 한다. 우리 매장에서 교통카드 충전을 하루에 100만 원 넘게 한다. 하지만 교통카드 충전을 통한 한 달 수익은 고작 10만 원이 안 된다.

또 손님들은 편의점 경영주가 택배로 이익을 많이 남긴다고 생각하지만 그렇지 않다. 택배는 손님들이 직접 모든 걸 조작하는 시스템이다. 그런데 어떤 손님은 착불이라며 주소를 놓고 그냥 가기도 하고 어떤 분은 택배 무게를 속이는 손님들도 있다. 간혹 이상한(?) 물건을 보내는 분들도 있다. 실제로 어떤 가맹점에서는 살아 있는 뱀을 발송해서 택배 박스를 뚫고 나오는 바람에 큰 사고로 이어질 뻔했다.

그런데 더 큰 문제는 분실이었다. 주말에는 택배가 휴무이기에 택배 상자가 수십 개가 쌓인다. 그 상자를 보관할 공간도 여의치 않고 분실 위험에 정신적으로 힘들다. 이래저래 이런 서비스 상품들은 경영주 입장에서는 귀찮고 힘들고 손이 많이 가지만 마진이 적다.

그래서 이런 귀찮고 힘든 상품을 과연 해야 하나 수없이 갈등이 들었다. 한 개 두 개 포기하고 싶은 마음이 하루에 수없이 든다. 그럴 때마다 나를 계속 다잡는다. '이렇게 한 개 두 개 포기하면 정말 팔 상품이 없다. 포기하지 말자!' 편의점의 매출은 아주 200원짜리 츄파춥스부터 시작해서 만들어진다. 200원짜리가 모여서 10만 원이 되고 10만 원이 더해져서 100만 원이 된다. 그런데 만약 '200원 츄파춥스 하나 판다고 매출이 얼마나 되겠어?'라고 생각하면 아무것도 할 수가 없다. 바로 이 200원, 200원의 열정이 모여서 매출이 모아지기 때문이다. 그래서 내가 즐겨 쓰는 말이 있다.

"리테일은 디테일이다."

편의점은 아주 사소한 작은 하나하나의 상품을 모여서 연결되기에 어느 것 하나 소중하지 않은 상품이 없다. 결국 지금 당장 내가 이익이 작다고 금액이 적다고 귀찮고 복잡하다고 손이 많다고. 그렇게 하나 둘 포기하면 팔 물건이 없는 것이다. 나의 기본 이념은 "뭐든지 많이 팔면 된다"는 것이고 10원이라도 남으면 좋다고 생각한다. 물론 귀찮고 힘들지만 작은 하나하나의 상품들에 열정을 다하면 충분히 가능성이 있다. 농부의 마음처럼 인내하면서 믿고 기다린다면 매출로 이어지게 마련이다.

미치지 않고 성과를 낼 수 있는 일은 없다

　어떤 분야든 시기와 질투는 있는 것 같다. 내가 운영하는 점포가 매출이 잘 나오고 이런저런 이유로 관심을 받게 되자 여러 소문이 돌기 시작했다. 남양주금곡점 경영주에게만 좋은 점포를 줬다, 혜택을 줬다, 본사 팀장님이 저 점포에만 간다, OFC가 점포에서 산다는 등 수많은 뒷말이 들려왔다. 물론 그분들 눈에는 그렇게 보일 수도 있다.

　하지만 감히 나는 땀, 노력, 그리고 열정의 결과라 말하고 싶다. 지금의 매출을 올리고 유지하기까지 13년간 물밑에서 수없이 발버둥을 쳤다. 가끔은 내가 싱크로나이즈 선수 같다는 생각이 든다. 예쁘게 화장한 얼굴을 보이지만 물속에서는 손과 발이 미친 듯이 움직이면서 가라앉지 않으려 발버둥쳐왔다.

 2003년 편의점을 시작한 이후 10년 이상 그리고 지금까지도 네다섯 시간씩 자본 적이 없다. 남들처럼 봄에 벚꽃놀이 한번 가본 적이 없고 가을에 단풍여행 한번 가본 적도 없다. 오히려 편의점 메이저 행사가 다가오는 걸 보고 '아, 봄이구나.' '아, 가을이구나.'를 느꼈다. 또 편의점을 선택한 후 명절을 포기한 지 오래다. 가끔 나 자신이 로봇 같다는 생각이 들 때가 있다. 그럼에도 내가 선택한 일이고 직업이기에 한 번도 억울하다고 생각한 적이 없다. 그 시간 동안 우리 부부는 편의점에 올인하면서 하루하루 전쟁을 치르듯 생활했다.

 그러다 보니 아들에게는 거의 신경을 쓰지 못했다. 그러던 어느 날 중2 아들이 뉴질랜드로 유학을 보내달라는 것이다. 순간 또 멍해졌다. 오죽했으면 이럴까. 엄마 아빠를 편의점에 빼앗기고 혼자서 얼마나 외로움을 느꼈던 걸까. 당시 아들이 얼마나 스트레스를 받았으면 허리가 36에 몸무게가 80킬로까지 나가고 엄청 뚱뚱했다. 그 모습에 부탁을 들어줄 수밖에 없었다. 특히 아들이 중2 사춘기에 접어들면서 굉장히 힘들어했다. 부모 입장이라 자칫 잘못 방황하다 나쁜 아이들과 휩쓸릴까 염려도 되고 이런저런 고심 끝에 혼자 비행기를 태워 보냈다.

 그리고 2009년 남양주금곡점 리뉴얼하면서 처음 휴가를 갔다. 아들이 있는 뉴질랜드로 향했다. 거의 1년 만에 만났는데 체중이 모두 빠지고 키가 훌쩍 커져 있었다. 스트레스 안 받고 좋은 환경에서 공부하고 자라다 보니 그렇게 된 것이다. 그 모습을 보니 안심이 되었다. 만약 아들이 이전처럼 똑같이 생활했다면 어떻게 변했을지 아무도 케어해줄 수 없었기에.

그렇게 아들은 5년 동안 뉴질랜드에서 학교에 다녔다. 그 시간 동안 우리 부부는 편의점에 계속 매달렸다. 그러면서 뜻하지 않게 우수점포로 선정되어 여러 차례 일본을 다녀오기도 하고 우연한 기회로 몇 번의 해외여행을 하면서 견문을 넓히기도 했다. 그런데 직업병인지 여행을 갔을 때도 계속 매장이 떠오르는 것이다. 남편은 여행 가는 그 순간만이라도 모든 걸 다 내려놓고 휴식을 취하라고 수없이 말한다. 하지만 나는 항상 매장 걱정이 떠나질 않는다. 일과 휴가가 전혀 분리되지 않는 것이다. 해외여행을 가도 항상 노트북을 챙겨가서 발주를 하고.

또 몇 년 전에는 크게 병원 신세를 진 적이 있다. 한쪽 팔만 너무 오래 계속해서 사용하다 보니 어깨가 완전히 틀어져 아예 팔이 올라가지도 않았다. 지난 10년 동안 DIY 작업을 너무 많이 했고 거기다 하루에도 수십 번 매대를 닦고 옮기는 일을 하다 보니 탈이 난 것이다. 처음 아팠을 때 병원에 갔었어야 했는데 내버려둔 것도 화근이었다. 병원에 가보니 수술을 고려해야 하기 직전이었다. 그렇다고 일을 그만둘 수는 없지 않은가. 그래서 잠깐 병원에 입원했다. 하지만 그때도 항상 매장 생각이 떠날 수가 없었다. 그래서 병원에서 노트북으로 발주를 넣었다. 그런 내 모습을 본 본사 직원들이 다들 고개를 저었다. 그리고 다들 한결같은 목소리로 말했다.

"경영주님! 제발 좀 쉬세요."

어떤 사람은 나를 보고 편의점에 중독됐다느니 미쳤다느니 하겠지만 세상에 미치지 않고 성과를 내는 게 있을까. 김연아가 피겨에 미치지 않았다면 어떻게 지금의 김연아가 될 수 있었을까. 그녀는 우리가 알고 있는 지금의 모습 이면에 얼마나 많은 땀과 고통의 눈물을 흘렸을까? 하지만 많은 사람들이 그 노력과 고통은 생각하지 않고 그냥 부러워만 한다.

나 역시 마찬가지다. 지금의 내 모습은 그동안 우리 부부가 14년 동안 죽도록 노력한 결과이다. 감나무가 있다면 감을 따기 위해서 어떤 사람은 누워 있다. 그런데 그 감은 언제 떨어질지 모른다. 운 좋아 벌레 먹은 감 밑 바로 밑에 있으면 얻을 수 있다. 그런데 그렇게 떨어진 감은 상태가 안 좋다.

그래서 나는 장대를 이용해 감을 땄다. 그런데 그것도 마음에 차지 않은 것이다. 그래서 감나무를 올라가서 이 감 저 감 맛있는 감을 땄다. 그런데 감나무 하나로는 부족하다고 느껴지는 것이다. 그래서 또 다른 감나무를 심었다. 이것이 지금까지 내가 걸어왔던 길이다. 결국 지금의 나는 땀과 노력. 그리고 열정의 대가라 말하고 싶다. 물론 10년 전과 비교해 지금은 마음의 여유도 많이 생겼다. 하지만 지금도 마찬가지로 여전히 하루 11~12시간 매장을 지키고 있다. 그래서 많은 분들이 묻는다.

"어떻게 14년 넘게 편의점을 한결같이 지키세요?"

"이제 먹고살 만한데 왜 그렇게까지 하세요? 이제 좀 편하게 사세요."

하지만 내가 살기 위해서이다. 내가 멈추는 순간 가라앉을 수 있다. 물 위의 백조는 우아하고 멋있어 보이지만, 잘 보이지 않는 물속의 발은 쉼 없이 물장구를 쳐야 한다. 나 역시 지금의 자리에서 가라앉지 않기 위해 물 아래에서 계속 손발을 저으며 바들바들 떨면서 일하는 것뿐이다. 내 본연의 역할은 GS25를 잘 경영하는 프로 경영주일 뿐이다.

편의점은 장거리 마라톤이다

언젠가 총각네 이영석 대표가 진행하는 77세미나에 참가한 적이 있다. 한 번은 영업하는 젊은 친구가 이런 질문을 했다.

"누군가에게 만남을 요청했을 때 자꾸 거절을 당해서 너무 힘들어요?"

그가 어떤 답을 했을까?

"그건 한번에 바로 오케이를 받으려고 했기 때문이 아닐까? 만약 처음부터 100번 이상 방문해서라도 오케이할 거라는 마음으로 갔다면 한두 번 거절을 당했더라도 상처를 받지 않았을 텐데."

그의 이야기에 저절로 고개가 끄덕여졌다. 영업이든 사업이든 마찬가지가 아닐까. 어떤 사업이든지 처음부터 원하는 수익을 가져가기란 쉽지 않다. 편의점 운영도 하루아침에 자리 잡지 못한다. 편의점은 1~2년 안에 성공할 수 있는 분야가 아니다. 금곡점을 운영하면서 최초 매출 40만 원부터 시작하였고 2년 동안 거의 수익을 내지 못했다. 파산까지 생각할 정도로. 남양주금곡점에서 수익이 발생한 것은 3년 후였다.

또 이편한점 역시 내가 목표로 한 매출을 달성하기까지 3년이라는 시간이 걸렸다. 그래서 편의점을 시작하신 분들이라면 3년 정도 앞만 보고 전력투구를 해보시라고 말씀드린다. 그 정도로 시간을 보내야 나와 맞는지? 안 맞는지 확인이 된다. 하지만 많은 분들이 1년 2년 후 계약기간이 끝나면 손들고 나가는 경우도 많이 있다. 하지만 2년 만에 나가면 정말 손해다. 2년 정도 지나면 조금씩 수확을 해나가는 시기다.

물론 3년을 버티기란 정말 쉽지 않다. 매출은 안 나오고 정산금은 적고 경쟁점은 들어서고. 딜레마에 빠져서 허우적거리기도 한다. 하지만 그 시기를 버텨야 한다. 때로는 선배 경영주님들에게 먼저 손을 내밀고 조언을 구하는 것도 방법이다. 사실 나는 그 시절 누군가에게 먼저 다가가 묻지도 못했다. 참 어리석었다. 부러질지언정 휘어지는 성격이 아니었고 남들에게 부족함을 보이는 게 너무 싫었다. 좀 더 용기를 내서 물었더라면 시간과 노력과 수고스러움을 줄일 수 있었을 텐데 많이 아쉽다.

더불어 14년 동안 편의점을 운영하면서 느낀 것은 편의점 운영은 마라톤과 같다는 것이다. 단거리 경주는 단 몇십 초 이내에 모든 것이 끝난다. 하지만 마라톤 경주는 몇 시간을 질주해야 한다. 또한 단거리는 처음부터 잘 뛰어야 하지만, 마라톤은 처음에는 비록 잘

뛰진 못하더라도 끝까지 잘 풀어가다 보면 일등으로 골인할 수 있다. 어디 그뿐인가. 마라톤은 중간에 주저앉고 싶은 순간들이 수없이 많다. 그래서 다른 사람과 경쟁하지 않고 자신과 싸워야 한다.

편의점도 마찬가지다. 편의점 경영은 몇십 초 이내에 모든 것이 끝나는 100미터 달리기가 아니다. 처음부터 끝까지 페이스 조절을 하면서 완주하는 마라톤이다. 그래서 자기 페이스를 유지하는 것이 중요하다. 물론 그 과정에서 포기하고 싶은 순간들이 수없이 생긴다. 그때마다 나 자신과 싸워야 한다. 순간마다 고비가 다가오고 그만두고 싶은 유혹도 생길 것이다. 하지만 그럴 때마다 지치지 않고 오래 버텨야 한다. 그러다 보면 어느 순간 결실을 보게 된다. 물론 그 과정이 힘들다. 하지만 피할 수 없기에 일을 즐겨야 한다. 자신만의 즐기는 방법을 찾아간다면 자신만의 목적지에 도달할 수 있을 것이다.

4장
고객이 스스로 찾아오게 하자

최고의 고객 서비스는 '편안함'이다

 화천에서 처음 의류 대리점을 시작했을 때였다. 당시 나는 아무런 경험 없이 시작한 터라 모든 게 서툴렀다. 특히 어려운 게 바로 고객과의 응대, 즉 서비스였다. 보통 옷가게에 가면 언니들이 손님들에게 살갑게 굴며 말을 참 잘한다.
 "어머! 손님, 너무 잘 어울려요." "정말 맞춘 것처럼 딱 맞네요."
 그러면 손님들도 립서비스라는 걸 알면서도 기분이 좋아진다. 그러면서 옷을 구매하기도 한다. 그런데 안타깝게도 내겐 그런 달란트가 없었다. 오히려 너무 정직해서 탈이었다. 한번은 여자 손님이 바지를 고르는데 대략 29인치 정도로 짐작되었다. 그래서 정 사이즈를 권했다. 그런데 손님은 죽어도 자신은 27인치라고 우기는 것이다. 그러면 좀 융통성 있게 넘길 수도 있는 것을. 눈치 없이 계속 29인치가 맞는다며 정정해줬다. 그러자 얼굴이 붉으락푸르락해지더니 나가버리는 것이다. 고객 응대에 그 정도로 센스가 없었다. 그러니 잘될 리가 있겠는가.

이제 어쩐다? 어차피 성격상 사근사근한 언니는 힘들 것 같으니 나만의 방법을 찾자! 어떻게 응대를 할까? 예전부터 동생들 옷을 사러 가면 항상 언니들이 나를 졸졸 따라다니는 것이다. 그러면 왠지 꼭 사야 할 것 같아서 부담스러웠다. 그때의 기억이 떠올라서 한 가지 원칙을 세웠다.

"손님들에게 들러붙지 말고 편하게 고를 수 있게 하자!"

그때 이후로 손님들이 매장 안에서 자유롭게 옷을 둘러보도록 했다. 그러다 손님이 결정을 못 내리면 다가가 도와주는 정도가 전부였다. 그런데 뜻밖에 이런 전략이 통했다. 아마 나와 같은 사람들이 많았던 모양이다. 또 옷을 판매한 이후에도 편하게 교환해주자 싶었다. 남자들은 옷을 살 때 이것저것 따지지 않고 그냥 마음에 들면 산다. 교환을 요구하지도 않는다.

그런데 여자들은 옷 하나 사면서도 엄청나게 까다롭다. 또 처음에 맘에 들어서 구매해도 변덕이 심하다. 친구들이 별로라고 하면 득달같이 교환하러 오는 것이다. 하지만 그때도 인상 한 번 쓰지 않고 다 바꿔줬다. 심한 경우 한 사람에게 청바지를 12번까지 바꿔주기도 했다. 이후 생활용품 할인점을 운영할 때도 접객이 세련되지 못했다. 다만, 그때도 한 가지 원칙은 있었다.

"고객이 편하게 하자. 불편하게 만들지 말자!"

그 당시 임신 중이었는데 9개월까지 임부복을 입지 않았다. 내가 임산부임을 알면 손님들이 불편해할까 봐. 대신 옷을 항상 크게 입고 있었다. 다행히 키가 크고 워낙 마른 체형이라 체중이 불어도 크게 티가 나지 않았다. 그래서 주변에서도 나의 임신 사실을 눈치채지 못했다. 출산 후 아기를 안고 다니자 언제 임신해서 아이를 낳았느냐며 다들 놀라워했다.

그러다 접객 서비스에 대해 조금 눈을 뜬 것은 호프집을 운영하면서부터였다. 초창기 시절, 장사가 너무 안되니 계속 벤치마킹을 하면서 서비스에 대해 고민하기 시작했다. 손님들은 기분 좋게 술을 마시고 싶어서 온 것이다. 그러니 들어오는 순간부터 나가는 순간까지 불편함이 없도록 배려를 하자고 생각했다.

그 당시 유명 패밀리 레스토랑을 찾아다니면서 고객 서비스를 어떻게 하는지 계속 지켜보았다. 그리고 그중에서 우리 매장에 접목할 것들을 찾곤 했다. 그중의 하나가 바로 '서비스 실명제'였다. 그래서 근무자별로 전담테이블을 정해주고 10분 간격으로 손님 테이블을 돌아다니게 했다. 또 손님이 "여기요"라고 부르기 전에 그들이 원하는 것을 파악하면서 불편하지 않도록 계속 배려했다.

손님이 우리 점포를 떠날 때도 불편함이 없는지 계속 체크를 했다. 아무리 이전 서비스가 마음에 들어도 마무리가 별로이면 꽝이다. 마무리를 잘해야 즐거웠던 기억들이 남아 다시 들르지 않겠는가. 그런데 한 번은 주방에서 돈가스를 튀기다 손 전체에 화상을 입었다. 주문이 밀려 서두르다가 그렇게 된 것이다. 그런데 병원에 갈 시간이 없어서 계속 일을 했다. 그런데 막상 그 손으로 계산하는데 너무 마음이 쓰였다. 손가락이 아픈 건 괜찮은데 손님들이 보고 불편해할까 봐였다. 그렇게 그 시절, 손님들이 우리 매장에서 들어와서 나갈 때까지 모든 접점에서 불편함을 느끼지 않도록 노력을 많이 했다.

이익보다 고객을 먼저 생각하고 행동하라

편의점에서 어땠을까? 처음부터 서비스 정신으로 중무장했을까? 전혀 아니다. 사실 편의점은 서비스가 필요하지 않겠다 싶었다. 손님들이 알아서 상품을 골라오고 또 금방금방 나가니. 그게 좋아 보여서 편의점을 선택했다. 그런데 어찌 보면 호프집보다 더 많은 서비스가 필요했다. 워낙 판매하는 상품이 많다 보니 고객들의 요구도 그만큼 정말 다채로웠다. 호프집에서 고객서비스가 너무 지겨워서 편의점을 시작했지만 여우를 피하려다 호랑이를 만난 셈이었다.

이후 내가 과거 손님으로서 불편했던 점이 무엇인지를 떠올리며 하나둘 고쳐나갔다. 편의점은 동네 밀착형 사업이다. 그러니 손님들을 자주 오게 하려면 편안함이 가장 중요하다고 믿었다. 어느 누가 불편한 매장에 다시 오고 싶겠는가. 편의점에서 고객 응대가 가장 많이 이루어지는 곳이 바로 계산대이다. 그곳에서 근무자들이 무표정하거나 찡그리고 있으면 손님 입장에서 다시 들어오고 싶을까? 그래서 최대한 밝은 미소로 응대하도록 교육했다. 그런데 사람이다 보니 아무리 훈련을 해도 몸이 아프거나 개인적인 사정이 있을 때는 쉽지가 않다. 그래서 근무자들이 출근하면 컨디션을 가장 먼저 살폈다.

"오늘 컨디션 어떠니?" "표정이 안 좋은데 어디 아프니?"

사정을 들어보고 상황이 안 되면 다른 근무자로 대체하거나 내가 대신 포스에 서기도 했다. 나 역시 마찬가지다. 만약 손님이 클레임을 걸어왔을 때 "네 알겠습니다"라고 할 수 있는 상태가 아니면 포스 앞에 서지 않았다. 손님들이 불편할 수 있으니 나 스스로 마인드 컨트롤을 하는 것이다.

한번은 빼빼로데이 행사를 마쳤을 때의 일이다. 그 해에 날씨가 안 좋았다. 비바람이 심하게 부는 바람에 굉장히 노심초사하며 발을 동동 굴렀다. 그런데 다음 날 아침에 눈을 보니 스트레스를 얼마나 심하게 받았는지 눈에 압이 높아져 핏줄이 터진 것이다. 흰자가 온통 빨갛게 충혈이 되었다. 내가 내 모습을 보는데 너무 흉했다. 병원에 갔더니 이런 증상은 자연적으로 치유되는 거라 특별한 약이 없다는 것이다. 1~2주 시간이 걸린다는 것이다.

1~2주 동안 차마 그 상태로 손님들을 맞이할 수가 없었다. 손님들이 내 눈을 보면 놀랄 게 뻔했다. 그래서 하는 수 없이 선글라스를 낀 채로 근무했다. 환한 대낮에 그것도 편의점 안에서 선글라스를 끼고 일하는데 그 모양새가 우습기는 했다. 간혹 손님 중에는 움찔하는 분들도 있었다. 그래도 차라리 욕먹는 게 낫지 흉한 눈을 보여서 혐오감을 주고 싶지는 않았다.

그런가 하면 편의점 접객의 최우선은 바로 계산대이다. 그런데 편의점 일은 가정주부의 일과 같아서 해도 해도 끝이 없다. 물건 검수, 진열, 매대 청소, 페이스 업 등등. 하지만 그 어떤 작업을 한다 해도 고객을 기다리게 해서는 안 된다고 생각했다. 그래서 손님이 기다리면 그 즉시 뛰어갔다. 기다리지 않도록.

또 손님 입장이 되어서 우리 매장을 끊임없이 점검했다. 혹시 불편하게 만드는 것은 없는지? 좀 더 편하게 할 수 없는지? 항상 내 시선은 고객을 향해 있었다. 대부분 편의점은 아이스크림 매대가 외부에 나와 있다. 그런데 여러 개를 한꺼번에 들다 보면 간혹 바닥에 놓치는 것이다. 저걸 해결할 수 없을까? 그래서 매대 위에 바구니를 놓아두었다. 그러자 아이스크림을 떨어뜨릴 염려도 없고 바구니가 있으니 더 많이 담아오는 것이다. 바구니 하나로 일거양득의 효과였다. 고객의 입장이 되어보면 끊임없이 개선할 점이 보인다. 그래서 나는 지금도 매장 안팎을 돌아다니며 계속 점검한다. 혹시 고객을 불편하게 만드는 것은 없는지?

편의점에 종사한 지 올해로 14년째이다. 간혹 주변 경영주님들 중 내게 특별한 서비스 노하우가 있는지 묻곤 한다. 하지만 사실 그리 대단한 비결은 없다. 다만 나는 항상 이익(돈)보다는 고객을 먼저 생각하고 행동했던 것 같다. 고객의 입장에 서서 좀 더 편안하게 할 수는 없을까를 고민하고 실천해왔다. 내가 생각하는 서비스란 고객을 불편하게 하지 않는 것. 고객의 입장에서 고객에게 편안함을 주는 것. 바로 이것이 최고의 서비스라 생각한다.

말 한마디에도 체온을 담아라

"왜 이렇게 비싸요? 마트에 가면 이것보다 싸던데. 똑같은 제품인데 왜 더 비싸요?"

14년 전 처음 편의점을 오픈했을 때의 일이다. 그 시절 가장 당혹스러운 부분이 가격에 대한 항의였다. 그럴 때면 참으로 답답했다. 가격을 내가 정하는 것도 아닌데 나보고 어쩌라는 건지. 겉으로는 그저 웃지만 속마음은 달랐다. '아니, 비싼 걸 모르고 온 것도 아니면서 왜 저렇게 툴툴거리는 걸까?' '밤에 문 여는 데 없어서 온 거 아니야? 안 오면 되지? 왜 찾아와서 불만이야?'

이런 마인드로 손님을 대하니 장사가 잘될 턱이 없었다. 그러다 매출이 바닥을 찍으면서 정신이 번쩍 들었다. '왜 우리 매장에는 손님들이 안 오지?' '우리 매장으로 손님들을 오게 하려면 어떻게 하지?' 그때부터 수많은 편의점을 돌아다니면서 하나 둘 배워나갔다. 매출이 높은 점포는 고객서비스를 어떻게 하는지? 우리 매장과 뭐가 다른지? 어떤 점을 보완해야 하는지? 그렇게 하나 둘 고쳐나갔다.

그러다 4S인 스피드speed, 스타일style, 스마일smile, 스토리story를 떠올렸다. 이후 백화점 같은 서비스를 제공하겠다는 생각으로 고객 서비스에 매진했다. 그런데 편의점을 찾는 고객들은 남녀노소 다양하다. 그렇다 보니 주부인 내가 바라보는 것은 한계가 있었다. 그래서 초등학생인 아들을 데리고 벤치마킹을 다녔다. 또 그 시절에는 아들과 같이할 시간도 부족했고 엄마가 무슨 일을 하는지 이해를 구하고 싶은 마음도 있었다. 그래서 아들을 자주 데리고 다녔다. 그런데 무작정 보고만 다니면 아이가 지루해하는 것이다. 어느 날 아들에게 제안했다.

"아들, 이 매장에 들어가서 잘되어 있는 거 다섯 가지와 안 되어 있는 거 다섯 가지를 알려줄래?"

"엄마, 여기는 바닥청소 안 되어 있고 누나 형들이 표정이 너무 굳어 있어요."

아들과 벤치마킹을 마치 놀이하는 것처럼 많이 보고 돌아다녔다. 그렇게 벤치마킹을 다녀온 후에는 우리 매장에 하나 둘 적용해 보는 것이다. 그러면서 서비스 마인드도 점차 달라졌고 주변에서 서비스를 나름 잘한다는 평가도 듣게 되었다.

서비스에 진심을 담아라

　내가 서비스에 대해 스스로를 점검해보는 계기가 생겼다. 아버지는 평소 굉장히 건강한 분이셨다. 그런데 너무 안타깝게도 눈길에 미끄러져 갑자기 돌아가신 것이다. 너무 급작스러운 상황이라 어떻게 대응해야 할지 당황스러웠다. 다들 장녀인 나만 바라보고 있는 것이다. 그때 오래전 가입해두었던 상조서비스가 떠올랐고 덕분에 잘 대처할 수 있었다.

　그때 염하시는 분의 일하는 모습이 너무 인상적이었다. 아버지는 키가 180센티미터로 굉장히 체격이 크신 분이었다. 그런데 땀을 뻘뻘 흘리면서 정말 정성껏 아버지를 대해주시는 것이다. 그 모습에 우리 4남매가 감동했다. 수의를 다 입힌 다음에 너무 수고해주셔서 성의 표시로 마음을 담아서 봉투를 드렸다. 그런데 입관 후 다시 돈을 돌려주는 것이다. "이 돈은 돌아가신 아버님께서 큰 며느리에게 주는 용돈입니다." 그때 또 한 번 놀랐다. 가족들을 아끼는 그분의 진심이 느껴졌다.

　'아, 진심 어린 서비스가 바로 이런 거구나.'

　사회적인 시선으로 보면 염하는 직업이 사람들에게 우대받는 직업은 아니다. 하지만 자신이 하는 일에 진심을 담으니 우리가 감동한 것이다. 이런 감동은 우리 가족만 느낀 것이 아니었다. 시골이다 보니 마을 어르신 분들이 계속 드나드셨다. 그런데 이분이 일하는 모습에 모두 감동해서 전부 상조서비스에 가입한 것이다.

　그 후 나의 서비스 마인드에 대해서 곰곰이 생각해봤다. 그동안 우리 점포에서는 나름대로 서비스를 잘하고 있다고 믿었다. 그런데 과연 진심으로 서비스했던가? 스스로에게 물었다. 대답은 '노'였다. 그때 이후 다짐했다. '진심을 담아 대해보자. 그러면 고객들도 감동하지 않을까. 그러면 우리 매장을 계속 찾지 않겠는가.'

어떤 분들은 의아해할 것이다. 편의점에서 고객감동이라니? 그 짧은 시간에 그게 가능한가? 맞는 말이다. 편의점에 들르는 손님들은 금방 왔다가 금방 간다. 그래서 대화를 나눌 여유조차 없다. 하지만 이것도 생각하기 나름 아닐까. 1분 혹은 2~3분 머무르는 손님이라도 어떻게 응대하느냐에 따라 감동을 줄 수 있다고 여겼다. 사소한 말 한마디 작은 행동 하나도 고객으로 좀 더 배려하자 싶었다.

편의점은 단골이 70퍼센트 정도 된다. 매일 출근하는 시간에 방문하는 고객들, 점심시간에 입점하는 고객들, 퇴근길에 들리거나 하굣길에 들리는 고객들 등 정기적으로 방문하는 고객은 많다. 그래서 그분들에게 좀 더 내 마음을 담아 인사를 건네보자 싶었다. 물론 편의점에서는 6대 접객용어가 있다. 하지만 뭔가 2퍼센트 부족하다 느껴졌다. 그래서 나만의 인사법을 만들었다. 아침 시간에는 "좋은 아침입니다." 저녁 시간에는 "조심해서 퇴근하세요." 이런 식으로. 그런데 이런 작은 말 한마디에 고객들의 반응이 달라졌다.

이후 단골이 부쩍 늘어났다. 또 예전보다 더 적극 움직였다. 편의점에서는 나이가 지긋한 분들은 계산대에서 물건을 찾는 경우가 많다. "소주 어디 있어요?" 그럴 때면 말로 하기보다는 직접 뛰어가 가져다 드렸다. 또 손님이 아이스커피를 찾으면 직접 컵에 부어

빨대도 꽂아 드렸다. 멤버십이나 할인카드도 항상 여쭤보기도 하고. 그러자 손님들이 깜짝 놀라는 것이다. 다른 곳에서는 한 번도 받아보지 못했던 서비스에.

근무자들에게도 이런 '진심' 어린 서비스를 항상 강조하고 교육을 많이 했다. 다행히 우리 친구들이 나의 마음을 이해하고 말 한마디 행동 하나도 고객의 입장에서 생각하고 행동하려 노력했다. 그런데 이런 친구 중에서 지금도 기억에 남는 근무자가 있다. 바로 김지선이라는 친구다. 이 친구를 처음 채용했는데 손님 응대를 너무 어려워했다.

내가 매장에서 5분만 벗어나면 "사장님 무서워요." 하는 것이다. 3개월이 지났는데도 상황이 달라지지 않았다. 그래서 집에 돌려보내야 하나 갈등이 생길 정도였다. 그러던 어느 날 어쩔 수 없이 이 친구 혼자 다섯 시간 동안 근무해야 하는 상황이 발생했다.

"지선아, 네가 지금부터 혼자서 다섯 시간 동안 있어야 해. 죽이 되든 밥이 되든 알아서 해봐라."

그리고 다섯 시간 후 헐레벌떡 뛰어 매장에 들어왔다. 애가 얼마나 초주검이 되어 있을까? 그런데 내 예상과 달리 얼굴이 아주 환한 것이다. 그리고 포스 뒤에 음료수 다섯 개가 쌓여 있었다. 그러면서 나에게 음료수를 권한 것이다. 더 놀라운 건 그 음료수를 손님들이 주고 간 것이다. 그동안 한 번도 없었던 일인데 도대체 무슨 일이 있었던 걸까. 그래서 전후 사정을 물었다.

"제가 생각을 해봤는데요. 이런 생각이 들더라고요. 내가 이제껏 행동했던 것보다 서너 배는 더 친절하고 더 공손하게 손님들을 대하자 그러면 손님들도 나에게 뭐라고 하지는 않겠지!"

그 마음으로 다섯 시간 동안 정말 최선을 다한 것이다. 그리고 그 마음이 손님들에게 와 닿았던 모양이다. 손님들이 그 마음에 감동해 음료수를 건넨 것이다. 그것도 각기 다른 손님이. 그 친구가 이렇게 말했다.

"사장님, 이제는 혼자서 일할 수 있어요! 저한테 얼마든지 맡겨주세요."

그 이후 매장에서 아주 날아다니며 일을 하는 것이다. 그때 이후부터 계속 나와 함께 일하고 있으며 벌써 8년째이다. 지금은 나의 가장 든든한 지원군이다. 그런데 이런 사례는 이 친구 하나만이 아니다. 우리 근무자 중에는 손님들에게 음료수나 과자를 건네받는 경우가 굉장히 많다. 결국 1~2분 짧은 시간에도 진심을 다한다면 손님들을 얼마든지 감동시킬 수 있다.

그런데 간혹 어이없는 일도 있었다. 우리 친구들이 진심을 다해 응대하니 다른 업종에서 스카우트 제의를 하는 것이다. 그럴 때는 황당하다. 손님과 싸울 수도 없고. 하지만 한편으로 뿌듯하기도 하다. 그만큼 우리 친구들이 진심을 다해 응대했다는 의미가 아니겠는가.

고객에게 즐거움을 선사하라

20대 시절 나는 5년 동안 여행사에서 관광가이드로 생활했다. 당시 이 직업을 선택한 이유 중 하나는 공짜로 정말 원 없이 여행을 해보고 싶어서였다. 그런데 막상 생계 수단이 되니 전혀 즐겁지 않았다. 지금은 관광지도 많고 사람들에게 알려지지 않은 숨은 명소도 많다. 그런데 그때는 거의 정해진 코스였다. 독립기념관, 경주 불국사, 63시티, 한강유람선 식으로. 이 똑같은 코스를 1년에 수십 번 그것도 매해.

그러니 여행지에 대한 감흥은 이미 사라지고 없었다. 그저 아무런 사고 없이 무사히 여행을 잘 끝마치는 일에만 모든 정신이 쏠려 있다. 그러니 어떤 멋진 풍경을 봐도 시큰둥한 것이다. 그런데 이런 나와 달리 대부분의 손님들은 한껏 들떠 있다. 왜 그렇지 않겠나. 어떤 부부에게는 결혼 후 오랜만의 나들이일 수 있고 또 나이 지긋한 어르신들에게는 자식들이 보내준 효도 관광일 수도 있다. 또 누군가에게는 정말 몇 년을 학수고대하며 기다린 여행일 테니. 저마다 사정은 다르지만 다들 여행에 기대감이 가득하다.

그런 모습을 보면서 뭔가 추억 하나는 선물해주고 싶었다. 여행하다 보면 오랫동안 버스에 머무르는 시간이 많다. 그 시간이라도 기분 좋게 즐겁게 할 수 있을까? 그때 떠오른 것이 바로 '커튼'이었다. 지금은 관광버스에 커튼이 모두 달려 있다. 그런데 1980년대 중반에는 투명한 유리 그대로였다. 그래서 월급을 쪼개서 커튼 집에 찾아가서 구름 모양의 핑크색 커튼을 주문했다. 그리고 버스 유리창 양쪽에 커튼을 설치했다.

아마 내가 전국에서 최초로 관광버스에 커튼을 설치했을 것이다. 그러자 실내 분위기가 완전히 달라지는 것이다. 뭔가 다른 세상에 있는 듯하고 편안하고 아늑한 기분이 들었다. 당시 손님들 반응이 정말 뜨거웠다. 다른 버스는 밋밋한데 우리 버스는 핑크색 커튼이 달려 있으니 마치 공주 방에 들어온 느낌도 들고. 무엇보다 버스에 오래 머물러도 지루하지 않고 기분이 절로 좋아지는 것이다.

그런데 그때 커튼이 얼마나 인기였는지 관광지에 가면 다른 버스 기사분들이 너무 신기해서 우리 차에 구경을 오곤 했다. 그래서였을까 함께 여행을 다녀온 후에 나를 찾는 손님들이 많아졌다.

"저번에 같이 갔던 그 키 큰 아가씨하고 이번에도 여행을 가면 좋겠어요."

이렇게 말이다. 그 커튼 하나로 손님들과 이런저런 이야기도 많이 나누고 여행도 정말 즐거웠던 것 같다.

고객과 함께 스토리를 만들어가라

9년 동안 호프집을 운영하면서도 손님들과의 추억이 참 많았다. 사람은 시련을 겪으며 성장한다고 했던가. 1층에 라이브카페가 들어섰을 때 심하게 마음고생을 했다. 하지만 그분 덕택에 많이 성장했다. 무엇보다 고객 중심으로 사고가 많이 바뀌었다. 그때는 근무자들의 유니폼 하나도 세심하게 신경을 썼다. 그래서 여름에는 하와이안 복장, 가을에는 카우보이 모자를 쓴 윈스턴 스타일 복장 또 겨울에는 산타복에 자루를 메고 다녔다. 그 자루 안에서 사탕이나 팝콘을 꺼내주기도 하고. 그러자 손님들이 너무 재미있어 하는 것이다.

또 2002년 월드컵이 열리던 때는 매장에 대형 티비를 제일 처음 도입했다. 당시 호프집에 큰 티비를 설치한 곳이 드물었다. 그래서 축구 경기가 열리는 날이면 우리 매장에 모여서 삼삼오오 다들 모였다. 그러다 문득 이런 생각이 들었다.

"그냥 술만 먹는 것보다 좀 더 재미있게 하는 방법이 없을까?"

그래서 대표팀 경기가 있는 날이면 테이블 위에 태극기, 빨간 티셔츠, 머리띠를 미리 올려두었다. 또 안주 위에도 태극기와 상대나라 모형 깃발을 꽂아두었다. 그러자 손님들이 그 국기를 보면서 다들 웃기도 하고 그 국기를 빼서 응원하는 분들도 있었다. 그날은 모든 사람들이 하나가 되어 목이 터지도록 응원했던 것 같다. 그래도 다들 너무 즐거우니 힘들지가 않은 것이다.

그런가 하면 12월 31일에는 특별한 이벤트를 고민했다. 그날은 많은 분들이 서울에 보신각 종을 보러 가거나 유명 해돋이 장소를 찾는다. 그런데 사정상 호프집을 오는 분들도 있다. '뭔가 재미있는 이벤트가 없을까?' 그래서 테이블마다 양초를 하나씩 두었다. 그리고 11시 55분이 되면 내가 마이크를 잡았다.

"여러분~ 이제 5분 뒷면 보신각 종이 울립니다. 테이블에 놓아둔 초에 불을 붙이고 저 종소리 맞춰서 우리 소원 한 번 빌어볼까요."

그리고 5분 후 매장 내 불을 다 끄고 보신각에서 종을 치는 영상을 틀어주었다. 그러면 손님들이 무척 좋아했다. 지금도 그때의 기억을 떠올리면 나도 모르게 미소가 지어진다. '어떻게 그런 아이디어를 떠올렸을까?' 돌아보면 그 시절 내 사고의 중심은 항상 고객이었다. 우리 매장을 찾는 손님들에게 어떻게 즐거움을 줄 수 있을까를 항상 고민했던 듯하다.

사람 냄새 나는 편의점을 만들고 싶다

편의점을 운영하면서 제일 아쉬운 것이 바로 고객들과의 이런 소통이었다. 호프집은 고객들이 머무른 시간이 길기에 여러 이벤트를 시도할 수 있었다. 그런데 편의점 고객들은 대부분 급하고 머무는 시간이 극히 짧다. 길어도 5~10분이 넘지 않는다. 그렇게 급한 고객들을 응대하다 보니 어떨 때는 나조차도 삭막하다고 느껴질 때가 있었다. 그런 부분이 늘 아쉬웠다. 뭔가 고객과 소통할 수 있는 게 없을까? 어떻게 보면 편의점 역시 사람과 사람이 만나는 공간이 아닌가.

'아주 사소한 거라도 뭔가 웃을 수 있는 일이 있으면 좋겠다.'

그러던 어느 날 빼빼로데이 행사 준비를 위해 팬시점을 방문했다. 그런데 천장에 예쁜 모빌들이 가득 걸려 있었다. 그 순간 잠깐이지만 기분이 좋고 너무 행복했다. 마치 다른 세상에 와 있는 것처럼. '아, 우리 매장도 이렇게 연출해보면 어떨까?' 그래서 매장 천장과 벽면에 형형 색깔의 풍선, 아기자기한 꽃, 모빌, 그리고 중간 중간 빼빼로도 함께 연출했다. 그러자 손님들이 깜짝 놀라며 웃는 것이다.

'여기가 정말 편의점이 맞아요?'

어떤 분은 아주 예쁘고 신기하다며 사진을 찍기도 했다. 고객들도 즐겁고 우리들도 즐겁고. 덕분에 매출도 올리고. 그 모습을 보며 깨달은 사실이 있다.

'아, 편의점에서도 얼마든지 손님들과 추억을 만들 수 있구나.'

그 이후부터는 좀 더 적극적으로 여러 방법을 고민해나갔다. 고객들에게 즐거움도 주면서 우리 매장을 더 멋지게 연출할 방법이 없을까? 한 번은 유흥가 근처 구리○○점 운영할 때의 일이다. 그 매장은 당시 고객 특성상 애완견을 키우는 분들이 많아서 애견용품 매대가 따로 있었다. 좀 더 효과적으로 알릴 방법이 없을까? 그때 생각난 것이 바로 '강아지 발바닥스티커'였다. 그래서 입구부터 애견 매대까지 매장 바닥에 스티커를 붙였다. 그런데 뜻밖에 이 스티커에 대한 반응이 뜨거웠다. 유흥가이다 보니 밤늦게까지 일해서 피곤하고 지친 손님들이 많았다. 그런데 스티커를 보고 한 번씩 피식 웃기도 하고 호기심 많은 분들은 발바닥을 따라가 보기도 하고. 스티커 하나로 손님들과 우리들의 이야기가 또 하나 만들어졌다. 찰칵하고 말이다.

또 한 번은 바나나를 팔 때의 일이다. 우리 매장에서 시작된 바나나가 전국으로 확대되면서 한때 바나나가 엄청나게 판매되었다. 그 당시 바나나를 찾는 손님들이 참 많았다. 그러다 이런 생각이 들었다.

"바나나 나무를 한 번 세워볼까?"

그런데 그 나무를 구하기가 쉽지 않았다. 대신 매장 외부에 파라솔을 설치하고 다른 나무를 설치해서 모형 바나나를 몇 송이씩 걸어두었다. 그런데 놀랍게도 그 바나나를 보고 손님들이 진짜라고 생각하는 것이다. 그 정도로 정교했던 걸까. 하여튼 지나가는 분들이 매장에 들어와서 묻는 것이다.

"밖에 매달려 있는 바나나 얼마예요?"

처음에는 농담하는 줄 알았다. 그런데 그런 분들이 너무 많았다.

그러자 나도 그 상황이 너무 재미있었다.

"아, 그거 드실 수 있으면 드셔 보세요. 공짜로 드릴게요."

처음에는 다들 당황해 하신다. 그러나 내가 나중에 모형이라 말씀드리면 한바탕 크게 웃는 것이다. 이처럼 매장 연출할 때도 즐거움을 줄 방법을 함께 고민했다. 그리고 그동안 시도했던 상품 중 가장 반응이 좋았던 상품이 바로 '그늘막' 텐트였다. 어느 날 상품 마스터를 검색하는데 카탈로그 상품 중 그늘막 텐트가 있었다. 순간 매장에서 팔아보면 어떨까 싶었다. 사실 텐트를 사기 위해서는 마트에 가거나 아웃도어 매장에 가야 했다. 그런데 편의점에서 쉽게 구할 수 있으면 얼마나 좋겠는가. 그래서 그늘막 텐트 50개를 선주문했다. 그런데 문제는 진열이었다. 어떻게 선보일 수 있을까? 부피도 너무 커서 여유 공간이 전혀 없었다.

그러다 생각난 곳이 바로 '천장'이었다. 특히 리더스인스빌 매장은 천장이 높았다. 그래서 텐트를 펼쳐서 공중에 매달아두었다. 그러자 들어서는 손님들마다 다들 놀라는 것이다. '어떻게 텐트가 공중에 있지?' 편의점에 텐트가 있는 것도 놀라운데 천장에 매달려 있으니 얼마나 신기하겠는가. 들어서는 손님마다 신기해하며 계속 쳐다보며 웃는 것이다. 그리고 다들 물었다.

"어떻게 천장에 설치할 생각을 하셨어요?"

이런 손님들의 반응에 나 역시 너무 기분이 좋아졌다. 그리고 주문한 50개 텐트를 다 팔았다. 이처럼 나 스스로 즐거운 기분도 내고 고객도 즐겁게 상품을 구입할 수 있는 것이 편이 아닐까. 돌아

텐트를 펼쳐서 공중에 매달아둔 모습

보면 지난 14년 동안 손님들과의 추억들이 참 많았다. 그 시간 동안 고객도 우리도 참 많이 웃었다. 뭔가 대단하고 엄청난 이벤트들은 아니었지만, 그래도 잠깐이나마 손님들과 함께 웃을 수 있어서 행복했다. 그래서 지금도 나는 고민 중이다.

'어떻게 하면 한 번이라도 웃게 할 수 있을까?'

언젠가 텔레비전에서 시애틀의 피시파크 내 '파이크 플레이스 피시 마켓'가 소개되었다. 그곳에서 일하는 분들이 호흡에 맞춰서 기합을 넣고 거대한 생선을 던지고 받는 것이다. 그 모습이 너무 신나 보이고 활기차 보였다. 그리고 그걸 지켜보는 손님들도 너무 재미있어 하는 것이다. 그 모습을 보면서 생각했다.

'아, 우리 편의점도 저렇게 만들어보면 좋겠다.'

앞으로 내 목표 중 하나는 사람냄새 나는 편의점을 만드는 것이다. 계산만 후딱 하고 가는 삭막한 편의점이 아니라 잠시나마 힐링이 되는 공간, 웃을 수 있는 공간, 즐거움이 있는 공간, 사람들과 정이 느껴지는 공간. 그런 편의점을 만들어가고 싶다.

돈이 아니라 고객을 남겨라

학교 다닐 때 보면 누구에게나 취약한 과목이 있다. 내게는 수학이 바로 그런 과목이었다. 그런데 중학교 때 선생님께서 이런 말씀을 하시는 것이다.

"여자들은 원래 선천적으로 머리가 나빠서 수학을 못하는 게 당연한 거야."

'아, 나는 공부머리는 아니구나.'

이후 수학이 더 싫어졌고 손에서 완전히 놓아버렸다. 그러다 보니 남들보다 숫자에 더 약하고 계산하고 따지는 일에는 완전 허당이다. 또 예전부터 장사꾼이라는 단어가 싫었다. 왠지 돈만 밝히는 사람이라는 느낌이 들어서. 그래서 사람들과 숫자 하나하나에 연연하며 가타부타 따지고 싶지도 않았다. 누군가 나에게 장사를 잘한다는 말을 하면 기분이 안 좋았다. 내가 그렇게 장삿속으로 보이나 싶어서. 이래저래 나는 숫자와는 거리가 멀었다. 또 무언가를 머릿속으로 복잡하게 계산하며 따지는 일이 체질에 맞지가 않았다.

지금도 이 성격은 마찬가지다. 편의점 본사에서는 매월 한 달에 한 번 정산금과 세부 내역서를 보내준다. 많은 경영주님이 그 문서를 아주 꼼꼼하게 본다. 그런데 나는 정산금액만 확인하고 덮어버린다. 금액이 많든 적든. 그래서 본사에서도 정산표 안 보는 경영주로 유명하다. 오죽했으면 팀장님이 걱정스럽게 묻는다.

"경영주님, 정산표 안 보세요?" "그냥 알아서 주세요."

나보다 많이 배우고 똑똑한 그들이 어련히 알아서 계산했겠는가. 또 어차피 세부적인 내용을 봐도 머리만 아프고 복잡하다. 차라리 그 시간에 손님들에게 인사 한 번 더 하고 매장 청소 한 번 더 하자는 것이 내 생각이다.

그래서 주변에서는 이렇게 숫자를 싫어하고 셈에 약한 사람이 어떻게 25년 동안 장사를 하고 있는지 의아해한다. 하긴 내가 생각해도 나 자신이 신기하다. 그런데 숫자에 무디고 둔감한 게 다행인지도 모르겠다. 만약 숫자에 연연했으면 여기까지 오지 못했을 것이다.

돈이 아닌 고객을 향하라

의류 대리점 시절에 한 번은 여자 손님에게 청치마를 정해진 기간까지 꼭 구해주겠다고 약속했다. 그런데 주문이 누락되어 본사에서 발송이 안 된 것이다. 지금 같으면 택배로 총알배송이 가능하지만 그때는 달리 방법이 없었다. 그래서 그날 저녁 강원도 화천에서 마포 본사까지 시외버스와 지하철 3번을 갈아타며 본사로 향했다. 그 청치마 하나를 위해. 내 모습을 보고 본사 직원도 도저히 이해할 수 없다는 표정이었다.

'정말 이 청치마 하나 때문에 거기서 오신 거예요?'

주변 지인들도 혀를 찼다. "청치마 하나 팔아 얼마 남는다고 그러느냐. 하지만 나는 얼마를 남느냐보다 고객과의 약속을 지켜야겠다는 생각뿐이었다. 그때의 일로 신뢰를 얻었고 주변에 입소문이 나면서 단골도 점점 늘어갔다.

호프집 초창기 시절 정말 무던히도 벤치마킹을 다녔다. 그런데 손님들이 줄 서는 매장에는 한가지 공통점이 있었다. 바로 '아낌없이 베푸는 것'이다. 신선하고 맛좋은 음식이 정말 푸짐하고 나왔다. 이렇게 주고도 과연 남는 게 있을까 싶었다. 그런데도 손님이 항상 끊이지 않는 것이다. 그걸 보면서 느꼈다.

'아, 내가 돈을 남기겠다는 생각을 하면 안 되겠구나. 일단 나도 손님들에게 베풀자.'

그때부터 돈 생각하지 말고 일단 무조건 베풀자고 생각했다. '손님들에게 이렇게 퍼줘도 남는 게 있나요?'라는 소리를 들어야 성공한다고 생각했다. 그리고 안주가 아니라 요리를 대접한다는 생각으로 온갖 정성을 쏟았다. 그래서 주방에서 사용되는 식자재는

배달시키지 않고 직접 시장에 나가 구매해왔다. 당시 새벽 3~4시에 가게 문을 닫으면 남편과 함께 구리 농수산물 시장에 들렀다.

그래서 그날그날 가장 신선한 야채 과일을 직접 사왔다. 그런데 시장에 갈 때면 매일 나 자신과 싸워야 했다. 오후 2시부터 다음날 새벽까지 장사하다 보면 이미 몸과 마음은 파김치 상태다. 그 상태에서 시장까지 가려니 쉽지가 않았다. 그럼에도 계속 시장에 나갔다. 그래서 당시 하루 수면 시간이 서너 시간에 불과했다. 주변에서는 이런 나를 보며 체력이 대단하다 했지만 깡으로 계속 버텨나갔다.

또 오징어도 울릉도산 최고급 오징어를 항상 고집했다. 그리고 여러 식재료를 조합해서 맛을 극대화를 시킬 수 있는 소스를 직접 개발했다. 또한 사골을 삶아 우려낸 물을 베이스로 우리 집만의 특별 소스를 개발했다. 어디 그뿐인가. 돈가스도 냉동을 사용하지 않고 직접 등심을 사서 다 두들겼다. 그렇다 보니 원가가 엄청나게 높아졌다. 보통 식당은 원가가 30퍼센트인데 많은 곳이 40퍼센트 정도다. 그런데 우리 매장에서는 60퍼센트 이상 원가를 썼다. 정말 아낌없이 원 없이 퍼줬다.

그런데 그때는 안주를 팔아서 얼마를 남기겠다 생각하지 않았다. 그보다는 "손님들에게 이렇게 퍼줘도 남는 게 있어요?"라는 소리를 듣는 게 목표였다. 그래서 인건비와 매장 운영비만 나오면 버틸 수 있다는 생각으로 계속 퍼주기 전략으로 나갔다. 물론 나도 사람이다 보니 가끔 갈등이 생길 때도 있었다. 그럴 때면 나 스스로에게 다짐했다.

'그래 이건 부업이야. 그러니까 남기지 않아도 돼.'

부업이라고 대충대충 해도 된다는 의미가 아니었다. 나 스스로 비용에 대해서 자유롭게 생각하기 위해서 스스로를 설득하는 것이다. 그리고 이렇게 아낌없이 베풀자 손님들이 점점 늘어났고 입소문이 나면서 매출이 점점 늘기 시작했다. 만약 그 시절 내가 숫자에 연연해서 원가를 생각했다면 베풀지 못했을 것이다. 숫자에 대한 개념이 없었던 것이 나에게는 다행이었다.

고객 만족이 최고의 만족이다

편의점을 운영할 때도 상품을 팔아서 얼마나 남겨야겠다는 생각은 거의 없었다. 오래전 겨울철에 카운터 앞에서 오뎅을 판매했다. 그때는 레시피가 체계화되지 않아 오뎅 국물이 그렇게 맛있지는 않았다. 그저 그런 수준이랄까. 그런데 배운 게 도둑질이라고, 호프집 운영 시절 내가 일식을 조금 배웠다. 그래서 여러 국물 만드는 일이 익숙했다.

당시의 노하우를 활용해서 대파와 무 등 야채를 정말 아끼지 않고 투하했다. 그래서 수준급 이상으로 오뎅 국물을 만들었다. 그러자 손님마다 국물이 끝내주게 맛있다는 것이다. 특히 맥주나 소주를 구매한 손님들은 꼭 오뎅을 포장해갔다. 그렇다고 돈을 더 받는 것도 아니다. 그저 맛있다는 한마디가 나에게는 보람이고 다음번에 다시 찾아주면 감사할 따름이다.

　DIY 상품 역시 마찬가지다. 우리 매장에서는 다른 곳과 달리 매해 엄청난 DIY 상품을 선보이고 있다. 주변에서는 혹시 이익이 많이 남는지 물어보는 분들이 있다. 결론부터 말하자면, 절대 그렇지 않다는 것이다. 만약 이익을 남기겠다는 생각으로 시작했다면 진작 중단했을 것이다. 나는 DIY 상품을 팔아서 얼마를 남기겠다고 한 번도 생각한 적이 없다.

　사실 DIY 상품 제작을 위해서는 많은 시간과 노력과 비용이 투자된다. 매해 행사 시기가 돌아보면 좀 더 특별한 방법을 찾기 위해 머리를 쥐어짜야 한다. 내가 머리가 좋아서 아이디어가 샘솟으면 얼마나 좋겠는가. 그렇지 않으니 인터넷 검색은 물론이고 여기저기 발품을 팔며 계속 고민을 한다. '이런 방법이 있네. 저렇게도 하는구나.' 그렇게 계속 고심 끝에 하나의 테마를 정한다.

　큰 테마가 정해지면 포장 방법을 고민한다. 오래전에 포장을 배웠지만 계속 고집할 수 없다. 특히 포장도 그때마다 트렌드라는 게 있다. 그 트렌드를 읽기 위해서 양재 화훼 센터에 수시로 들른다. 그곳에 가면 싱싱한 꽃은 물론이고 사람들이 선호하는 포장은 무엇이고 시선을 끄는 포장법 등을 보고 배울 수 있다. 그리고 그다음 또 발품을 팔며 포장에 필요한 재료와 각종 소품 등을 잔뜩 구입한다. 그 이후에 우리 부부, OFC님, 팀장님, 그리고 근무자들이 모두 모여서 포장을 하는 것이다. 이런 과정을 거쳐야 비로소 하나의 DIY가 완성된다.

빼빼로데이에 만든 DIY 상품 진열 모습

 그렇다고 이게 끝이 아니다. 매해 DIY 상품을 판매하기 위해서는 날씨와 싸워야 한다. 그나마 빼빼로데이에는 추위가 덜하다. 하지만 졸업식 때는 추위와 싸우느라 모두가 고생이다. 이렇듯 디자인 구상, 트렌드 서칭, 포장방법 연구, 재료 구입, 노동력, 그리고 판매까지. 절대 이윤을 많이 남길 수 있는 구조가 아니다. 그런데 이 일을 벌써 8~9년 넘게 해오고 있다. 만약 이익을 남기겠다는 생각으로 시작했다면 진작 중단했을 것이다.
 주변에서는 굳이 그런 수고스러움을 들일 필요가 있느냐며 그만두라는 분들도 많다. 그럼에도 매번 이 행사를 하는 것은 손님들이 즐거워하는 모습이 눈에 선해서다. 또 우리가 직접 포장한 상품들에 아주 예쁘다고 칭찬해줄 때면 그동안의 고생이 눈 녹듯이 사라진다. 고객들이 만족하는 모습을 보는 것이 나에게는 가장 큰 보람이다.

고객을 이기려 하지 말자

우리는 일이 잘 안 풀리거나 힘들 때면 간혹 점집을 찾는다. 그런데 아마 나처럼 많이 드나든 사람도 드물 것이다. 특히 호프집에서 한참 고전하던 시기에 유명하다는 점집을 정말 무던히도 다녔다. 그런데 가는 곳마다 장사를 그만두라는 것이다. 나와 어울리지 않는다며. 또 명리학적으로도 나는 장사 스타일이 아니라는 것이다. 콧대가 높아 자존심이 세며 자기주장이 강하다는 것이다. 하지만 달리 방법이 없어서 계속 유지해나갔다. 그래서 손님들을 대할 때면 끊임없이 나 자신을 낮추면서 계속 맞추려 노력해왔다. 그런데 사람이 타고난 성격은 어쩔 수 없다고, 가끔 고객들을 상대하다 보면 욱 하고 올라올 때가 있다. 그러면 맞짱을 뜨는 것이다.

한번은 호프집에서 한 남자 손님이 계산대로 다가왔다. 이제 계산을 하고 가는가 보다 했다. 그런데 갑자기 험하게 인상을 쓰더니 한마디 툭 던지는 것이다.

"저 이 동네에서 깡패인데요."

그 순간 기분이 확 상했다. 깡패라는 단어로 나를 협박하는 것이었다. 그 행동이 너무 괘씸해서 일부러 세게 나갔다.

"그래서요? 깡패인 거랑 저랑 무슨 상관인데요? 오늘 드신 술값은 내고 가세요."

"나한테 이러면 낼부터 여기 장사 못하게 할 수 있는데."

결론은 술값을 못 내겠다는 것이다. 만약 정말 돈이 없으면 충분히 넘어갈 수 있었다. 그런데 일부러 그러는 것이 훤히 보였다. 여기서 내가 물러서면 계속 시달릴 것 같았다.

"그래요? 나랑 한번 해볼래요? 하고 싶은 대로 마음대로 해보세요."

그리고 내가 셔터문을 내렸다. 한번 원하는 대로 해보라며. 그러자 오히려 손님이 당황하면서 꼬리를 내리는 것이다. 지금 생각해도 그 손님은 참 어이가 없었다. 이런 손님 외에도 여러 다양한 손님들을 대하면서 잊지 못할 경험도 많이 했다.

고객에게 상처받지 말자

편의점을 하면 이런 진상 손님들이 없으리라 생각했다. 그런데 오히려 더 많은 듯하다. 특히 밤에 술에 잔뜩 취해 오는 손님은 정말 어떻게 대응해야 할지 너무 난감하다. 어떤 손님은 소주병을 집어던지기도 하고 어떤 손님은 행패를 부리며 매장에 드러눕기도 한다. 다들 왜 그러는지. 한번은 술 취한 손님이 느닷없이 와서 나를 쳐다보더니 한마디 던졌다. "너 내 마누랑 똑같은 년이야." 그래서 내가 뭐라고 했을까. "사모님이 저처럼 예뻐요?" 그냥 웃으면서 넘겼다.

또 도난 손님은 왜 그리 많은지. 일일이 열거하지 나열하기 어려울 정도로. 그동안 경험해보니 편의점 로스의 20퍼센트는 바로 손님들에게 발생했다. 그런데 도난 손님은 양호하다. 더 진상인 손님도 많다. 언젠가 새벽 2시쯤에 술 취한 남자 손님이 ATM기기를 이용했다. 그런데 돈이 나오지 않는다면 화면을 냅다 갈기는 것이다. 결국 기계가 박살이 났다. 그래서 매장 안이 아수라장이 되었다. 그런데 내게 와서 돈이 안 나온다며 계속 시비를 거는 것이다. 도저히 방법이 없어서 경찰에 신고했다.

그런가 하면 한번은 한 고등학생이 신분증을 위조해 술을 사러 왔다. 그러다 나에게 적발되었다. 이런 경우 대부분 미안하다고 사과하거나 슬그머니 사라진다. 그런데 이 학생은 나에게 오히려 더 바득바득 대는 것이다. 내가 뭘 잘못했냐는 듯이. 아무리 타일러도 소용이 없었다. 하는 수없이 경찰에 신고했다. 그런데 아이 엄마가 달려오더니 나를 추궁하는 것이다. "아니, 우리 애가 내일 시험을 봐야 하는데 당신 때문에 스트레스받아서 시험점수 안 나오면 어떻게 책임질 거예요?" 순간 아무 말도 할 수 없었다. 아이가 문제가 아니라 엄마가 더 큰 문제였다.

이외에도 그동안 내가 경험한 진상손님에 대해서 책으로 쓰자면 한 권도 넘을 것이다. 처음에는 상처도 정말 많이 받았다. 하지만 자꾸 반복되니 마음의 근육이 생겨서인지 이제는 웬만한 손님은 그러려니 하고 도 닦는 기분으로 넘어간다. 고객은 이기는 대상이 아니라 이해하는 대상이다.

고객에게 지는 것이 길게 보면 이기는 것이다

그런데 이런 나에게도 정말 적응이 안 되는 손님이 한 명 있었다. 내가 만나본 손님 중 최악이었다. 봉투값 20원을 받는 정책이 시행되었을 때였다. 그동안 안 받다 갑자기 받으려 하니 여기저기서 문제가 발생했다. 어르신들에게 봉투값 20원을 말씀드리면 엄청나게 화를 내는 것이다. 그렇다 보니 봉투값 20원을 받아야 할지 말아야 할지 고민이었다. 20원 달라고 하면 손님들이 야박하다면서 떠났다. 그렇다고 공짜로 제공하면 '봉파라치'한테 걸려 수십만 원 과태료를 내야 했다. 그 당시 금곡점도 봉파라치에 두 번이나 신고를 당해 수십만 원의 과태료를 물었다. 여기서 한 번 더 신고를 당하면 50만 원 벌금이었다. 그래서 모두 예민해져 있을 때였다.

한번은 밤 10시쯤에 술 취한 손님이 찐빵을 사러 왔다. 그래서 찐빵을 드리며 봉투값 20원을 요구했다. 그런데 갑자기 욕을 하는 것이다. 이런 경우가 종종 있기에 정중하게 설명했다. 그런데 술에 취해서였을까. 카운터 앞에서 갑자기 옷을 벗는 것이다. 그것도 팬티까지. 그리고 배째라는 식으로 소리를 쳤다. "나 돈 없어! 다 뒤져봐." 너무 당황스러워 뭐라 말이 안 나왔다. 수없이 많은 손님을 상대해봤지만 이런 경우는 처음이었다. 그런데 우리 여자 근무자가 비명을 질렀다. 이제 갓 스무 살을 넘긴 친구가 감당하기엔 너무 충격적이 장면이었다. 바바리맨도 아니고.

그 순간 나도 열을 받았다. 약한 모습을 보이면 안 될 듯했다. 그래서 일부러 더 세게 나갔다. "아저씨! 봐도 별거 아니니 얼른 옷 입으세요." 나의 태연한 반응에 그 손님이 오히려 황당해했다. 그러더니 순순히 옷을 다시 주워입었다. 그런데 약이 오른 건지 옷을 다시 또 벗는 것이다. 나 역시 그 상황에서 더 물러설 수가 없었다. "아저씨! 두 번 봐도 별거 없으니 얼른 다시 입으세요!"

그때부터 봉투값이고 뭐고 손님과 대판 싸우게 되었다. 그런데 문제는 그다음 날부터였다. 그 손님이 매일 밤 술을 먹고 우리 매장에 찾아와 깽판을 치는 것이다. 특히 근무자들에게 계속 시비를 걸고 해코지를 했다.

"아니, 여기 근무자들은 왜 이렇게 불친절해? 손님에게 이래도 돼?" "상품을 좋은 걸 가져다 놓아야지. 이걸 지금 나보고 먹으라는 거야?"

그러니 젊은 친구들로선 얼마나 무섭겠는가. 어찌 대처해야 할지 다들 발만 동동거렸다.

그럴 때마다 내가 앞에 나서서 대응했다.

"손님, 도대체 왜 이러시는 거예요? 술을 드셨으면 얼른 집에 가세요."

그런데 또 말도 안 되는 억지를 부리며 계속 시비를 거는 것이다. 겨우겨우 달래서 돌려보내면 다음날 어김없이 나타났다. 그러면 내가 또 상황을 수습해야 했다. 그런 일이 한 달 두 달 계속되었다. 나중에는 나도 너무 지쳐서 대응할 기운도 없었다.

"제발 오지 마세요. 도대체 무슨 억하심정으로 우리 매장에 와서 이러시는 거예요. 당신 같은 사람에게 장사하기 싫으니 제발 그만 오시라고요."

달래도 보고 협박도 해보고 별의별 방법을 써도 소용이 없었다. 그렇게 6개월 동안 일주일에 두세 번을 계속 찾아와 시비를 걸었다. 그 손님만 나타나면 정말 피가 마르는 것이다. 그때 정말 뼈저리게 후회했다.

'차라리 처음부터 내가 조금 더 요령 있게 손님을 달려서 보낼걸. 그랬으면 이처럼 커지지 않았을 텐데.'

손님에게 지기 싫어서 같이 버틴 게 이렇게 커진 것이다. 그리고 결국 내가 버티다 못해 먼저 손을 들었다. 이후 전략을 바꿨다. 그 손님이 나타나면 내가 먼저 뛰어나갔다. 그리고 환하게 웃으면서 반갑게 맞이했다.

"아, 오셨어요? 오늘은 뭐 필요하세요?" "소주가 한 병 필요한데."

"그러세요. 소주 어떤 걸로 드릴까요? 그런데 소주만 드시면 속 버리시니 안주도 드셔야죠. 안주 어떤 거 좋아하세요?"

그 손님 원하는 대로 모두 다 맞춰드렸다. 1만 원이든 2만 원이든 공짜로 그냥 다 드렸다. 또 어떤 날은 대낮에 찾아오기도 했다.

"사장님, 오늘은 뭐 필요하세요?" "아이스크림이 하나 먹고 싶은데."

"아, 그러세요. 이걸로 드세요. 그런데 가져가시면 녹을 텐데 괜찮으세요?" "괜찮은데."

"그럼 제가 안 녹게 잘 포장해 드릴게요."

그리고 매장을 나가려고 하면 문도 미리 열고 택시도 태워 드렸다. 그 이후에도 그 손님의 그림자만 나타나도 내가 90도 인사를 하며 최대한 맞춰드렸다. 백룸에서 발주를 하다가도 손님 목소리가 들리면 뛰어나갔다. 혹시라도 우리 근무자들에게 해코지할까 봐. 그렇게 6개월쯤 지났을까. 자신도 양심은 있었던지 점점 마음이 풀렸다. 그리고 나중에는 내게 사과를 해왔다.

"처음부터 이럴 생각은 아니었는데……."

이후 이 손님의 태도가 완전히 달라졌다. 매장에 와서 근무자들에게 아이스크림이나 음료수를 사주는 것이다. 나와도 이런저런 대화를 나누기도 하고. 아마 모르는 분들이 본다면 친구라고 오해할 정도였다. 그때 그 손님과의 그 사건으로 느낀 게 있다.

'고객을 이기려 해서는 안 된다. 절대 고객과 싸우지 말자.'

이후로는 절대 손님과 다투지 않는다. 설사 조금 억지를 부리고 어려운 요청을 해와도 상황을 이해시키려고 최선을 다해 노력하고 있다. 편의점에는 하루에도 수많은 진상손님이 오고 간다. 그런데 고객이 화내거나 불평한다고 해서 똑같이 목소리를 높이거나 같은 행동을 보여서는 안 된다. 일단 잘못이 있든 없든 정중히 우선 상대방의 기분을 인정해줘야 한다.

 그렇지 않고 맞불작전으로 가면 더 큰불을 일으키게 되어 있다. 나처럼 말이다. 그러니 어떤 상황이든 고객을 차분한 상태로 만드는 것이 최우선이다. 물론 그게 쉽지는 않다. 하지만 누군가 그러지 않았나. 원래 세상살이란 고행이고 힘이 드는 거라고. 그러니 스스로 도를 닦는다는 생각과 고객을 이해하는 심리학자가 된다는 생각으로 임해보자. 그러면 우리 매장에 평화를 얻을 수 있다.

고객님, 항상 감사합니다, 또 오세요

흔히 사람에게 받은 상처는 다시 사람에게 받은 위로로 치유된다는 말이 있다. 그 말이 딱 맞는 듯하다. 특히 서비스업에 종사하는 사람들에게는. 호프집 운영 시절에 수많은 손님들을 상대하며 상처도 정말 많이 받았다. 그럴 때마다 남편에게 이런저런 넋두리를 하기도 했다. 하지만 모든 상황을 다 알 수는 없기에 혼자서 많이 울기도 했다. 차마 남편 앞에서 눈물을 보일 수가 없었다. 그만두라고 할까 봐.

그럼에도 다음 날이면 다시 기운을 차리고 매장으로 향했던 것은 나를 기다려주는 마음 따뜻한 손님들이 훨씬 많았기 때문이다. 한번은 아이가 어렸을 때다. 남편은 직장에 다니고 나는 호프집에 있다 보니 아이를 돌볼 사람이 없었다. 그래서 아주머니를 고용했는데 갑자기 그만두는 바람에 대신 돌봐줄 사람이 없었다. 하는 수 없이 아이를 등에 업고 일을 했다. 그러다 간혹 잠들면 카운터 안에서 재우기도 했다. 한 번은 아이가 잠든 틈을 타서 주방에서 안주를 만들고 있었다. 그런데 아이가 사라진 것이다. 이곳저곳을 다 뒤져도 아이가 없었다. 혹시나 하는 마음에 손님 테이블을 두리번거렸다. 그런데 그곳에서 안주를 먹고 있는 것이다. 순간 너무 어이가 없어서 웃음이 나왔다.

아마 잠에서 깨서 두리번거리다 나를 찾는다는 게 그만 손님 테이블로 간 모양이었다. 그런데도 손님들이 싫은 기색 하나 없이 아이와 함께 잘 놀아줬다. 너무 감사하게도. 그 후로도 그런 일들이 종종 생겼다. 계속 주방에서 일하다 보니 아이를 돌볼 수가 없었다. 그럴 때마다 손님들이 걱정하지 말라며 아이와 놀아줬다. 자식도 아니고 조카도 아닌데. 그때의 그 손님들이 너무 고마웠고 정말 큰 힘이 되었다.

그런가 하면 지금까지도 잊히지 않는 손님이 한 분 있다. 당시 우리 매장에서는 포인트 카드를 만들어 매출의 5퍼센트를 적립해줬다. 그래서 현금처럼 쓸 수 있도록 했다. 그런데 그분이 포인트가 무려 150만 점이 넘었다. 얼마나 우리 매장에 자주 왔겠는가. 주5일 출근도장을 찍으셨다. 그래서 그 포인트로 결혼 피로연을 무료로 하고 가셨다. 어디 그뿐인가. 결혼 후 아이 돌잔치 뒤풀이 때도 찾아주셨다. 지금도 편의점에 가끔 들르시는데 나와 20년을 함께하는 평생 고객이다.

어디 그뿐인가. 나에게 서울에 가보라며 조언을 해주신 분, 경쟁점포로 힘들어할 때 잊지 않고 찾아준 분들, 부서 회식이면 언제나 우리 매장을 찾아주는 사무실 언니들까지. 그런 분들이 있었기에 9년이라는 시간 동안 한자리에서 운영할 수 있었다.

결국 고객에게서 힘을 얻는다

편의점을 운영할 때도 마찬가지였다. 진상 손님들 때문에 속상할 때가 참 많다. 말도 안 되는 걸로 시비를 걸거나 꼬장 부리는 손님을 응대하고 있으면 가끔 내가 왜 이 일을 하고 있는지 회의감이 든다. 그런데 손님들의 위로와 격려에 다시 힘을 내곤 한다.

한때 우리 매장에서 겨울에 오뎅을 판매했다. 그런데 어느 날 한 손님이 오뎅 맛을 보고 갸우뚱하는 것이다. 그리고 다음날 무를 한 자루 주시며 넣어보라는 것이다. 알고 보니 그분 직업이 야채 도매상이었다. 평소에 우리 근무자들이 아주 친절하게 대해주어서 고맙다며 도매시장에서 무를 사다가 그냥 주셨다. 그런데 하루 이틀이 아니라 한 달 넘게 계속. 미안하고 고마워서 돈을 드렸는데 한사코 사양하셨다. 이후에도 여러 가지 야채를 많이 가져다주셨다. 덕분에 싱싱한 야채를 정말 맘껏 넣었고 오뎅 국물이 맛있다며 인근까지 소문이 났다.

그런가 하면 먼 거리에서도 기꺼이 우리 매장을 찾아주시는 분들도 있다. 언젠가부터 금곡점에 남자 손님이 자주 들르셨다. 그런데 매번 장바구니 가득 장을 보는 것이다. 고마운 마음에 먼저 말을 건네보았다.

"손님, 댁이 어디세요?" "사능이에요."

사능은 우리 매장에서는 15분 정도 거리가 되는 곳이었다.

"예? 그쪽에도 편의점도 많고 마트도 많은데 여기까지 오셨어요?" "아, 뭐 그렇긴 한데. 그래도 여기 오면 물건 종류도 많고 1+1, 2+1 상품도 많아서 좋아요."

그 말씀을 듣는 순간 고맙고 감사했다. 집 앞 가까운 곳도 아니고 우리 매장이 주차하기 쉬운 곳도 아니다. 그런데 일주일에 한두 번은 꼭 찾아와주시는 그 마음이 너무 감사했다. 또 어떤 손님은 버스를 타고 가다가 일부러 우리 매장 앞에서 내려서 들렀다. 우리 매장 근무자들이 친절해서 꼭 들른다고.

또 점포 주변에 어르신 중에는 우리 친구들이 친절하고 예쁘다며 과일, 옥수수, 고구마를 자주 건네주신다. 근무자들에게 음료수나 먹거리도 사주시며 서로의 안부를 묻는 손님들도 있고 인사를 먼저 건네는 분들도 있다. 그리고 가끔 이사 간 고객들이 돌아와 "아직도 하고 계시네요. 예전 모습 그대로네요." 말씀해주신 분들이 있어 너무 반갑기도 하고. 가끔은 먹을 것도 나누어주시고 작은 선물도 건네주는 분들도 생겨났다. 바로 이런 고마운 분들이 있기에 지금 이 자리에 존재할 수 있었다.

올해로 편의점 14년 차다. 하루에 수백 명의 손님을 대하지만,

사실 고객 응대는 나에게도 여전히 숙제로 남아 있다. 과거보다 조금 나아지기는 했지만 지금도 나는 접객이 쉽지가 않다. 그럼에도 다시 힘을 내서 뛰는 것은 우리 점포를 기억하고 찾아주는 따뜻한 분들이 있기 때문이다. 나를 기억해주고 우리 점포를 찾아주는 고객님들이 있어서 너무 감사하다.

"고객님, 항상 감사합니다. 그리고 또 오세요."

5장
밑바닥에서 배운 것이 진짜다

밑바닥은 최고의 학교다

"편의점을 운영하면서 어떤 점이 가장 어려우세요?"

이런 질문을 받으면 100명이면 100명 모두 똑같은 답이 나올 것이다. 뭘까? 바로 근무자 관리이다. 편의점 운영은 '근무자 관리'에 성공이 달려 있다 해도 과언이 아니다. 그만큼 근무자를 잘 선발해서 관리하는 것이 중요하다. 그런데 이게 말처럼 참 쉽지가 않다. 편의점 1년 차이든 10년 차이든. 14년 차 나에게도 가장 어려운 영역이다.

나는 몇 년 전부터 인근 지역 경영주님들과 2~3개월에 한 번씩 모여 편의점 운영에 대한 여러 정보를 교환하고 있다. 그런데 이때 매번 어김없이 나오는 주제가 바로 근무자 관리이다. 근무자 관리는 모든 편의점 경영주들의 영원한 숙제라 할 수 있다.

현재 국내 편의점에서 일하는 근무자들의 평균 근속기간은 '3개월'로 이직률이 굉장히 높다. 그럼 우리 매장은 어떨까? 4개점 평균 근속기간이 4년에 이른다. 어떤 친구는 5년 또 어떤 친구는 8년째 함께하고 있다. 그래서 많은 분들이 놀라신다.

"정말 그게 가능한 일이에요?"

내게 사람 다루는 기술을 타고났느냐고 묻는 분들도 있다. 하지만 전혀 아니다. 그저 현장에서 온몸으로 부딪치고 깨져가며 배워가다 보니 경험이 조금 더 쌓였을 뿐이다.

근무자들에게 끌려다니지 말고 리드하라

돌이켜보면 과연 나처럼 어리바리한 초보 사장이 또 있었을까 싶다. 내가 근무자를 처음 채용한 건 호프집에서부터였다. 오픈 시 본사에서 아르바이트 두세 명 구해서 시작하면 별문제 없을 거라고 했다. 그래서 그런가 보다 했다.

'그래, 두세 명이 힘을 합해서 잘하면 되지.'

그런데 막상 영업이 시작되니 하나부터 열까지 모르는 것투성이였다. 어쨌든 나는 사장이었다. 그러면 근무자들에게 역할 분담을 하고 지시를 내려야 했다. 그런데 술도 못 마시고 호프집에 고작 세 번밖에 가본 적이 없으니 어떤 룰에 의해 운영되는지 몰랐다. 홀에서 일하는 근무자들에게 무슨 일을 시키는 건지? 청소를 시키는 건지? 서빙만 보게 하는 건지? 뒷정리는 누가 하는 건지? 상황이 이렇다 보니 뭘 시키려 해도 망설여지는 것이다.

'혹시 내가 일을 잘 못 시켜 내일부터 안 나오면 어떡하지?'

혼자 전전긍긍했다. 그러니 어쩌겠는가. 내가 웬만한 일은 다했다. 항상 매일 먼저 출근해 홀과 주방청소도 다해놓고 손님이 들어오면 인사도 더 많이 더 크게 했다. 당시 홀 근무자들은 음식 나오면 가져다주고 뒷정리 이외에 하는 일이 없었다. 또 주방에 설거지가 많이 쌓여도 주방장에게 도와달라는 말을 차마 못했다. 내가 직접 들어가 500cc 맥주잔이며 접시를 설거지했다. 그때는 근무자들을 다루는 기술이 아예 없었다.

그러다 가끔은 내가 주방에 들어가 음식도 만들었다. 주방장이 쉬는 날은 다른 사람이 없으니 나라도 그 일을 했다. 주방장만큼은 아니지만 어깨너머 배운 실력으로 대처해나가는 것이다. 그런데 그때는 참 무지했다. 호프집에 별로 다녀보질 않았으니 안주별로 어떤 도구가 세팅되는지도 몰랐다. 예를 들어 골뱅이에는 젓가락이고 감자튀김에는 포크라는 건 초등학생도 아는 상식이 아닌가. 그런데 나는 그런 기본조차 몰랐다. 그래서 근무자들이 하나하나 부족한 부분을 지적했다.

"사장님 여기에는 젓가락이고요. 여기는 포크에요. 휴"

또 과일 안주를 만들면 이상하게 접시가 휑한 것이다. 그러면 직원들이 또 코치하는 것이다.

"사장님, 과일 안주 나갈 때는 옆에 데코를 해요. 파슬리를 꼽아

보세요."

이런 식으로 근무자에게 거의 끌려다녔다. 그들이 사장이고 내가 종업원이었다. 이후 다른 호프집을 돌아다니면서 나의 부족한 부분을 하나 둘 채워나갔다. 그러면서 근무자들이 어떻게 움직이는지, 무슨 일을 하는지 눈여겨봤다. 그런데 놀랍게도 직원들이 알아서 움직이는 것이다. 나는 매번 혼자서 다 했던 일인데. 그 모습이 너무 신기했다.

'아, 근무자들이 이런 일을 하는 거구나.'

그런 모습을 보면서 근무자들에게 어떤 일을 지시하며 어떻게 업무를 분담해야 하고 사장으로서 내 역할은 무엇인지 하나 둘 깨닫게 되었다. 그렇게 2년쯤 지나자 호프집 일이 처음보다 아주 익숙해졌다. 무엇보다 근무자들에게 더는 끌려다니지 않아도 되었다. 예전에는 내가 종업원이었지만 이제는 사장이 되어 업무를 지시할 수 있게 되었다.

처음부터 고수는 없으니 하나하나 배워가자

인생은 도돌이표라고 했던가. 편의점 오픈 후 호프집과 비슷한 상황이 펼쳐졌다. 내가 편의점에 대해 전혀 경험이 없으니 또 막막한 것이다. 지금이야 본사에서 근무자 교육관리에 대한 지침이 체계화되어 있다. 그런데 2003년 당시에는 '근무자를 잘 뽑아서 관리를 잘해야 한다'는 지침이 전부였다. 근무자들을 어떻게 선발해서 어떻게 교육시키고 관리해야 하는지에 대해 알려주는 사람이 없었다. 그러니 전혀 알 수가 없었다.

편의점은 대개 세 파트로 교대하는데 교대는 몇 시간씩 하는 건지? 근무시간에 어떤 일을 시켜야 하는지? 포스(계산대)만 보게 하는 건지? 청소를 시키는 건지? 도대체 근무자관리는 어떤 룰에 의해서 운영이 되는 걸까. 전혀 경험이 없으니 갑갑했다. 내가 이상한 일을 시켜서 안 나오는 거 아니야? 그렇게 혼자 끙끙 앓다 결국 내 사정을 솔직히 털어놓고 이해를 구했다.

"사실 내가 편의점이 처음이라서 잘 모르거든. 실수하는 게 많을 거야. 부족한 게 있으면 나한테 이야기해줄래. 너희들과 재미있게 일하고 싶은데."

역시 진심으로 다가가면 사람의 마음은 열리게 마련이었다. 착한 근무자들이 나를 이해해주기도 했다. 근무자들은 다행히 이전에 편의점 근무 경험이 있었다. 그래서 그들에게 하나 둘 물었다.

"너는 저쪽 편의점에서 몇 시부터 몇 시까지 일했어?" "그때는 주로 어떻게 일했어?" "포스는 어떻게 했니?"

그렇다고 모든 걸 근무자들에게 의지할 수는 없었다. 그들이 모든 걸 아는 게 아니니 그때부터 나의 특기인 몸으로 때우기가 시작됐다. 우선 신발과 옷부터 바꿔 신었다. 사실 호프집에서는 청바지와 운동화가 기본차림이었다. 항상 주방에서 안주를 만들어 급하면 들고 뛰어야 해서. 그래서 그 차림에 너무 지겨워서 호프집을 정리하면서 운동화를 모두 다 버렸다. 다시는 안 신겠다고 다짐하면서. 그런데 편의점을 시작하면서 운동화와 청바지를 다시 집어 들었다. 언제든 내가 뛸 준비가 되어 있어야 하니까.

근무자들을 일단 계산대에 세워놓고 포스만 보게 했다. 그리고 나머지 일들은 내가 하나 둘 해나갔다. 청소, 백룸, 매대청소, 검수, 진열 등 모든 일을 하면서 몸으로 익혀나갔다. 그렇게 3개월 정도가 지나자 하나 둘 업무가 익숙해지기 시작했다. 그렇게 1년이 지나자 편의점 업무에 대해서 전반적으로 파악하게 되었다. 그다음부터는 근무자들과 여러 업무를 분담해서 같이 해나갔다.

"그럼 우리 같이해볼까? 그럼 너는 여기 해. 내가 여기 할게."

그러면서 근무자들을 어떻게 교육하고 관리하는지 노하우가 하나 둘 생겨났다. 언젠가 이런 문자를 한 통 받았다.

"요즘 근무자 때문에 정말 죽을 거 같네요. ㅠㅠㅠㅠ 어떻게 교육을 해야 하는지 정말 몰라서 답답하기만 합니다. 저 역시 아는 게 많지 않으니깐 아이들 교육이 잘되지 않는 거 같기도 하고 ㅠㅠㅠㅠ."

이제 5개월 정도 된 여자 경영주님인데 근무자 때문에 너무 속상하다는 것이다. 과거의 내 모습을 보는 듯해서 마음이 참 짠했다. 어떤 일이든 그런 거 같다. 처음에는 누구나 경험이 없기에 한계에 부딪힌다. 하지만 시간이 흐르면 익숙해지게 마련이다. 특히 근무자 관리는 더더욱 그렇다. 어느 한순간에 되지 않는다. 충분한 시간이 필요하다.

그러니 너무 속상해하지 않고 일을 배운다는 생각으로 뛰어보면 어떻까? 특히 예전의 나처럼 아무 경험이 없는 경영주님이라면 근무자보다 서너 배는 더 뛰어야 한다. 그래서 운동화는 가장 좋은 걸로 신고 움직이라고 말씀드린다. 하루 10시간 이상 서 있어야 하는데 운동화가 불편하면 다리가 버틸 수가 없기 때문이다.

흔히들 사업할 때는 밑바닥에서부터 시작하라는 말이 있다. 왜 그럴까? 여러 의미가 있겠지만 내가 일을 알아야 근무자들에게 업무를 부여하고 관리할 수 있기 때문이다. 편의점운영도 마찬가지다. 직원들을 지시하려고 해도 자신이 알지 못하면 절대 할 수 없다. 결국 자신이 먼저 알아야 한다. 그것도 완벽히.

경험이 쌓이면
지혜가 된다

나이가 들면 지혜가 쌓인다고 했던가. 편의점을 오랫동안 운영하다 보니 저절로 깨달아지는 사실이 있다. 편의점 경영은 혼자서 빨리 가는 짧은 길이 아니라 먼 길이다. 그런데 이 먼 길을 함께 가려면 되도록 좋은 사람과 같이 가야 한다. 서로 뜻이 맞고 주변 사람들과 협력도 잘하며 좋은 인성과 태도를 가진 파트너를 구해야 한다. 그런데 처음부터 내 마음에 꼭 드는 파트너를 어떻게 구하겠는가? 우리가 무슨 점쟁이도 아니고 독심술사도 아닌데 근무자 선발 역시 많은 시행착오를 거쳐야 자신의 매장에 맞는 파트너를 구할 수 있는 듯하다.

호프집 운영 시절, 그때 아무런 채용 노하우가 없었다. 심지어 이력서를 어떻게 검토해야 하는지도 몰랐다. 설사 그들이 가지고 온들 내가 어떻게 검증이나 하겠나. 그래서 지원자들의 말을 100퍼센트 믿었다. 또 내 성격이 사람 말을 잘 믿는 편이다. 한번은 주방장을 면접 볼 때의 일이다. 이런저런 이야기를 해보니 괜찮은 분이라는 생각이 들었다. 그때 그분이 마지막으로 이렇게 말하는 것이다.

"사장님, 예전에 제가 장사를 해봤기 때문에 주인 된 마음으로 열심히 하겠습니다."

"아! 네. 고맙습니다."

얼마나 고마운가. 나는 아무것도 모르는데 주인 된 마음으로 열심히 하겠다니. 정말 그 말을 철석같이 믿었다. 그런데 믿는 도끼에 발등을 찍힌다더니 한두 달 잘 나오다 갑자기 연락이 끊기는 것이다. 처음엔 그 주방장이 인성이 별로라 생각했다. 그 이후에 장사 경험이 있는 주방장을 또 채용했다. 그런데 비슷한 일이 반복되는 것이다. 이번에는 연락 두절 후 갑자기 연락이 오더니 문자로 그만두겠다고 통보하는 것이다. 이런 경험을 겪으면서 저절로 알아졌다. 그 후로는 이런 분들은 되도록 채용하지 않았다. 이처럼 사람을 채용하는 것도 경험이 쌓여야 노하우도 생기는 것이다.

처음부터 좋은 습관이 몸에 배게 하자

편의점에서 근무자를 선발하는 것도 똑같은 이치다. 그동안 수많은 근무자들과 만나면서 어떤 친구가 우리 매장에 적합한지? 어떤 친구가 고객서비스를 잘하는지? 어떤 친구가 오랫동안 일할 수 있는지? 등에 대해서 하나 둘 기준이 생겼다.

요즘에는 편의점에서 일할 친구를 구하기가 몹시 어렵다. 그런데 내가 처음 편의점을 시작하던 2003년도에는 지금과 달리 근무자를 구하기가 쉬웠다. 인터넷에 공고를 올릴 필요도 없었다. 출입문에 '아르바이트 구함'이라고 붙여놓으면 친구들이 일하겠다고 왔다. 그때도 무슨 채용기준이 있는 것도 아니었다. 그저 옷차림이 단정한지 보고 20~30분 동안 이런저런 이야기해보고 성실해 보이면 채용했다.

다만, 그때 물어보는 건 한 가지였다. 오랫동안 근무할 수 있느냐였다. 호프집에서 근무자들이 매번 그만두는 상황에 너무 힘들어 했기에. 그러면 그 자리에서는 다들 가능하다고 답한다. 그렇게 채용해서 일을 조금씩 가르친다. 그런데 한두 달 일을 하다 월급 받으면 일이 터진다.

다음날 전화도 안 받고 무단으로 결근하는 것이다. 또 무단으로 안 나와놓고 문자로 계좌번호를 보낸다. 그동안 일한 돈을 입금하라고. 또 갑자기 연락 와서 많이 하는 말이 있다. "부모님께서 아프셔서 간호해야 해요." 나중에는 채용 시 집안에 아픈 사람 없느냐고 미리 물어볼 정도였다. 그러니 우리 부부가 항상 24시간 대기 상태로 있다가 무단 결근 근무자를 대신해 근무하는 것이다. 그러면서 정말 원망을 많이 했다. 손님들 때문이 아니라 정말 근무자들 때문에 그만두고 싶은 마음이 굴뚝같았다.

그런가 하면 내가 경험이 없었기에 편의점이나 마트에서 근무한 친구를 선호하기도 했다. 아무래도 비슷한 일을 해봤기에 훨씬 잘하리라는 생각에. 그런데 꼭 그런 것도 아니었다. 대형 프랜차이즈에서 근무했던 친구들은 이미 기본적이고 체계적으로 교육을 받았기에 금방 적응한다. 한마디 하면 척척 잘한다. 그런데 작은 슈퍼나 매출이 부진한 점포에서 근무한 친구들은 이틀을 못 버티고 나가는 것이다. 왜일까? 이 친구들은 이미 나쁜 습관이 배어 있기에 우리 매장의 룰에 적응하지 못하는 것이다.

또 나쁜 습관이 든 친구는 나머지 사람들까지 물들인다. 원래 부정적인 게 더 빨리 퍼지는 법이라고. 내가 퇴근하고 가면 나머지 친구들을 부추겼다. "왜 청소를 우리가 해야 해? 왜 그걸 우리가 해야 해?" 그런데 매일 듣다 보니 나머지 친구들도 이상해진 것이다. 이미 잡을 수 있는 한계가 넘어버렸다. 그 친구 하나 때문에.

그래서 결국 모든 친구들을 다 내보고 우리 부부가 24시간을 전담하기도 했다. 그러면서 내가 맹세했다. '차라리 아무 경험 없는 도화지 같은 친구들을 채용하자.' 물론 하얀 도화지의 단점이 있다. 우리 매장의 색깔로 물을 들이는데 시간이 걸린다. 하지만 이런 친구들이 장기적으로는 훨씬 오랫동안 성실하게 근무를 하는 것이다.

그런가 하면 한 번은 담배 피우는 친구를 채용했다. 남자친구들은 담배를 피우더라도 문앞에 가서 피운다. 여자들은 담배를 화장실이나 백룸에서 숨어서 핀다. 그러다 한 번은 백룸에서 담배를 피우다가 담배 불을 잘못 처리해서 불을 내고 만 것이다. 매장이 날아갈 뻔했다. 그래서 될 수 있으면 비흡연자를 채용해야겠다고 다짐했다.

우리가 수많은 옷을 입고 벗다 보면 자신만의 스타일을 찾게 된다. 근무자 채용도 마찬가지다. 수백 명의 근무자를 겪으면서 나만의 룰이나 기준이 만들어졌다. 그리고 이런 기준을 가지고 채용하자 근속연수가 길어지면서 매장이 점차 안정화되었다. 물론 그렇다고 내가 가지고 있는 방법이 꼭 정답은 아니다. 점포 운영에는 정답이 없다. 매 순간 자신에게 맞는 명답을 찾아 나가는 것이니.

씨앗이 좋아야 좋은 결실을 볼 수 있다

어느 날 텔레비전을 보는데 국무총리 ○○○총리 후보자 낙마 소식이 전해졌다. 벌써 몇 번째 그 후보들이 계속 미끄러졌다. '아니, 왜 매번 저러지. 사람을 왜 저렇게 뽑지? 제대로 설문을 통해서 선발하면 안 되나. 제대로 검증한 후 총리를 지명하면 불미스러운 일도 없을 텐데. 쯧쯧.'

그런데 문득 이런 생각이 스쳤다. '아, 우리 근무자를 선발할 때도 설문지로 검증해서 선발하면 어떨까?' 그러면 시행착오를 훨씬 줄일 수 있을 듯했다. 그때 문득 화천에서 자라던 시절, 엄마 모습이 떠올랐다. 엄마는 가을이 되면 좋은 씨앗은 일부러 골라서 귀하게 두셨다. 그리고 봄에 그 씨앗으로 파종했다. 왜 그러셨을까? 씨앗이 좋아야 좋은 결실을 보기 때문이다.

근무자 채용도 마찬가지다. 처음부터 적합한 사람을 선발하면 그 친구와 좋은 인연이 돼 장기근무가 가능해진다. 편의점도 안정이 되고 매출은 자연스럽게 상승하게 된다. 그런데 처음부터 마인드가 부족한 친구들을 선발하면 자꾸 악순환이 반복되는 것이다. 그러면서 근무자 채용에 대한 나만의 설문지를 만들기 시작했다.

- GS25의 입사 동기는? 현재 하는 일은? 편의점에서 일한 경력이 있나요?
- 카운터에서 핸드폰 소지가 불가능합니다. 동의하십니까?
- 책임지고 약속할 수 있는 근무 가능한 기간은?
- 본인이 근무할 수 있는 장점이 무엇인가요? 최선을 다해서 근무할 수 있나요?
- 무단결근이나 무단퇴사는 절대 안 되며 약속을 지킬 수 있나요?

그리고 근무자들이 면접을 보러 오면 이 설문지를 작성하도록 하였다. 스스로 읽어보고 답을 할 수 있도록. 그런데 어떤 친구는 중간에 작성하다 가버리는 것이다. 쉽게 일할 줄 알고 찾아왔다가 만만한 곳이 아니라는 생각에 겁이 난 것이다. 그런데 나는 중간에 포기하는 것이 고맙다. 만약 그런 친구를 채용했다면 분명 일주일 만에 그만두었을 테니 말이다.

여러 항목 중에서 내가 두 번 세 번 확인하는 항목이 있다. 바로 '핸드폰 소지'다. 우리 매장에서는 핸드폰을 백룸에 보관하는 것을 원칙으로 하고 있다. 왜일까? 근무자가 손님과 인사하고 눈을 마주쳐야 한다. 그런데 핸드폰을 보고 있으면 기본적인 응대에 소홀해질 수밖에 없다. 그러다 보면 손님이 미성년자인지, 아닌지 신경을 쓰지 못한다. 자칫 미성년자에게 술이나 담배를 판매하게 되면 그 후폭풍을 감당하기가 어렵다. 그래서 핸드폰 사용 불가원칙을 고수하는 것이다. 만약 면접 시 핸드폰 없으면 안 된다 하는 친구들은 그냥 돌려보낸다.

하여튼 그 이후로 설문지를 활용해 어느 정도 기준에 적합한 친구들을 위주로 채용하기 시작했다. 그러자 세 개의 점포에서 50퍼센트 이상이 1년 이상 근무하고 있다. 물론 개중에는 적응을 못 해서 혹은 일이 안 따라주어서 그만두기도 했다. 하지만 인근 점포와 비교해 근무자들 마인드만큼은 부러움을 사기도 했다.

어떤 분들은 설문 항목을 보고 현실과 너무 동떨어진 이야기가 아니냐고 생각할 수 있다. 또 근무자가 잘 구해져서 그런가 보다 여길 수 있다. 하지만 절대 아니다. 우리 매장 역시 사람이 없어서 3개월째 계속 고전 중이다. 하지만 내 채용 원칙은 '내가 포스 담당할 사람이 없어서 문을 닫는 한이 있어도 제대로 준비되어 있지 않으면 채용하지 않겠다'는 것이다.

그동안 많은 면접자들이 왔다갔지만 위의 항목에 들어맞지 않기에 계속 채용을 못하고 있다. 사실 12가지 항목에 들어맞는 사람을 찾기란 쉽지 않다. 20명 중 한 명 온다. 대신 오는 친구들은 1년 이상 간다. 이게 더 현명할 수도 있다. 한때 야간 근무자들 선발하는 데 몇 달 동안 너무 안 뽑아지는 것이다. 몇 달 동안 야간 알바를 구하지 못해서 남편과 내가 들어가기도 했다. 또 우리 근무자들 중에서 대타를 구하기도 했다.

그렇게 어렵게 어렵게 구해서 채용한 친구가 형우다. 그런데 이 친구가 아주 친절했다. 상상도 못할 정도 정도로. 이 친구 때문에 지나가다 버스에서 내려 오시는 분이 있었다. 그래서 한 번은 여쭤봤다.

"손님, 집이 어디인데 매번 차에서 내려서 오세요?"

"아, 저요. 마석이요."

마석이라는 지역은 우리 매장에서 30분이나 떨어진 곳이었다. 그 말을 듣고 깜짝 놀랐다. 그래서 그 친구에게 물었다.

"도대체 어떻게 손님들에게 응대를 했니?" "그냥 뭐 손님이 속상하고 그러면 그 이야기를 들어줬더니 손님들이 예뻐해 주시던데요."

정말 대수롭지 않듯이 말하는 것이다. 사실 야간에 오는 손님들은 피곤한 분들이 많다. 그런데 이 친구가 언제나 환하게 웃고 하니 손님들이 좋아했던 것이다. 이 친구는 평소에 매사에 긍정적이고 자신의 일을 즐기는 스타일이었다. 이 친구가 근무하는 동안에는 야간에도 거의 사건 사고가 없었다. 그래서 이런 친구들만 있으면 편의점 10개도 하겠다고 농담하곤 했다. 그때의 경험으로 또 한번 느꼈다.

'처음부터 좋은 친구를 선발하는 것이 정말 중요하다.'

우리가 셔츠를 입을 때 한번 생각해보자. 첫 단추를 잘못 채우면 전체 옷매무새가 이상해진다. 아무리 발버둥쳐도 단추를 제대로 채우기가 어렵다. 첫단추부터 다시 제대로 꿰어야 한다. 근무자 관리도 마찬가지다. 첫단추를 잘못 채우면 나중에 남는 건 후회와 스트레스뿐이다. 후회와 스트레스를 줄일 수 있는 최고의 방법은 바로 첫단추를 잘 끼우는 것이다.

근무자를 제대로 뽑기 위한 5가지 팁!

1. 면접 볼 때 본인의 장점을 이야기하게 유도한다. 당신의 장점은 무엇인지. 예를들면 청소를 잘하는지, 인사성이 밝은지, 시간약속을 잘 지키는지 등. 이렇게 한 가지라도 이야기하게 하면 한 가지는 쉽게 교육이 된다.
2. GS25의 서비스 마인드를 강조하면서 본인이 잘할 수 있는지 다시 한 번 짚고 넘어간다.
3. 광고를 낼 때 '우리 점포는 편해요.' '쉬운 업무예요.' 등을 기재하는데 그러지 마라. 그렇게 해서 뽑아놓고 잘하기를 기대하는 것은 무리이다. 간혹 인터넷에 편의점 근무자 공고 글을 보면 안타까울 때가 있다.
4. 등본, 이력서, 주민증 복사본 받고 나서 교육한다.
5. 당장 급하고 힘들다고 채용하면 결과가 안 좋을 수도 있다.
6. 당신을 위한 편의점이 아니라 편의점을 위해서 당신이 존재한다는 사실을 처음부터 알려라. 그래야 고객에게 사랑받는 편의점으로 거듭날 것이다.
7. 미성년자는 사절이다.
8. 가급적 비흡연자를 뽑아라.
9. 2인 1조 할 때 친구끼리는 될 수 있으면 채용하지 마라.

종업원을 주인으로 만들어라

편의점 초창기 시절, 근무자가 갑자기 그만두게 되었다. 자리 공백이 시급해 기본적인 내용만 숙지시킨 채 근무하도록 했다. 그런데 자꾸 손님들의 클레임이 이어지는 것이다. 편의점을 찾아오는 손님 중 70퍼센트는 단골이다. 그분들은 자신이 받아왔던 서비스와 비슷하거나 그 이상을 기대한다.

그런데 새로 채용하면 처음부터 그 수준에 오르기가 쉽지 않다. 그러니 '어떻게 이것도 모르지?' 하며 클레임을 거는 것이다. 그럴 때면 근무자도 속상하고 나도 속이 상하는 것이다. 그런데 입장바꿔 생각해보자. 우리가 은행에서 업무를 볼 때 직원이 버벅거리면 화가 나나 안 나나? 그것도 못 배웠느냐고, 이것도 못하면서 어떻게 그 자리에 앉아 있느냐고 짜증을 낸다. 클레임은 어쩌면 당연한 것이다.

그때 이후 내가 가장 신경을 쓰는 것이 교육, 그것도 초기 교육이다. 우리 매장에서는 근무자 채용 후 주중 근무자는 3일, 주말 근무자는 4~5일 동안 교육한다. 편의점 일하는 데 무슨 교육이 그리 오랫동안 필요하냐고? 일단 포스 업무만 익히는데도 3일 정도 걸린다. 그리고 고객 맞이 업무, 근무시간 업무(점포 출입문 수시로 닦기, 매대는 하루 한 개 이상 닦기, 시식대 항상 청결하게 유지하기, 전자레인지 확인하고 청소하기, 국물통 확인하기, 상품페이스업 및 채우기, 냉장고 채우기), 그리고 퇴근 전에 마무리 업무(시재 점검, 상품권, 환전함, 담배 점검하기)에 대해서도 교육한다. 이런 모든 업무를 교육하는 데 3~5일이 훌쩍 지나간다. 그리고도 만약 미흡하다고 판단되면 스스로 뭔가를 할 수 있을 때까지 충분히 시간을 준다.

근무자 다짐서를 만들어라

더불어 우리 점포에서는 3~5일 정도의 교육기간이 끝나면 근무자에게 꼭 물어본다. 우리 편의점에서 즐겁게 일할 준비가 되어 있는지 물어본다.

"교육받았는데 해보니까 어때?"

"생각보다 재미있어요. 한번 해볼께요."

이런 친구는 본격적으로 일을 시작한다. 그런데 반대로 얼굴을 찡그리며 "너무 힘들어요"라고 말하는 친구들도 있다. 그러면 3일 동안 일한 급여를 챙겨주고 집에 돌려보낸다. 왜냐하면 이런 친구들은 중도에 그만둘 가능성이 크기에.

그리고 일할 준비가 된 친구들에게 보여주는 문서가 있다. 바로 '근무자 다짐서'이다. 이 문서에는 편의점에서 근무할 때 항상 기억하고 실천해야 할 일을 10가지 사항이 정리되어 있다. 맨 하단에는 자신이 근무할 때 어떤 다짐으로 고객을 응대할 것인지? 어떤 자세로 근무할 것인지 한 줄씩 쓰게 한다. 그렇다고 무슨 법적인 효력이 있는 것은 아니다. 자기 이름을 가지고 책임감을 가지고 근무를 하라는 뜻에서다. 이렇게 스스로 작성한 후 사진을 찍어서 백룸에 붙여둔다. 내가 매장에서 최선을 다하겠다고 자기 스스로 다짐하는 것이다.

그리고 매장 백룸 게시판에 '여러분은 CEO'라고 붙여놓았다. 편의점은 24시간 운영이라 근무자들 스스로 주인이 되어서 움직여야 한다. 고객에게 인사만 잘하는 것이 아니라 고객이 무엇을 원하는지를 파악해 응대할 수 있어야 한다. 손님에게 2+1 상품이 있으면 "이거 어떠세요?" 권유하거나 손님이 가면 바로바로 페이스업을 해야 한다. 즉 그들 스스로 알아서 움직여야 한다.

그래서 내가 그 몇 시간 근무하더라도 그 시간만이라도 아르바이트가 아닌 제2의 경영주라는 사실을 강조하기 위함이다. 물론 그 단어 하나로 주인의식이 불끈 솟아나는 것은 아니다. 하지만 사람은 시각적인 동물이라 자꾸 반복하다 되면 마음이 달라지게 마련이다.

이렇게 충분한 교육이 이루어진 후 근무를 시작하자 고객들의 클레임이 확연히 줄었다. 그런데 많은 점포에서 현실적인 어려움이 있다 보니 3~5시간 정도 교육 후 포스에 근무를 하게 하는 경우가 많다. 그러니 자꾸 고객들에게 클레임이 생기는 것이다.

초기 교육이 이직률을 줄인다

물론 5일이라는 시간에 대해 비용이 아까울 수 있다. 하지만 이렇게 철저하게 교육해야 고객에게 제대로 된 서비스가 가능하다. 또한 경영주님들도 시간을 조금이나마 낼 수 있고 점격도 올라갈 수 있다. 솔직히 현실적인 사정만 허락한다면 석 달 열흘이라도 교육만 시키고 싶은 게 내 마음이다. 더불어 초기 교육이 중요한 이유가 또 있다. 바로 이직률과 직결되기 때문이다. 요즘에는 근무자들을 구하기가 정말 어렵다. 그래서 근무자를 채용하면 여러 업무에 대해서 말하지 않는다. 포스 업무만 알려준다. 다른 업무를 가르치면 혹시라도 그만둘까 봐. 하지만 시간이 흐른 뒤 다른 업무를 교육하려 들면 근무자들이 받아들이지 못한다.

예를 들어 처음에 청소에 대한 언급이 없었는데 나중에 시식대 청소를 지시하면 당황하거나 짜증을 낸다. '내 업무도 아닌데 날 시키지.' 이런 느낌을 받는다. 고객 응대 부분도 그렇다. 요즘 근무자들은 대부분 귀하게 자란 경우가 많다. 그래서 손님이 싫은 소리를 하면 잘 견디지 못한다. 그러니 업무 전에 고객 클레임 발생 시 대처방법을 충분히 알려줘야 한다.

처음부터 자신의 업무 범위에 대해 명확하게 알려주는 것이 중요하다. "아, 여기서 일을 하려면 이 일을 해야 되는구나.' 충분히 인지하고 근무한다. 그런데 사전에 이런 교육이 충분히 이뤄지지 않으면 중간에 집에 돌아갈 확률이 높다. 그러면 또 근무자를 선발해야 하는 악순환이 반복된다.

특히 과거보다 근무자들의 마인드가 갈수록 부족해지고 있다. 요즘 친구들은 생계가 아니라 자신이 원하는 것을 살 돈이 필요해서 근무하는 경우가 대부분이다. 그러다 보니 절실함이나 열정이 부족하다. 이들의 마인드를 끌어올리기 위해서 더 많은 노력이 필요하다. 근무자들의 마인드를 올리려면 더 힘들다. 그러니 더더욱 교육이 중요하다.

최고의 교육은 경영주의 솔선수범이다

그런가 하면 근무자 교육 시 가장 중요한 것이 바로 '솔선수범'이다. 흔히들 자녀는 부모의 뒷모습을 보고 자란다는 말이 있다. 자녀가 책을 좋아하는 아이로 성장하기를 바란다면 100번의 잔소리보다는 부모가 책을 좋아하고 책 읽는 모습을 보여주면 된다.

근무자들이 스스로 알아서 주인이 되어서 근무하게 하고 싶다면 경영주인 내가 먼저 보이면 된다. 근무자들 앞에서 더 열심히 쓸고 닦고 더욱 손님께 공손하고 예의 바르고 친절하게 모범을 보여라. 그럼 그들도 나의 모습을 보고 따라 한다. 하지만 내가 하지 않으면 근무자들도 하지 않는다. 나는 편의점에서 내가 할 수 있는 것은 다한다. 지금도 출근해서 3시간 동안 청소와 정리정돈을 한다. 밀대를 가지고 유리창 청소를 하고 매장 바닥 대걸레질을 한다. 내가 솔선수범을 해야 근무자들이 그 모습을 보고 움직이기 때문이다. 간혹 근무자들에 대해 이렇게 말하는 분들이 있다.

"우리 근무자들은 왜 이렇게 일을 못해? 왜 이렇게 뺀질거리지?"

하지만 근무자들을 나의 오른팔로 만들 건인지, 골칫덩어리로 만들지는 결국 나에게 달려 있다. 원석과 보석을 떠올려보자. 우리는 원석만으로는 이것이 다이아몬드인지, 루비인지, 혹은 이것이 보석이 맞는지 구분하지 못한다. 보석이 원석일 때는 빛이 나지도 않고 깨끗하지도 않다. 그냥 조금 더 투명한 돌멩이일 뿐이다. 하지만 세공사가 돌멩이를 알아보고 깎고 연마하고 다듬어 하나의 영롱한 보석으로 만들어간다.

근무자들을 교육하는 것도 마찬가지다. 경영주는 근무자를 채용 후 보석으로 빛을 발할수 있도록 끊임없이 세공하고 연마시켜야 한다. 나의 노력에 따라서 원석에서 보석이 되기도 하고 그냥 원석으로 그칠 수도 있다. 결국 근무자를 주인으로 만드느냐, 종업원을 만드느냐는 나에게 달려 있다.

최고의 리더십은 사랑에서 나온다

"본사에서 다 지원해줘서 편할 것으로 생각했는데 사람 관리하는 게 너무 힘들어요." "올해 들어서 매출도 팍팍 떨어지는데 알바까지 신경 쓰이게 하네요." "근무자 중 하나가 반품 찍어 현금을 빼돌리네요. 어떻게 대처해야 할지. 정말 배신감이 들고 허탈하네요."

아마 경영주님들이라면 다들 이런 사연에 공감할 것이다. 바로 이런 어려움 때문에 편의점 운영 후 1~2년 사이에 그만두는 분들이 많다. 그런데 왜 이렇게 근무자 관리가 힘든 걸까? 먼저 80퍼센트 이상의 경영주님들이 사람 관리에 대한 경험 없이 시작하기 때문이다. 오랫동안 가정주부로 지내거나 조직 경험이 없는 분들은 근무자들의 돌발 행동에 당황스러워한다. 또 직장에서 부하직원들을 많이 관리해봤기에 근무자 관리를 대수롭지 않게 생각하는 분들도 있다.

'내가 부하 직원 몇 명을 거느려 봤는데.'

하지만 막상 현장에서 부딪쳐보면 근무자 한 명도 제대로 다루기 쉽지 않다는 것을 느낀다. 회사에서 리더십과 편의점에서의 리더십은 다르다. 회사에서는 부하직원들이 회사의 룰이고 체계이니 믿고 따라온다. 하지만 편의점 근무자들은 '경영주'라는 타이틀을 보고 따라오는 것이 아니다.

지난 14년 동안 편의점을 운영하면서 근무자들 수백 명과 만나고 헤어졌다. 그 과정에서 깨달은 사실이 있다. 근무자 관리 최고의 방법은 바로 '관심과 사랑'이라는 것을. 편의점은 사람과 사람이 모여서 일하는 곳이기에 인간적인 정을 느끼는 것이 중요하다. 정해진 시급 주고 부린다는 생각으로 접근하면 위험하다. 먼저 정을 나누는 관계를 형성해야 한다.

나는 오래전부터 근무자들의 이야기를 들어주고 그들을 이해하려고 노력했다. 또 생일이면 영화표라도 챙겨주며 인간적으로 친해지는 게 중요하다. 그러자 어느 순간 근무자들이 나를 위해 도시락을 싸오고 근무시간이 아닌데도 오며 가며 들러서 잠깐씩 매장 일 도와주고 놀다 가는 것이다.

둘째, 칭찬과 격려를 생활화해야 한다. 경영주 입장에서 근무자의 일 처리가 미숙하다고 느껴질 때가 있다. 이런 경우 직접 대면

하고 음료수라도 마시면서 잘하는 점을 먼저 칭찬해주고 미숙한 점을 이야기해보자. 인사는 잘하는 데 청소가 좀 미흡하다면 "인사는 참 잘하는데 매대도 좀 닦아주면 안 될까?" 하고 다가가 보자. 그런데 "매대 청소만 잘하면 뭐 하니? 인사도 못하는데." 이러면 기분이 좋겠는가. 항상 칭찬을 먼저 해주는 습관이 중요하다.

몇 년 전에 우리 매장에 손님들에게 친절하게 인사를 너무 잘하는 친구가 있었다. 항상 손님들에게 말도 먼저 건네고 이런저런 안부도 묻곤 했다. 덕분에 단골손님도 많이 늘었다. 한 손님은 하루에 아침 점심 저녁 세 번을 올 정도였다. 그런데 이 분이 항상 같은 여자분이랑 오셨다. 그러던 어느 날 이 손님이 다른 여자분과 들어오신 것이다. 그런데 우리 친구가 반가운 마음이 앞서 말실수를 한 것이다.

"어머 손님, 여자 친구분이 바뀌셨나 봐요?"

그 순간 정적이 흘렀다. 그 후로 우리 점포에서 그 손님의 얼굴을 보기 어려웠다. 이런 경우 야단을 쳐야 할까? 당연히 칭찬해야 한다. 더불어 서비스 모니터링 점수를 활용해 칭찬하는 것도 방법이다. 점수가 정말 잘 나왔을 때는 "지현아, 이번에 점수 100점 나왔더라. 고마워." 하고 음료수를 내밀어보자. 그러면 근무자들이 으쓱한다. 반대로 점수가 안 나왔다면 "이번 달에는 많이 바빴나 봐. 근무하느라 고생했어. 다음에 잘하자." 하고 격려해주자. 그러면 열심히 해야겠다는 생각을 하게 된다. 칭찬과 격려 한 마디에 근무자들의 태도가 달라질 수 있다.

세 번째는 항상 관심을 두는 것이다. 우리 근무자들은 손님들을 최전방에서 맞이한다. 그러려면 항상 자신의 컨디션이 중요하다. 그래서 나는 근무자의 건강이나 기분 상태를 주의 깊게 살핀다. 혹시 몸이 아픈 곳은 없는지? 기분이 우울하지는 않은지? 집안에 안 좋은 일이 있지는 않은지? 한 번은 이편한점 여자 친구가 생리 기간만 되면 너무 힘들어하는 것이다. 그 모습이 너무 안 쓰러웠다.

사실 내가 원래 생리통이 너무 심해서 병원을 수없이 다녔다. 그런데 전혀 차도가 없었다. 그러다 마지막에 한약을 먹고 많이 좋아졌다. 그래서 생리통 심한 근무자는 한약을 지어 먹였다. 그동안 3~4명은 그런 듯하다. 그러자 이 친구들이 울먹이는 것이다.

"우리 엄마도 신경 안 쓰는데 너무 감사해요."

또 14년 동안 운영하면서 단 한 번도 직원들보다 먼저 밥을 먹어본 적이 없다. 그들에게 먼저 식사를 하게 한다. 그 시간에는 내가 포스를 본다. 또 식사시간을 20~30분 정도 따로 준다. 밥 한 끼를 먹더라도 백룸에 앉아서 좀 여유롭게 먹었으면 하는 마음에서. 편의점에서 폐기된 삼각김밥이나 도시락을 먹을 때가 있다. 하지만 나는 폐기 시간 30분 이전에 미리 상품을 뺀다. 폐기를 먹는다는 기분을 주고 싶지 않아서.

특히 주말이나 야간 근무자들에게는 더 많은 관심과 사랑이 필요하다. 사실 야간 근무는 정말 여간해서가 쉽지 않다. 그 어려움을 알기에 새벽 2~3시까지 같이 근무한다. 그리고 퇴근하면서 한마디를 건넨다. "네가 있어서 너무 다행이야. 나는 너만 믿고 간다." 그리고 아침 7시에 일어나서 "밤새 별일 없었니?" 하고 확인 전화를 한다. 이게 관심 아닐까? 또 야간이나 주말 근무자를 위해서 팝카드를 놓고 온다. "혹시 너 갈증 날 때 이걸로 먹어."

팝카드가 없을 때는 포스 밑에 현금을 두고 나올 때도 있다. "이따 출출할 때 먹고 싶은 거 사 먹으렴." 어떤 때는 2+1 상품을 사놓고 온다. 이마저 여의치 않으면 자신들이 먹고 싶은 걸 먹고 영수증을 붙여놓으라고 한다. 이처럼 내가 근무자들에게 끊임없이 애정을 보여주자 그들도 마음을 열기 시작했고 어느 정도 시간이 흐르자 하나 둘 내 편이 되어주었다. 그 이후로는 자신의 일에 자긍심과 책임감을 가지고 근무하는 것이다.

지금도 기억에 남는 친구가 있다. 구리○○점을 운영할 때였다. 당시 저녁 근무자 하나가 참 싹싹하고 예의가 바른 친구였다. 손님들에게 아주 친절하고. 그런데 하루는 학교에서 운동하다 다리를 다친 것이다. 그래서 당연히 근무가 어려울 거로 여겼다. 그런데 뜻밖의 말을 하는 것이다.

"오늘만 카운터 안에 의자 놓고 앉으면 안 될까요?"

"무슨 소리야. 다리를 다쳤으면 병원에 가야지."

"아, 치료를 받았는데 앉아서 하는 건 괜찮다고 하네요."

사실 그 친구의 공백을 어떻게 채워야 할지 내심 걱정이었다. 그런데 내 마음을 읽기라도 한 건지 미리 배려해주는 그 마음이 고마웠다. 앞서 말했던 남양주금곡점의 지선 씨는 더 감동이었다. 나와 5년 동안 일한 친구가 결혼하게 되었다.

"저 결혼날짜 잡혔는데 11월 10일이에요. 아무래도 엄마하고 날짜를 다시 상의해서 날짜를 옮겨야겠어요." "아니 왜?" "11일이 빼빼로데이인데 어떻게 결혼을 해요?" 그 마음 씀씀이가 몹시 고마웠다. 하지만 결혼과 빼빼로데이 행사가 감히 비교라도 되나? 그래서 크게 야단을 쳤다.

"결혼이 인륜지대사인데 빼빼로데이가 뭐라고 그런 걸 신경을 쓰니? 내가 알아서 할 때니 결혼식 준비나 잘해." "그럼, 제가 죄송하니까 점포에서 5분 거리에 위치한 식장에서 할게요."

그래서 실제로 점포 5분 거리 예식장에서 결혼했다. 우리 점포는 수시로 점포 밖에서 행사한다. 매장 밖에 상품들이 가득하다. 그래서 비나 눈이 오면 계속 신경을 써주어야 한다. 그런데 우리 근무자들은 비가 떨어지면 얼른 가서 덮는다. 비가 멈추면 최대한 빨리 가서 포장을 벗겨놓는다. 근무자들이 매출을 올리기 위해서 열과 성을 다한다. 또 우리는 본사에서는 신상품이 나오면 항상 같이 먹어봤다. 내가 가끔 사주기도 했다. 그런데 요즘에는 근무자들이 내가 사주기 전에 스스로 사서 먹어본다. 그리고 내게도 건넨다.

"드셔 보세요. 되게 맛있어요."

이게 애정이 아닐까. 그래서 우리 점포를 방문하는 경영주들이나 OFC님들이 이런 모습에 깜짝 놀란다. 그리고 묻는다.

"어떻게 하면 근무자들이 그렇게 애정을 가지고 일할 수 있나요?"

근무자를 내 편으로 만드는 가장 좋은 방법은 바로 '관심과 사랑'이다. 『이솝우화』에 「북풍과 태양」 이야기가 있다. 어느 날 북풍과 태양은 지나가는 나그네의 외투를 벗기는 내기를 했다. 자신의 힘만 믿은 북풍은 세찬 바람으로 나그네의 외투를 벗기려고 하지만 결국 실패하고 만다. 결국 두꺼운 외투를 벗기는 것은 혹독한 바람이 아니라 따스함이다. 내가 먼저 관심과 사랑으로 다가간다면 근무자들 역시 분명 화답해줄 것이다.

우리는 함께 뛰는 '파트너'다

지금은 어떤지 몰라도 일본 세븐일레븐에서는 예전에 미혼자에게는 웬만하면 점포 오픈을 안 해줬다. 왜일까? 조력자가 없기 때문이다. 편의점은 24시간 운영이라 조력자가 꼭 있어야 한다. 그럼 가족이나 가까운 이가 없다면 누가 조력자가 될까? 바로 근무자이다. 이들이 나의 조력자이자 파트너이다. 즉 내가 본사의 파트너이듯 나의 파트너는 근무자들이다. 만약 근무자를 파트너가 아니라 단순히 내가 부리는 사람이라고 '너는 너, 나는 나' 이런 식으로 생각하면 그 점포는 오래 유지되기 어렵다.

많은 분들이 궁금해한다.

"경영주님이 운영하는 점포는 어떻게 한결같이 모니터링 점수가 높아요?"

실제로 남양주금곡점은 고객만족도 평가에서 높은 점수를 유지해왔다. 최근 5년간 고객만족도 평가 점수는 다음과 같다. 100점 31회, 90점 이상 18회, 90점 이하 11회. 100점이 원천이 뭘까? 바로 「편의점 이야기」라는 작은 노트를 중심으로 우리 근무자들이 항상 같이 뛰어주었기 때문이다.

「편의점 이야기」의 시작은 초창기부터 써온 '업무일지'에서 시작되었다. 사실 나는 메모하는 걸 싫어한다. 그런데 모든 게 서툴고 실수투성이라 조금이라도 실수를 줄여볼 생각으로 하나 둘 메모를 해나갔다. 포스 계산, 청소, 고객 응대, 상품 구색 등등에 대해 하루 이틀 계속 메모를 했다. 그런데 내가 알고 있어도 다른 친구들에게 전달이 안 되는 것이다. 내가 없는 시간대나 주말에 근무자들에게 전달이 안 될 수도 있다.

그래서 근무자들이 시간대별로 교대하면서 그 업무일지를 계속 보게 했다. 그리고 친구들에게도 자신이 근무하는 시간에 일어나는 내용을 메모하게 했다. 손님이 어떤 물건을 찾았는지, 손님이 어떤 불편함을 호소했는지, 밤에 일할 때 어떤 불편함이 있는지 등 크고 작은 일들을 계속 메모해나갔다.

그러면 다음 교대하는 친구가 그 메모를 보면서 내용을 확인하고 이런 과정들이 반복되면서 실수를 줄여나가고 고객서비스 수준이 점점 올라갔다. 그 결과 남양주금곡점이 항상 모니터링 점수가 100점에 가까워진 것이다. 또 때로는 근무자들이 남겨놓은 애정,

격려, 애교 섞인 불만에 웃는 일도 생겼다. 그렇게 어느 순간 업무일지가 우리들의 소통 창구가 되었다.

그런데 이후 점포를 하나 둘 늘려가면서 새로운 문제점에 봉착했다. 나와 남편이 자주 이동하는 점포는 근무자들이 인사도 잘하고 친절하고 모니터링 점수도 잘 나왔다. 그런데 발걸음이 덜한 매장은 근무자들이 일에 소홀하고 매장도 지저분해지고 관리가 안 되는 것이다. 특히 야간에 모니터링을 하면 70점대로 떨어졌다. 그 때 이후 고민이 시작되었다.

'여러 점포에서 일정한 수준 이상의 마인드를 가지게 할 수 있을까? 어떻게 하면 근무자들을 관리할 수 있을까?'

그러다 생각난 것이 남양주금곡점에서 써왔던 업무일지였다. 그래서 업무일지를 조금 변형시켜서 매일 기본적으로 해야 할에 대해서 항목을 만들었다. 매일 근무자들이 그 항목을 보면서 셀프 체크할 수 있게 말이다. 예를 들면 '출근해서 선도관리 잘했나요?' '명찰 잘 달고 있나요?' '접객 6대 용어는 잘하고 있나요?' '오늘 청소 다 했나요?' '오늘 고객 응대 잘했나요?' '시재점검은 이상 없었나요?' '시식대 및 쓰레기 정리 정돈 잘했나요?'

그래서 만들어진 것이 바로 전국의 모든 점포에서 활용되고 있는 「편의점 이야기」이다. 그렇다고 나 혼자 일방적으로 이런 항목을 만든 것은 아니다. 나와 근무자가 함께 다섯 번의 검수를 거쳐서 만들어졌다. 그래서 우리 모든 점포에서는 「편의점 이야기」를 매일 써오고 있다. 그러자 모든 점포에서 서비스가 통일되게 유지

될 수 있었다. 경쟁점포가 주변에 많이 들어왔지만, 매출에 전혀 영향을 안 받을 수 있었던 것도 근무자들이 「편의점 이야기」를 중심으로 자신의 일을 충실히 해주었기 때문이다.

더불어 근무자를 파트너로 만들기 위해서는 적절한 보상과 동기 부여가 필요하다. 남녀 간에도 아무리 말로만 사랑한다고 속삭이면 뭐하나? 작은 것이라도 내 마음을 표현할 수 있어야 한다. 그래야 그 관계가 오래 지속될 수 있다. 근무자들과의 관계도 마찬가지다. 그동안 우리 매장에서는 행사를 참 많이 했다. 5대 메이저 행사는 물론이고 수시로 이런저런 행사가 참 많았다. 그때마다 우리 친구들이 정말 열심히 뛰어줬다.

그래서 월급날이면 봉투를 하나 더 마련해 인센티브를 주고 있다. 또 편의점에서는 여러 가지 내부 프로모션 행사가 있다. 그러면 우리 친구들과 모두 하나가 되어 목표를 달성하고 그에 대한 부분은 공유하고 있다. 어떤 분들은 매출이 높아서 가능한 게 아니냐고 생각할 수 있다. 하지만 나는 근무자들이 열심히 뛰어주는 부분은 보상을 해줘야 한다고 여긴다. 그래야 파트너십이 생기지 않겠는가. 내 목표 중 하나는 우리 모두가 열심히 해서 전국에서 가장 급여를 많이 주는 것이다

이처럼 끊임없는 관심과 적절한 보상이 이루어지자 우리 근무자들도 자신의 일을 즐기면서 열심히 뛰어주고 있다. 지난 빼빼로데이 행사 때의 일이다. 우리 근무자 중 한 명이 실용음악을 전공하는 학생이었다. 이 친구가 점포 문앞에서 손님들을 위해서 기타를

치며 멋지게 노래를 부르기도 했다. 손님들이 그 노랫소리에 귀를 기울였다. 너무 신기해하고 재미있어 하는 것이다. 그렇다고 내가 시킨 것도 아닌데. 자기 스스로 기타를 가지고 와서 노래를 부르는 것이다. 내가 점포를 무대라고 즐기듯이 이 친구도 즐기는 것이다. 이런 친구들이 함께해줘서 너무 든든하다.

또 언젠가는 남양주금곡점 점장이 파일을 하나 건네주는 것이다. 펼쳐보니 빵 굽는 매뉴얼이었다. 우리 매장에서 굽는 빵이 한두 가지가 아니라 수십 가지가 넘는다. 그런데 어찌나 꼼꼼하게 정리했는지 누가 보더라도 스스로 할 수 있을 정도로 아주 세밀하게 정리를 한 것이다. 어찌 보면 본사에서 해야 할 일인데 자신이 직접 한 것이다. 그것도 근무시간이 아니라 자신의 시간을 따로 투자해서. 내가 시킨 것도 아닌데. OFC도 그 매뉴얼을 보고 깜짝 놀라는 것이다. 누군가가 하겠지 하고 미루는 것이 아니라 스스로 자신이 나서서 일을 해주는 모습에 감동했다. 바로 이런 친구들이 함께 뛰어주기 때문에 고객들의 만족도가 높아지고 매출로 이어지는 것이다.

그렇다면 나의 역할은 무엇일까? 우리 친구들이 오랫동안 뛸 수 있는 환경을 만들어주는 것이다. 편의점을 운영하다 보면 사건사고가 끊이지 않는다. 한 번은 어느 날 점포에서 급하게 전화가 왔다.

"사장님, 큰일났어요. 손님이 와서 오빠 따귀를 때렸어요!"

사정을 들어보니 손님이 술을 먹고 와서는 상품이 비싸다고 근무자를 때린 것이다. 경찰서에 가보니 진술서 쓰고 합의서 써주고 이미 헤어졌다. 너무 속이 상하고 화가 났다.

"야, 그거를 왜 맞아? 합의해주지 말지. 왜 해줬어? 그 손님 어디 갔어?" "사장님 불편하실까 봐요?" "왜?" "제가 없으면 매장 누가 지켜요?"

그 순간 나도 모르게 울컥했다. 나를 위해서 그렇게 해주는 것은 고맙지만 누군가에는 소중한 아들일 텐데. 그 마음이 고맙고 미안해서 더 많은 사랑을 쏟았다. 이런 사건을 겪으면서 이런 일이 더 이상 발생하지 않도록 환경을 조성해주는 것이 나의 역할이라 생각했다.

특히 편의점은 포스(계산대) 쪽에서 사건 사고가 많다. 그래서 근무자들을 보호하기 위해서 포스 주변에 안전장치를 설치했다. 물론 개인비용을 들여서. 그리고 이왕이면 보안이 제일 잘되는 곳으로. 물론 이런 시설을 하려면 적지 않은 돈이 들어간다. 하지만 나는 이런 돈은 하나도 아깝지가 않다. 어떠한 일이 있어도 근무자를 해하는 것은 용납하기가 어렵다. 그리고 점포가 안정되어야 우리 친구들이 마음 놓고 근무할 수 있지 않겠나.

그런가 하면 편의점을 운영하면서 가장 예민하고 부분이 있다. 근무자 바뀔 때마다 긴장하는 일이 술 담배 판매 시 미성년자 구별시키는 일이다. 1년 된 근무자든 3년 차 근무자든 항상 매일 주의를 준다. 하지만 위조가 워낙 감쪽같아서 속아 넘어갈 수 있다. 다행히 나는 경험이 많기에 식별할 수 있다. 그런데 근무자들의 경우 다른 업무에 집중하다 보면 놓칠 때가 있다. 그래서 너무 스트레스를 받는다.

　나는 본사에 '신분증위조 감별기'를 설치해달라고 몇 년 동안 끊임없이 요청했다. 그리고 다행히 본사와의 협조 끝에 테스트를 마친 후 정식으로 설치 신청을 받았다. 효과는 기대 이상이었다. 무엇보다 고객과 실랑이가 줄어들어 근무자가 스트레스 지수가 낮아졌다. 이처럼 경영주는 근무자들이 마음 놓게 일할 수 있는 환경을 조성하는 것이 중요하다.

　편의점 경영은 혼자서 빨리 가는 짧은 길이 아니라 먼 길이다. 그런데 이 먼 길을 함께 가려면 근무자들의 도움이 절대적이다. 나 혼자 아무리 열심히 한다 해도 근무자들이 함께 뛰어주어야 한다. 그렇지 않으면 중도에 포기할 수밖에 없다.

에필로그

다시 신발 끈을 조이며……

가끔 기분이 울적할 때면 매장 밖에서 나가서 하늘을 보곤 한다. 요즘엔 왜 그리 별 보는 게 힘든지. 어릴 때는 밤하늘에 별도 많았다. 할아버지와 마당에 모닥불 피워놓고 멍석 깔고 누워서 별을 보곤 했다. 어떨 때는 반짝반짝 빛나는 별이 아주 예뻐서 저 별을 모두 따와 내 주머니에 가득 넣겠다는 생각도 했다.

돌아보면 나는 밤하늘에 별처럼 빛나고 싶어했던 것 같다. 그리고 열심히 달려왔다. 그리고 어느 순간 깨달았다. 별이 빛나기 위해서는 누군가는 멀리서 비춰줘야 한다는 것을. 내가 미약하나마 작은 불빛을 낼 수 있는 것은 나를 길러주신 부모님의 덕이고 가르쳐주신 선생님들의 덕이다. 또 곁에서 큰 힘이 되어준 친구들, 선후배, 그 모든 분들이 비춰 준 작은 빛 때문에 지금 빛을 낼 수 있는 것이다.

편의점에서도 마찬가지다. 내가 지금의 자리에 있는 것은 내 옆에서 나를 빛내주는 분들이 있었기 때문이다. 항상 내 옆에는 내 인생의 동반자인 남편이 있었다. 그동안 편의점을 시작한 이후 수많은 위기와 고비와 장애물을 만났다. 그때마다 내 손을 잡고 넘어준 사람은 남편이었다. 혼자 했으면 힘들었을 것이다. 이 책도 마찬가지다. 어려서부터 꿈꾸던 서재를 만들어주고 책을 낼 수 있는 용기를 주고 함께 때론 삶의 매니저가 되어준 남편은 멋진 남자였다. 남편은 언제나 인생의 동반자로서 나의 튼튼한 울타리가 되어주었다.

두 번째는 나의 사랑스러운 근무자들이다. 사실 지난 14년 동안 근무자들 때문에 참 무던히도 상처를 많이 받았다. 가족처럼 대했던 친구들이 말 한마디 없이 연락 두절이 되었을 때 자괴감과 창피함이 너무 컸다. '내가 인격이 이 정도밖에 안 되나?' 그래서 상처를 굉장히 많이 받았다. 하지만 결국 내가 가장 믿을 수 있는 사람은 근무자밖에 없다는 것을 깨달았다. 순간순간이 위기라면 위기라고 할 수 있는데 옆에 이들이 있어서 외롭지 않았다. 이들이 내 곁에 있었기에 내가 달려올 수 있었다.

그동안 우리 점포에 수많은 친구들이 다녀갔다. 짧게는 하루, 3일, 그리고 길게는 8년째 나와 함께 하는 친구도 있다. 그리고 이제 편의점을 즐기며 편의점의 가능성을 믿고 도전하는 친구들도 있다. 나는 이 친구들을 성장시키는 것도 나의 역할이라 생각한다. 그래서 나와 함께 많은 시간을 함께 고생한 친구들에게 현재 운영 중인 매장을 양수할 계획이다. 내가 그들에게 받은 게 더 많기 때문이다. 그럼 나는 어떡하느냐고? 우리는 지금부터 쌓아온 노하우가 있으니까 다시 시작하면 된다.

세 번째 동반자는 바로 본사이다. 사람들은 묻는다. 어떻게 14년 동안 지치지 않고 올 수 있었느냐고. 그것은 나와 함께 뛰어준 '본사'가 있었기 때문이다. 무엇보다 가장 가까이에서 함께 뛰어준

OFC님들이 있었기에 달려올 수 있다. 2003년 처음 편의점을 오픈했을 당시 모든 게 당황스러웠고 어떻게 풀어 가야 할지 막막하기만 했다. 그때 OFC님은 나에게 구세주이자 가이드이자 선생님이었다. 두 번째 OFC님은 기러기 엄마를 하는 동안 내가 가장 외롭고 힘들 때 내 손을 잡고 함께 걸어주셨다.

그리고 세 번째 OFC님을 만났다. 이 분은 나보다 열정이 더 많은 분이었다. 그 시절 나는 순진하게도 내가 근무를 하니 모든 사람이 당연히 눈을 뜨고 있어야 한다고 생각했다. 그래서 새벽이고 한밤중이고 전화를 했다. 그러면 그분도 항상 전화를 받아주셨다. 그때 얼마나 밤낮으로 전화를 자주 했던지 애인으로 오해한 것이다. 도대체 이 여자가 누구인지? 그래서 이대로는 안 되겠다 싶어서 같이 밥을 먹었다. 그런 재미난(?) 헤프닝도 있었다.

그렇게 지난 14년 동안 편의점을 하면서 10명 이상의 OFC님을 만났다. 그분들과 함께 울고 웃으며 하나가 되어 매출에 총력을 기울였다. 나를 위해 우리 점포를 위해 열심히 뛰어준 그분들의 관심과 애정에 힘을 내고 매출 향상에 더더욱 뛰었는지도 모르겠다. 오랜 시간 동안 옆에서 뒤에서 앞에서 친구가 되고 스승님이 되어 이끌어주신 많은 OFC님의 든든한 관심과 사랑의 힘이 컸다.

더불어 팀장님, 부장님들은 나의 길라잡이 역할을 해주셨다.

초기 5년 동안 굉장히 힘들었을 때 점포에 여러 팀장님들이 오셨을 때 항상 "힘들어요!"라는 말을 수없이 했다. 그럴 때마다 "가야죠. 함께 가야죠." 하면서 많이 격려해주셨다. 또 속상한 일이 있으면 눈물부터 바로 나오는 스타일이라 많이 울기도 했다. 그러면 묵묵히 다 들어주셨다. 어떨 때는 무심한 듯 문자로 파이팅을 외쳐주시고 어떨 때는 연락 없이 불쑥 오셔서 "식사하실래요?" 챙겨주기도 하셨다. 그런 마음 씀씀이가 고마웠고 위로가 많이 되었다.

또 다른 부장님은 편의점 이외의 다른 세계를 보여주셨다. 종일 매장에 갇혀 있다 보면 시야가 좁아질 때가 있다. 그럴 때마다 다른 분야에서 성공하신 분들의 사례를 들려주면서 시야를 많이 넓혀주셨다. 결국 14년 동안 지치지 않고 올 수 있었던 것은 나와 함께 뛰어준 '본사'가 있었기 때문이다.

편의점에서 성공하기 위해서는 본사와 가맹점의 소통이 가장 중요하다. 처음 편의점을 시작할 당시, 본사와 경영주들 사이에 어떤 보이지 않는 벽이 느껴진 것도 사실이다. 하지만 시간이 흐르면서 그 벽들이 조금씩 허물어져 갔으며 본사 역시 상생을 위해 여러 노력을 하고 있음을 피부로 느끼고 있다.

무엇보다 본사 역시 소통의 중요성을 알기에 경영주들과의 다양한 소통 채널(분과회의와 경영주모임협회 등)를 마련해 쌍방향의사소통을 위해 많은 노력을 기울이고 있다. 분과위원회에서는 상품기획, 영업, 물류 등 주요 이슈에 대해 계속 토론이 이루어지고 있으며 경영주협의회에서도 경영주들의 점포 불편사항 및 제안사항을 귀담아듣고 개선이 필요한 부분에 대해서 계속 변화하려고 노력하고 있다.

또한 오랫동안 GS25를 운영해온 경영주가 직접 나서서 도움이 필요한 경영주에게 자신의 다양한 경험과 경쟁점 대응, 점포개선 노하우 등을 코칭하고 자문하는 '경영주 자문위원 제도'도 이뤄지고 있다. 더불어 점포운영 및 서비스가 탁월한 경영주를 홍보대사로 위촉해 경영주 상호 간 벤치마킹하는 서비스 홍보 대사도 운영 중이다. 이처럼 본사 역시 전국의 경영주들과 소통하기 위해서 여러 방면에서 노력을 해오고 있다. 물론 이런 제도들이 있다고 소통이 완벽하게 이루어지고 있다고 말하기는 어려울 것이다.

아직도 서로 간의 노력이 필요한 것이 사실이다. 하지만 본사는 경영주와 함께하는 파트너이기에 무조건 불만, 불평하기 보다는 부족하거나 불합리한 부분은 끊임없이 제안하고 개선해나간다면 가맹점과 본사 모두 윈-윈Win-Win이 가능하리라 확신한다.

나는 가난한 시골에서 태어났다고 부모님 원망을 해본 적이 없었고 건강하게 태어나게 해주심을 감사했다. 편의점 "힘들다. 힘들다." 하지만 소통할 수 있는 OFC님이 옆에 있어 감사하고 가족이 옆에 있어 행복하다고 생각해왔다. 매출이 안 나오면 나의 노력이 부족하다 생각하고 좀 더 고민하고 가족이 힘들어하면 배려가 부족해서라고 반성하고 근무자가 그만두면 그동안 곁에서 최선을 다해 근무해준 것만으로도 감사했다. 지난 14년 동안 그들과 함께하면서 너무 행복했고 감사했다.

그리고 이제 앞만 보고 달려온 지난 시간은 아름다운 추억으로 남겨놓고 다시 초심으로 달려가려 한다. 현명한 사람은 누구에게나 배울 준비가 된 사람이고 성공한 사람은 자신을 이기는 사람이라고 한다. 행복한 사람은 자기 일을 즐기는 사람이라고 한다. 나는 지금 행복하다. 내게 주어진 모든 일을 즐기고 있으니. 그리고 앞으로도 즐기기 위해서 노력할 것이다.

사실 편의점 운영은 어찌 보면 단순히 상품을 파는 거라 생각할 수 있다. 하지만 내가 하는 일을 즐기고 최선을 다한다면 달라질 수 있다. 많은 이들이 무슨 일을 하느냐를 중요시한다. 내가 어떤 직업을 가졌는지? 사회적으로 어떤 인정을 받는지? 하지만 지금은 어떤 일을 하느냐보다는 어떻게 하느냐가 중요한 시대이다.

어떤 사람은 3,000원에 구두를 닦는다. 그런데 스스로 슈즈 클리너라는 명함을 파고 1만 5,000원을 받는 사람도 있다. 이 사람은 손님이 너무 많아서 예약해야 한다고 한다. 두 사람의 어떤 차이가 있는 걸까. 내가 하는 일을 최대한 즐기는 사람은 자신의 일에서 자부심을 품고 가치를 충분히 높여갈 수 있다고 생각한다. 우리도 스스로 편의사라는 이름을 갖고 자신의 일에 자부심을 품고 애정과 열정을 갖는다면 성공이란 단어를 쓸 수 있다. 나는 이런 분들이 많이 계셔서 편의점의 가치가 상승하길 간절히 소망한다.

현재 편의점 안팎으로 많은 어려움이 산재해 있다. 각종 세금, 계속되는 임금 상승, 임대료 인상 등 각종 법률 및 규제의 강화, 그래서 많은 경영주님들이 힘들어하고 있으며 나 역시 다르지 않다. 여기에 각종 신규 브랜드의 출점과 새로운 업태의 등장은 위기로 다가오고 있다. 즉 편의점 내외부에 심한 비바람이 불어오고 있다.

하지만 미리 준비하고 계획한다면 험한 파도를 넘을 수 있다고 믿는다. 비록 내외부의 상황이 여의치 않지만 열정을 가지고 역동적으로 열심히 뛴다면 누구에게나 성공의 문은 열릴 것이라 믿는다. 어떤 상황이든 최선을 다하면 시간이 걸리기는 하지만 좋은 결과가 오리라 믿고 또 그래 왔다. 그러니 긍정의 힘을 믿고 달려가 보면 어떨까? 결국 인생은 원하는 대로가 아닌 믿는 대로 된다고 한다. 그러니 모든 분들이 운동화 끈을 다시 조여 매고 힘차게 달려나갔으면 한다.

아직도 주변의 많은 분들이 장사 잘되는 업종, 목 좋은 점포 찾기에 혈안이 되어 있다. 단언컨대 지금부터는 호황인 업종은 없다. 목 좋은 점포는 높은 월세에 높은 권리금에 경쟁만 치열할 뿐이다. 오히려 빛 좋은 개살구에 불과할 수 있다. 그러면 어떻게 해야 할까? 내가 좋아하는 말이 있다.

"바람이 불지 않을 때 바람개비를 돌리는 법은 내가 앞으로 달려가는 것이다."

이 책이 지금 편의점을 하고 계시는 분이나 관심 있는 분은 물론이고 비교적 정직하게 열매 맺기를 바라는 대한민국 예비 창업자분들과 소상인분들에게 바람개비 돌리는 법의 작은 힌트가 되었으면 한다.

오늘따라 하늘에 계신 아버지가 보고 싶다. "사랑합니다, 아버지."

창업자금 23만 원

초판 1쇄 인쇄 2022년 12월 13일
초판 1쇄 발행 2022년 12월 20일

지은이 전지현
펴낸이 안현주

기획 류재운 이지혜　**편집** 안선영　**마케팅** 안현영
디자인 표지 정태성　본문 장덕종

펴낸 곳 클라우드나인　**출판등록** 2013년 12월 12일(제2013-101호)
주소 우) 03993 서울시 마포구 월드컵북로 4길 82(동교동) 신흥빌딩 3층
전화 02-332-8939　**팩스** 02-6008-8938
이메일 c9book@naver.com

값 18,000원
ISBN 979-11-981209-0-8 03320

* 잘못 만들어진 책은 구입하신 곳에서 교환해드립니다.
* 이 책의 전부 또는 일부 내용을 재사용하려면 사전에 저작권자와 클라우드나인의 동의를 받아야 합니다.

* 클라우드나인에서는 독자여러분의 원고를 기다리고 있습니다.
  출간을 원하는 분은 원고를 bookmuseum@naver.com으로 보내주세요.

* 클라우드나인은 구름 중 가장 높은 구름인 9번 구름을 뜻합니다. 새들이 깃털로 하늘을 나는 것처럼 인간은 깃펜으로 쓴 글자에 의해 천상에 오를 것입니다.